위키백과, 우리 모두의 백과사전|

WELCOME!

위키백과, 우리 모두의 백과사전

진주완

정철

류철

WIKIPEDIA,
THE FREE ENCYCLOPEDIA

사□계절

위키백과는 누군가가 만든다. 그 누군가에 대해 우리는 잘 모른다. 위키백과를 만드는 사람은 위키백과 편집 자체를 즐기다가 어느 단계가 지나면 사명감을 가지고 더 좋은 위키백과를 만들기 위해 자신의 여유 시간을 모두 투입한다.

나는 이들을 우리 시대의 지식 지킴이라고, 〈스타워즈〉의 제다이 같다고 생각한다. 이들은 인류의 지식을 모아 정제하는 사명을 수행한다. 그 지식을 모두가 자유롭게 쓸 수 있도록 하기 위해서다. 이들 위키백과의 제다이는 악의 제국의 음모를 막는 것은 아니지만 인터넷이 쓰레기장이 되지 않게 하고, 우리의 지식이 후대에 온전히 전해지도록 애를 쓴다. 만약 지금 제다이가 있다면 해야 할 역할이 바로 이런 것이 아닐까 생각한다.

이들은 대부분 익명으로 미션을 수행하기 때문에 누가 자기와 같은 생각을 하고 있는지 모른다. 이들이 가장 힘들어 하는 것은 주변에 자기와 같은 생각을 하는 동료가 없다는 점이다. 이들은 위키백과 편집에서 즐거움을 느끼기 위해서는 특별한 유전인자가 있어야 한다는 것을 경험적으로 안다.

제다이의 유전인자를 가지고 태어난 사람이라도 직접 위키백과를 편집해보기 전까지는 자신이 제다이가 될 수 있다는 사실을 잘 모를 것이다. 혹 위키백과 편집이 재미있다고 느꼈어도 제다이로서 수련을 받는 방법은 모를 수도 있다. 이 책은 그런 이들에게 참된 위키백과 제다이가 되는 방법을 알려주는 지침서다. 위키백과가 어떤 목적으로 시작되었는지, 어떤 정책과 지침을 통해 유지되는지, 직접 편집을 시도할 때는 무엇을 조심해야 하는지 등을 구체적인 사례를 들어 설명한다. 참된 위키백과 제다이가 되려면 반드시 알아야 하고, 또 실천해야 할 내용이다. 이 책에 재미를 느꼈다면, 당신도 제다이가 될 수 있다.

이 책을 읽고 자신은 위키백과 제다이가 될 자질이 없다고 느끼는 독자도 있을 것이다. 그렇더라도 부디 실망하지 말기를 바란다. 제다이는 이름은 멋있지만 힘든 길이다. 굳이 그 길을 직접 걷지 않아도 된다. 그 길에 들어선 이들을 격려하고, 그들이 누구인지 눈여겨보고, 그들의 활동에 작은 도움이나마 주었으면 하는 것이 나의 바람이다.

한국위키미디어협회 이사장 이만재

들어가며

> "우린 늘 이렇게 무언가를 찾아내는 거야.
> 그래서 살아 있다는 것을 실감하게 되지."
> —사무엘 베케트, 『고도를 기다리며』

이 책을 쓴 우리는 위키백과 사용자들이다. 위키백과 커뮤니티에는 꽤 많은 사람들이 있다. 모인 사람들은 그야말로 각양각색인데, 초등학생부터 60대까지 연령대도 폭넓게 퍼져 있고 직업이나 관심사도 제각각이다. 온오프라인을 막론하고 이렇게 다양한 사람들이 모여 토론을 하는 공간도 별로 없을 것이다.

이렇게 서로 공통점보다는 차이점이 더 많은 사람들이 모여 위키백과를 만든다. 자연히 말도 많고 탈도 많다. A4 용지로 출력하면 2장 남짓일 문서를 함께 편집하면서, 의견 차이 때문에 A4 200장 이상의 토론을 벌이는 일도 드물지 않다. 이런 일이 때로는 10년에 걸쳐 벌어지기도 한다. 이제 끝났나 싶으면 또다시 반론을 제기하고, 많이 왔다 싶은데 다시 원점으로 돌아가기를 수년에 걸쳐 반복하는 것이다. 밖에서 보면 별일 아닌 것으로 끝도 없이 싸우다가도 정작 꽤나 별일 같아 보이는 문제에서는 가볍게 동의하고 결론을 내기도 한다.

말 많은 이 사람들이 대동단결하는 지점이 하나 있다. 바로 저작권 침해를 바퀴벌레 보듯 싫어한다는 것이다. 위키백과의 이상理想인 '누구에게나 자유롭게 공유되는 지식'을 실현하려면 애초에 저작권 문제가 없어야 하기 때문이다. 저작권은 물론이고, 그 밖에도 정해진 규칙에서 벗어나는 걸 못 참는 사람들이 많다. 특히나 문서 편집에 관한 합의, 지침에서 벗어날 때는 서로 칼같이 지적한다. 간혹 이런 지적 때문에 감정이 상하기도 하고, 의미 없는 논쟁을 지속하기도 하지만 대체로는 합리적인 토론을 거쳐 결론을 내고, 불만이 있더라도 승복하는 쪽을 택한다. 물론 끝끝내 승복하지 않는 사람도 있고, 이해하기 힘든 횡설수설을 늘어놓는 사람도 있으며, 홧김에 문서를 훼손하는 이들도 없지 않다. 위키백과 커뮤니티는 그 바깥의 세상과 마찬가지로 '좋은 분도 있고, 나쁜 분도 있고, 이상한 분도 있는' 사회를 이루며 오늘도 부지런히 움직이고 있다.

부조리극처럼 어수선하긴 하지만 위키백과 커뮤니티가 큰 틀에서 견고하게 유지되는 것은 '우리 모두의 백과사전'을 표방하고 있기 때문이다. 다수가 만들고, 그 결과물을 누구도 소유하지 않으며, 모두에게 개방된 콘텐츠는 결국엔 좋아질 수밖에 없다. 내가 쓴 글이 다음 날 아침 싹 사라져버린다 해도 그 내용은 결국 다른 글의 거름이 된다. 누군가는 씨를 뿌리고, 누군가는 물과 거름을 주고, 또 다른 누군가는 가지치기를 하는 동안 콘텐츠는 점차 성장해간다. 콘텐츠의 수준이 올라가면 자연히 그 커뮤니티의 안정성도 좋아진다. 위키백과는 부분 부분 뜯어서 본다면 한심하게 느껴질 수도 있지만, 전체적으로 보면 굉장히 견고하고 안정적인 시스템이다.

이 책을 읽는 사람들, 그리고 위키백과를 이용하는 사람들이 위키백과에 축적된 지식과 정보를 읽으면서 그 뒤에 사람이 있다는 것을 생각해주면 좋겠다. 글쓴이 한 사람 한 사람의 개성은 상당 부분 '집단지성' 속에 묻혀버리지만, 그들이 아무런 보상도 없이 문서를 작성하고 수정하며 들인 정성은 여전히 남아 있다. 각 항목의 완성도를 보면, 문서의 수준을 거기까지 끌어올리기 위해 얼마나 많은 노력을 기울였는지 짐작해볼 수 있다. 당신이 별 생각 없이 검색 결과를 따라 들어가 읽게 되는 위키백과의 콘텐츠는 불특정 다수가 아무런 대가도 바라지 않고 자신의 시간과 노력을 들여 작성한 결과물이다. 그들에게 뭔가를 해줄 필요도 없고, 그들이 그걸 바라지도 않지만 세상에 그런 사람들이 있다는 것 정도는 알아줬으면 좋겠다. 다들 별로 가진 것도 없으면서 이런 돈도 안 되는 일을 좋아하는 사람들이다. 물론 당신 역시 그런 사람들의 일부가 될 수 있다.

이 책은 크게 3부로 나뉜다. 1부에서는 위키백과의 탄생 과정과 그 바탕이 되는 인간의 오랜 역사, 그리고 위키백과라는 시스템이 돌아가는 원리를 설명하고 있다. 위키백과에 축적되고 있는 지식과 정보는 긴 역사의 흐름 속에서 어떤 의미인지, 지금 우리가 사는 세상을 어떻게 바꿔놓고 있는지, 또한 위키백과는 그 콘텐츠가 망가지지 않도록 어떤 장치들을 마련해두고 있는지, 그 밖에 불특정 다수의 사람들로 이루어진 커뮤니티가 이 놀라운 시스템을 유지하고 발전시키기 위해 어떤 노력을 기울이는지 등을 소개했다.

2부는 사람들이 위키백과에 대해 궁금해 하는 거의 모든 질문을 모아 Q&A 형식으로 구성했다. 위키백과에 대한 기본적인 소개부터 흔한 오해와 편견, 물음에 대한 답을 제시했고, 비슷한 듯하지만 전혀 다른 방식으로 움직이는 네이버 지식백과나 페이스북, 나무위키 등과의 비교도 시도해보았다. 또한 역사, 표기법, 북한, 저작권 등 가장 많은 분쟁이 벌어지는 주제들을 구체적인 사례를 통해 소개하기도 했다.

3부는 위키백과에 직접 참여하고자 하는 사람들을 위한 매뉴얼이다. 그대로 따라하면 위키백과가 요구하는 최소한의 규칙을 익힐 수 있도록 작성했다. 우리는 이 책의 독자가 궁극적으로 위키백과의 편집자가 되기를 희망한다.

1, 2, 3부는 구성도, 글을 전개해나가는 방식도 완전히 다르다. 찬찬히 기초부터 읽는 걸 좋아하는 사람은 순서대로 읽으면 되고, 위키백과에 대해 이런저런 궁금증이나 불만이 많았던 사람은 2부부터, 위키백과에 가서 일단 뭐라도 써보고 싶은 사람은 3부부터 읽으면 된다.

우리는 위키백과에 관심 있는 불특정 다수를 위해 이 책을 썼지만, 다른 한편으로는 현재 위키백과에 참여하고 있는 사람들이 읽어줬으면 하는 마음도 크다. 위키백과 커뮤니티의 구성원들은 너무나 광범위하고 다양해서 이 책의 저자인 우리가 그들을 대변한다고는 결코 말할 수 없다. 우리가 가진 어떤 개성이 위키백과 사용자 일반의 특징이라고 말할 수는 더더욱 없다. 우리는 앞서 말한 좋은 분, 나쁜 분, 이상한 분들 사이의 한 명일 뿐이다. 그러니 위키백과 사용자 가운데 누군가가 이 책을 본다면, 자신의 이야기는 빠져 있을 가능성도 얼마든지 있다. 그렇게 느낀 사람이 이 책에 글을 더해준다면 이 책은 또 다른 모습이 될 수도 있다.

이 책은 '위키적'으로 집필되었다. 구글 독스라는 공동 편집 도구를 이용해 저자들이 서로 맡은 부분을 작성한 뒤 상대방의 문서를 별다른 상의도 없이 과감하게 고쳐나갔다. '초고의 초고'까지는 일단 쓰는 게 중요하다고 보았다. 이후 출판사 편집자가 검토하여 더 상세한 설명이 필요하다고 요청한 부분과 재미없다고 지적한 부분을 꽤 많이 보강하고 삭제했다. 편집자가 고치라면 말없이 고쳤다. 그 결과물을 다시 편집자와 디자이너가 정리하고 편집해 책의 꼴로 만들었고, 저자들은 그걸 다시 받아 마지막으로 또 수정을 했다. 그러는 과정에서 서로의 글이 섞이고 잘려나가고 보강되면서 각자의 개성은 사라졌지만, 비교적 짧은 기간에 한 권의 책을 만들 수 있었다. 이제는 내가 어느 부분을 썼는지도 잘 모르겠다.

이 책의 저작권은 한국위키미디어협회가 소유한다. 저자들은 협회의 의뢰를 받아 원고를 작성했다. 이렇게 진행한 이유는 이후 개정판이 필요할 때 협회에서 다른 저자들을 섭외하여 보강할 수 있어야 하기 때문이다. 그리고 더욱 자유로운 활용을 위해 일정 시간이 지난 다음에는 CC 표시를 붙여 온라인상에 배포할 계획도 있다. 즉 저작권이 저작물의 활용에 제약을 가하지 않아야 한다는 의도가 있었기 때문에 저자들은 흔쾌히 저작권을 내놓았다. 이는 당신도 언젠가 이 책의 저자가 될 수 있다는 말이기도 하다. 저자들은 여기 이 서문에 위키백과 아이디를 명시하는 것 정도로 각자의 수고로움을 기념할 생각이다.

끝으로 이 책이 나오기까지 도움을 주신 여러분께 감사드린다. 다른 누구보다도 위키백과에 참여해 수많은 문서를 작성한 편집자들이 없었다면 이 책은 나올 수 없었을 것이다. 또한 이 책을 계획하고 예산을 들여 추진한 한국위키미디어협회에도 감사의 말씀을 전한다. 그리고 다소 독특한 방식으로 작성된 우리의 글을 보고 또 보며 다듬어준 사계절출판사의 편집자 이진 님께도 고마운 마음을 전하고 싶다. 그는 사전에 대한 책을 벌써 몇 권이나 만들어 이젠 누구 못지않은 사전 전문가가 되었다. 한동안 그를 '명예 사전인'이라고 부르다가 이번 책부터는 그냥 '사전인'으로 부르고 있다.

책의 서문을 정성껏 읽는 사람이 그리 많지 않다는 것을 알고 있지만, 이 책을 읽고 위키백과 편집에 관심을 갖게 될 독자들에게 이런 말을 건네고 싶다. 누구나 참여할 수 있고, 모두에게 자유로운 지식과 정보의 세계를 꿈꾼다면 여기 위키백과로 들어오시길!

2018년 9월

[[사용자:Jjw]], [[사용자:거북이]], [[사용자:Ryuch]]가

번갈아 고쳐 씀

들어가며

11

차례

2부 Q&A로 살펴보는 위키백과

3장 | 위키백과의 안과 밖

4장 | 조금 기술적이거나 대답하기 난감한 질문들

1부

HELLO, WORLD!

위키백과,
우리 모두의
백과사전

1장 | 위키백과, 정체를 밝혀라!

> *"위키백과, 우리 모두의 백과사전"*—위키백과의 표어

위키백과가 무엇인지 간단히 요약해서 설명한다면, 우리 모두가 참여하여 지식을 구성하는 온라인 백과사전이라고 할 수 있다. 이제부터 하려는 일은 이 문장에 들어 있는 '모두의 참여', '지식의 구성', '온라인', '백과사전' 같은 말의 의미를 재구성해보는 것이다. 이를 질문의 형식으로 풀어 써봐도 좋겠다.

- 모두란 누구를 의미하는가?
- 참여는 어떻게 이루어지는가?
- 지식의 구성이란 어떤 것인가?
- 온라인상에 존재한다는 것의 함의는 무엇인가?
- 백과사전이란 무엇인가?

우리는 이러한 질문에 답하고자 한다. 어떤 의미에서 사전은 두

종류로 구분할 수 있다. 자기 자신에 대한 설명을 포함한 사전과 그렇지 않은 사전. 위키백과는 자기 자신을 설명하는 사전이라 위키백과 안에 [[위키백과]]라는 문서가 있다. 위키백과의 역사와 특징을 간략히 살펴보고 싶다면, 위키백과에 방문해보기를 권한다(https://ko.wikipedia.org). 자기 자신을 설명하는 재귀적 서술은 쌍방향성을 지닌 온라인 정보 매체의 중요한 특징 가운데 하나다. 참고로 이 책에서 [[   ]]로 표시한 부분은 위키백과에 해당 항목이 있다는 뜻이다.

커뮤니티가 만들어내는 백과사전

백과사전은 영어사전이나 수학용어사전과 달리 다루는 항목의 종합적 개요를 전달하는 것을 목표로 한다. 백과사전은 '사전事典'이고, 영어사전은 '사전辭典'이다. 국립국어원의 『표준국어대사전』에 쓰인 설명을 보자.

- **사전(事典):** 여러 가지 사항을 모아 일정한 순서로 배열하고 그 각각에 해설을 붙인 책. 최근에는 콤팩트디스크 따위와 같이 종이가 아닌 저장 매체에 내용을 담아서 만들기도 한다.
- **사전(辭典):** 어떤 범위 안에서 쓰이는 낱말을 모아서 일정한 순서로 배열하여 싣고 그 각각의 발음, 의미, 어원, 용법 따위를 해설한 책. 최근에는 콤팩트디스크 따위와 같이 종이가 아닌 저장 매체에 내용을 담아서 만들기도 한다.

이 설명에서 눈에 띄는 점이 있다. 국립국어원은 이미 홈페이지를 통해 『표준국어대사전』을 서비스하고 있으면서도 사전을 설명할 때 종이가 아닌 매체로 콤팩트디스크만을 언급할 뿐 인터넷은 거론하지 않는다. 이 항목을 작성한 시기가 언제인지를 짐작해볼 수 있다. 못해도 20년은 족히 지났을 것이다. 반면에 위키백과에서 위키백과를 설명하는 항목은 지속적으로 업데이트되고 있다. 이것이 일반적인 사전과 '위키' 방식 사전 사이의 큰 차이 가운데 하나다. 덧붙이자면, 『표준국어대사전』은 스스로를 설명하지 않는다.

전통적인 사전이 소수의 편집진이 항목을 선별하고 집필하여 출판되었다면, 위키백과는 자발적으로 참여하는 사용자들이 자신이 필

위키백과, 스스로를 설명하는 사전

요하다고 생각하는 항목을 만들고 설명하고 수정하고 업데이트한다. 다시 말해서 위키백과는 백과사전이면서 동시에 익명의 수많은 편집자들이 모여 있는 커뮤니티이다. 이들은 스스로 얻는 만족감 이외에는 아무런 보상도 없이 위키백과 편집에 참여한다. 익명성은 사용자 개개인에게서 권위를 지운다. 중학생과 대학교수가 하나의 주제를 놓고 끝장 토론을 벌여도 지켜보는 이들은 두 사람 가운데 누구의 말이 더 합리적인가를 따질 뿐 누구의 사회적 지위가 더 우월한가를 구별하지 못한다.

이와 같은 익명성 때문에 위키백과는 처음부터 늘 정보의 정확성을 의심받았다. 언론은 잊을 만하면 한 번씩 위키시스템으로 축적되는 정보의 부정확한 사례를 발굴하여 보도한다. 그러나 위키백과 항목의 정확성에 대한 여러 연구 결과를 살펴보면, 위키백과가 지닌 오류의 정도는 종이 백과사전 혹은 다른 신뢰할 만한 전통적인 정보 매체와 비교할 때 같거나 오히려 낮다. 일정 규모 이상의 다중이 참여하여 지속적으로 업데이트하면 정보의 품질은 향상될 수밖에 없다. 물론 이 과정이 결코 순탄치만은 않다. 위키백과 안에서는 끊임없이 서로 다른 견해와 서술이 충돌하고 그 밖에도 악의적인 삭제, 훼손, 거짓 정보의 추가, 장난이 수시로 일어난다. 이 모든 것을 이겨내고 문서의 품질이 향상되기 위해서는 악의를 가진 파괴자보다 선의의 건설자가 압도적으로 많아야 한다. 그게 가능한 일일까? 위키백과의 지난 역사는 선의의 건설자가 언제나 압도적으로 많다는 것을 증명한다.

전문가들이 편집진을 구성하고 사전을 편찬하는 작업은 매우 큰 비용과 시간을 소모하는 일이다. 이렇게 만들어진 사전은 업데이트가 매우 늦다. 업데이트 비용 역시 매우 크기 때문이다. 세계적인 백과사전인 『브리태니커』는 결국 2012년 제15판을 끝으로 종이 출판을 포기하고 온라인으로 전환한 뒤 일반 참여자의 기여를 받기 시작했다. 『브리태니커』의 일반인 참여는 위키백과와 달리 실명으로 이루어진다. 한국에서는 종이로 출판되던 『두산백과』 등이 온라인 서비스를 하고 있지만 내용의 업데이트는 이루어지지 않는다. 『두산백과』는 두피디아로 이름을 바꾸고 일반인이 기여할 수 있는 시스템을 구축했지만, 그다지 활달히 운영되지는 않는 듯하다. 위키백과는 이렇게 백과사전의 생태계 자체를 흔들어놓았고, 전통적인 백과사전들은 위키백과가 재편한 온라인 생태계에 적응하고 있는 중이다.

	위키백과	『브리태니커백과사전』
무엇인가	백과사전	백과사전
누가 만드나	온라인에 접속하는 누구나	선정된 편집위원
어떤 것을 담고 있나	다룰 수 있는 모든 항목 영어 항목 수: 500만 개 이상 한국어 항목 수: 40만 개 이상	특별히 가치 있다고 선별된 항목 15판 항목 수: 47만여 개
업데이트 주기	실시간	수년
신뢰성 확보	공개된 출처	편집자의 전문성

한편, 위키백과의 성공에는 종이 백과사전의 공로 역시 상당하다. 사용자들의 자발적인 참여가 있다 하더라도 단기간에 기본 항목들을 채울 수 있었던 것은 기존의 백과사전 덕분이다. 영어 위키백과는

저작권이 소멸된 제11판『브리태니커』(1911년 발행)의 항목 대부분을 그대로 흡수한 뒤 필요에 따라 업데이트를 했다. 이는 전통적인 백과사전이 정보의 내용뿐 아니라 정보를 구성하는 형식에 대한 아이디어까지 제공했다는 점에서 큰 의의를 갖는다. 그러나『브리태니커』제11판은 29권이라는 방대한 분량에도 불구하고 4만여 항목에 불과했다. 현재 영어판 위키백과의 문서 수는 500만이 넘는다. 한국어 위키백과 역시 다음커뮤니케이션(현 카카오)으로부터『글로벌세계대백과사전』을 기증받았다.『글로벌세계대백과사전』의 내용은 위키백과의 자매 프로젝트인 위키문헌에 수록되었으며, 위키백과 편집 시 자유롭게 인용할 수 있다. 백과사전 출판의 오랜 전통이 없었다면 위키백과 역시 빛을 보기 어려웠을 것이다.

온라인 백과사전

　　모든 사전은 기본적으로 표제어와 그에 대한 정의 또는 설명으로 이루어져 있다. 위키백과는 한 화면에 하나의 표제어와 그것을 설명하는 내용을 보여주는데, 이 각각을 '문서'라고 부른다. 완결성을 갖는 하나의 독립된 문서는 여러 가지 방법으로 다른 문서와 연결된다. 모든 하이퍼텍스트와 마찬가지로 위키백과의 문서들 역시 내부의 다른 문서로 연결되는 링크를 갖는다. 경기도에 대해 설명하는 문서에서 경기도의 기후가 언급된다면 기후 문서로 연결되는 것이 바람직하고, 기후 문서에서 각각의 기후 유형을 설명한다면 이 역시 각각의 링크로 연결되는 것이 좋다. 인터넷이 오늘과 같은 의미를 지니게 된 결정적 계기는 웹브라우저와 하이퍼텍스트의 발명이었다. 위키백과는 하이퍼텍스트가 어떤 일을 할 수 있는지를 보여주는 대표적 사례이기도 하다.

하이퍼텍스트는 기존의 주석이나 인용과 비교해야 이해가 빠르다. 근본 원리는 동일하다. 이름을 호출하는 행위라 보면 된다. 주석은 참고문헌의 출처를 본문과 별도의 공간에 따로 표기해주는 것이고, 인용은 그 내용을 아예 본문에 따오는 것이다. 인용의 목적 가운데 하나는 독자가 번거롭게 출처를 찾아가 읽지 않아도 되게 도움을 주는 것이다. 하이퍼텍스트는 도서관에 가서 본문에 언급된 책을 찾은 다음, 책을 처음부터 끝까지 넘겨보면서 본문에서 언급한 내용과 실제로 관계가 있는지 확인하는 성가신 과정을 클릭 한 번으로 가능하게 한다. 이 장벽 하나가 제거되면서 인터넷의 수많은 글들이 서로 엮이게 되었다.

하이퍼텍스트 이전의 텍스트는 정보를 순차적으로 정리할 수밖에 없었다. 영어사전은 A에서 Z까지 알파벳순으로 정렬하는 것 이외에 별다른 순서를 갖기 어려웠고, 수학책은 집합, 연산, 함수 같은 순서에 따라 집필될 수밖에 없었다. 영어사전이나 수학책을 가지고 공부하는 사람들은 특정 항목의 내용을 살펴보다가 다른 항목으로 넘어가려면, 다시 목차로 돌아가거나 색인을 확인해 자신이 원하는 항목의 위치를 찾아야 했다. 질 들뢰즈와 펠릭스 가타리는 『천 개의 고원』의 서문에서 책에 실린 텍스트가 어떤 순서나 구조를 갖는 것이 결코 아니며, 어느 부분에서 읽기 시작해도 전혀 문제가 없다고 강조했지만 그들의 바람에도 불구하고 책은 결국 어떤 순서에 따라 제본될 수밖에 없었다. 독자 역시 그 순서를 완전히 거스르지 못한다. 이는 기존의 텍스트가 가진 한계다.

하이퍼텍스트는 이와 반대로 작용한다. 위키백과에서 [[조선 정조]]를 읽던 독자는 그 문서에 포함된 링크를 따라 정조의 화성 순행에 대해 읽다가, 다시 링크를 클릭해 만안교에 대한 정보를 읽게 되고, 만안교에서 다시 홍예교로 넘어가고, 그러다가 정조 문서로 돌아가 정조 시기에 기초가 닦인 시흥대로에 대한 텍스트로 이동하고, 거기서 다시 국도 1호선 문서로 이동하고……. 끝없이 연결되는 정보의 흐름을 따라가게 된다. 하이퍼텍스트로 짜인 정보는 설사 일정한 순서와 구조를 갖고 있더라도 그것은 링크에 의해 순식간에 의미를 잃는다. 대신에 여기서는 서로 복잡하게 얽힌 정보의 그물만이 존재할 뿐이다.

하이퍼텍스트로 이루어진 정보를 읽는 독자는 굳이 조선시대의 군주들을 순차적으로 살펴볼 필요가 없다. 필요한 부분만 살펴보고 다음 관심사로 순식간에 이동할 수 있다. 링크를 클릭하는 순간 독자는 역사 분야에서 건축 분야로 다시 교통 분야로 아무런 제약 없이 넘나든다. 결국 독자가 만나게 되는 것은 스스로 재구성해야 하는 정보의 다발이다. 하이퍼텍스트는 읽기의 방식을 바꾸어놓았다.

위키백과는 온라인상에 존재한다. 위키백과의 문서들을 출력해 제본할 수도 있지만, 그럴 경우 그 속에 담긴 정보는 일종의 '박제'가 된다. 온라인상의 위키백과 문서가 계속해서 업데이트되고 수정되는 동안, 출력물에 담긴 정보는 출력된 시각을 기준으로 고정되기 때문이다. 실제로 위키백과를 출력해서 제본하는 프로젝트가 독일과 미국에서 있었다. 실물을 가지고 싶다는 욕구는 쉽게 사라지는 것이 아닌 모양이다.

종이 사전과 온라인 사전을 만질 수 있는 유형물인가, 디지털화된 무형물인가를 기준으로 나누는 것은 더 이상 의미를 갖기 어렵다. 앞서 사전의 정의에 등장했던 콤팩트디스크에 실린 사전을 생각해보자. 그것은 디지털화된 사전이긴 하지만 업데이트가 불가능하다는 점에서 종이 사전과 아무런 차이가 없다. 온라인의 진정한 의미는 끊임없는 변화에 있다. 위키백과가 온라인 백과사전이라는 것은 무엇보다도 끊임없이 업데이트되는 사전이라는 뜻이다.

위키백과를 떠받치는 다섯 원칙

위키백과는 단순한 몇 가지 원칙 위에 서 있다. '위키백과의 다섯 원칙'은 위키백과를 떠받치는 기둥과 같은 역할을 한다는 의미에서 다섯 기둥이라고도 불린다. 위키백과 웹페이지의 오른쪽 위에 있는 검색창에 다음과 같이 입력하고 엔터를 눌러보자.

> 위키백과:다섯 원칙| 🔍

검색 결과는 다음과 같다.

위키백과의 모든 정책과 지침은 변함없는 다섯 가지 원칙에 바탕을 두고 있습니다. 이것을 위키백과의 다섯 원칙이라고 부릅니다.

• 위키백과는 백과사전입니다.

위키백과에 올라오는 항목은 다른 백과사전이나 전문사전, 혹은 연감 등에 실리는 것들입니다. 하지만, 위키백과는 단순히 정보를 쌓아놓는 수집품은 아닙니다. 다른 책이나 자료의 내용 전체나 신문 기사, 선전이나 광고를 올릴 수는 없습니다. 개인의 의견이나 경험, 주장 역시 마찬가지입니다.

• 위키백과는 '중립적 시각'에서 바라봅니다.

어느 한쪽으로 편향되지 않은 글을 만들려고 애쓰고 있습니다. 위키백과의 글에는 다수 의견과 고려될 가치가 있는 소수 의견이 편견 없이 공평하게 반영되어야 합니다.

• 위키백과의 글은 우리 모두의 것입니다.

위키백과는 크리에이티브 커먼즈 저작자표시-동일조건변경허락(CC BY-SA) 3.0에 따라 자유롭게 배포할 수 있고, 누구나 고칠 수 있는 자유 콘텐츠입니다. 따라서, 배타적 저작권이 있는 문서를 무단으로 가져오거나, CC BY-SA 3.0과 호환되지 않는 문서를 올릴 수는 없습니다.

• 위키백과에서는 다른 사용자를 존중합니다.

비록 의견에 동의하지는 않더라도, 위키백과에 참여하는 다른 사람을 존중해주세요. 예의를 갖춰주세요. 다른 사용자를 공격하거나, 싸잡아 비난하지 말아주세요. 편집이 치열할수록 더 냉정해지세요. 필요 없는 편집 전쟁은 피하시기 바랍니다. 한국어 위키백과에는 손보고 의견을 나눠야 할 425,819 (2018년 9월 1일 현재)개의 글이 있습니다. 열린 마음으로 환영하고 포용합시다.

• 위키백과에는 엄격한 규칙이 없습니다.

여기에서 설명하는 다섯 원칙 말고 다른 규칙은 그다지 중요하지 않습니다. 과감하게 문서의 내용을 고치고, 옮기고, 바꾸셔도 됩니다. 실수를 두려워하지 마십시오. 문서의 이전 판은 모두 보존되어 있으므로 실수로 망가뜨릴까 봐 두려워하실 필요는 없습니다. 하지만 여러분이 쓴 내용 역시 영원히 남게 된다는 것을 기억하세요.

간략히 요약하면 백과사전에 실을 만한 내용이고 중립적인 글이면서 다른 글을 복사해 붙여 넣거나 출처 없이 생각나는 대로 쓴 것이 아니라면 무엇이든 과감하게 쓰면 된다. 다만 백과사전은 어학사전과 달리 종합적 지식을 구성하는 것이기 때문에 낱말 풀이 같은 간략한 내용만 적는 것은 바람직하지 않다.

불신의 시스템으로 쌓아 올린 신뢰도

모든 매체는 자신이 전달하는 정보의 정확성을 검증해야 한다. 특히 온라인으로 확산되는 정보는 그 내용이 주의를 끌 만한 것일수록 누군가에게 피해를 줄 가능성도 커진다. 최근 들어 사회적 문제가 되고 있는 이른바 가짜 뉴스의 핵심 문제도 바로 검증의 생략이다. 신뢰하기 어려운 인터넷 매체만 오보를 내는 것이 아니다. 신뢰도 높은 주요 언론도 늘 오보의 위험을 안고 있다. 물론 위키백과도 마찬가지다.

2017년 12월 27일 JTBC는 "'청산가리 6000배' 협죽도, 학교 앞산책로 도처에 깔려"라는 뉴스를 보도했다. 이 보도에는 몇 가지 문제가 있다. 우선 협죽도가 함유하고 있는 독의 주성분을 '라신'이라고 했는데 실제로는 '올레안드린'이다. 라신이란 독성 물질은 존재하지 않는다. 올레안드린의 반수 치사량은 300ug/kg으로 청산가리의 5~10mg/kg보다 강한 맹독성이긴 하지만 '6000배'란 표현은 지나친 과장이다. 그러나 한국의 언론은 협죽도의 맹독성을 보도할 때마다 동일한 문구를 검증 없이 사용해왔다. 2008년 9월 7일 국민일보가 보도한 "위험한 가로수… 경남 남해 도로변 식재 협죽도에 맹독"을 살펴보면 이때도 이미 독성 물질의 이름을 '라신'이라 했고 청산가리의 6000배라는 문구가 등장한다. 2012년 11월 21일, 위키백과에도 별다른 출처 제시 없이 같은 문구가 삽입되었다. 2017년 12월 JTBC의 보도가 나가자 인터넷 매체인 〈사이언스 라이프〉(http://thesciencelife.com)는 이것이 오보임을 지적했고, 위키백과의 해당 항목은 곧바로 수정되었다. 그러나 각종 언론 보도는 여전히 수정되지 않은 채 남아 있다.

2018년 1월 베트남의 23세 이하 축구 국가대표팀은 '아시아축구연맹 U-23 챔피언십'에서 준우승을 차지했다. 베트남의 온 국민이 열광했고, 축구팀의 감독을 맡은 박항서는 일약 영웅이 되었다. 한국인 감독이 부임한 지 3개월 만에 이러한 성과를 내자 언론에서는 앞을 다투어 보도 경쟁을 벌였다. 그 가운데는 박항서가 훈련을 힘들어하는 베트남 선수들에게 국민의 성원과 국가의 지원을 생각하라며 다그치듯 훈계했다는 보도도 있었다. 많은 언론이 사실 확인 없이 이 뉴스를 재인용하며 확산시켰다. 그러나 이 보도는 가짜 뉴스였다. 박항서는 그런 말을 한 적이 없었고, 디시인사이드 축구갤러리의 한 사용자가 그럴듯한 이야기를 꾸며낸 것이었다. 베트남 현지 언론을 인용한 것처럼 쓴 그 글을 언론은 박감독 본인에게 확인하지 않고 그대로 베껴 썼다. 이 일이 제대로 밝혀지지 않은 채 최초의 뉴스만 남았다면, 해당 내용은 그 보도를 출처로 하여 위키백과에 수록되었을 가능성이 크다. 매체의 상호 참조 문제는 이처럼 사실을 검증할 때 큰 걸림돌이 된다. 위키백과도 위키백과를 근거로 만들어진 뉴스나 정보가 다시 위키백과의 출처로 되돌아오는 상호 참조 문제를 겪고 있다. 해결책은 보다 꼼꼼한 검증뿐이다.

위키백과 사용자들은 정보의 정확성에 대한 세간의 의문에 대처하기 위해 서술한 내용의 출처를 밝힌다. 위키백과의 출처란 기존의 자료들이다. 사료, 고전, 논문, 데이터, 책, 잡지, 신문, 방송 등 인용할 수 있는 자료의 종류는 그야말로 방대하다. 위키백과는 근거 없이 사용자 자신의 생각만을 정리하는 편집 활동을 엄격히 제한한다. 사용자는 각 항목을 서술할 때 자신만의 주장이나 설명을 넣을 수 없다. 학문 연구나 지식 생산에서 독창성은 필수불가결한 요소이지만, 위키백과는 스스로 새로운 지식을 생산하지 않는다. 이미 존재하는 지식을 가공하고 구성하여 무엇인가를 설명할 뿐이다.

출처가 없는 내용은 다른 사용자에게 의심을 받는다. 때로는 이런 의심이 지나쳐 상식에 해당하는 정보조차 집요하게 출처를 요구하는 사용자들도 있다. 위키백과 커뮤니티에서 출처는 모든 편집 분쟁의 근원 가운데 하나다. 당신이 제시하는 출처는 확인 가능한가? 얼마나 믿을 만한가? 왜 어떤 출처는 인정되지 않는가? 각 사용자는 자신이 편집한 내용이 끊임없는 의혹 앞에 놓여 있음을 늘 의식한다. 이런 면에서 위키백과는 제도적으로 마련된 불신의 시스템이라고 말할 수 있다. 계속되는 의심과 불신 가운데서 인정받은 정보만이 살아남는 시스템은 문서의 품질 향상에 큰 도움이 된다.

위키백과 커뮤니티가 구축한 제도적 불신 시스템의 취지를 이해하지 못하면 소모적인 논쟁에 말려 들어갈 위험이 있다. 위키백과 커뮤니티에는 '영원한 신학기' 현상이 존재한다. 새로 유입된 사용자의 상당수가 위키백과 커뮤니티의 논쟁 시스템에 적응하지 못해 몇 번의 편집 흔적만을 남긴 채 떠나버리는 것이다. 극히 일부만이 정착해 활동하는 가운데 또 새로운 신입생이 들어오고 그중에서 상당수가 떠나가는 과정이 무한히 반복된다. 사용자의 유입과 이탈은 온라인 커뮤니티에서 피할 수 없는 현상이지만, 위키백과의 논쟁 시스템은 이 과정에서 감정적 갈등을 증폭시키는 경향이 있다. 어떤 항목을 편집한 사용자와 그 결과물을 구분해서 대하는 것은 쉽지 않은 일이기 때문이다.

정확성뿐만 아니라 중립성 역시 정보의 품질을 좌우하는 핵심적 요소다. 어떤 항목을 설명하는 내용이 종교나 신념, 인종적 편견, 성 차별 같은 편향을 보인다면 그 정보는 품질이 훌륭하다고 말할 수 없다. 지금까지 위키백과 사용자들 가운데 여성은 극히 드물었고, 다양한 소수자들의 참여 역시 미약했다. 그 결과 위키백과의 내용은 일정한 편향을 드러낼 수밖에 없었다. 앞서 영어판 위키백과의 성장에 크게 기여했다고 소개한 1911년판 『브리태니커』의 항목들 역시 지금의 관점으로 보면 정보의 부정확성과 함께 편향의 문제를 가지고 있다. 예를 들어 '니그로Negro'와 같은 혐오 표현이 일반적 문항으로 기술되어 있다. 당시 편집진은 이 낱말이 내포한 문제 자체를 인식하지 못했다. 그러나 21세기의 온라인 백과사전에서 '니그로'는 매우 민감한 주제이자 주의를 기울여 사용해야 하는 낱말이다. 현재 위키백과에 사용된 용어나 서술된 내용 역시 다양성의 존중이라는 관점에서 살펴보면 고쳐야 할 부분이 적지 않을 것이다. 위키백과가 제공하는 정보는 현시점에서의 잠정적인 서술이며, 그 내용은 언제든지 바뀔 수 있다. 이런 지속적인 변경과 개선이야말로 위키백과의 가장 큰 장점이다.

위키백과는 2001년 출범 한 달 만에 중립성을 기본 정책으로 표방했다. 사람은 누구나 일정한 편향을 가지고 있기 때문에 완전한 중립이란 사실상 불가능하다. 위키백과에서 말하는 중립성이란 기계적 중립이 아니라, 특정한 편향을 강조하지 말라는 뜻이다. 예를 들어 진화를 설명하면서 '지적 설계' 같은 유사과학에 과학적 검증이 이루어진 '진화론'과 동등한 지위를 부여하는 것은 중립성 정책에 위배된다. 요약하자면 위키백과 편집이란 이미 정립된 지식의 개요를 분명한 출처와 함께 제시하는 일이다.

위키백과 사용자들은 이처럼 정립된 정보를 바탕으로 백과사전 항목을 편집한다. 각각의 항목은 하나의 문서로 지정된다. 위키백과는 전체 문서를 목록으로 보여줄 수도 있지만, 실제로 위키백과에서 정보를 읽는 사람들은 자신이 원하는 구체적인 항목을 검색하여 접근한다. 위키백과는 검색을 통해 접근한 문서가 최대한 해당 항목에 대한 종합적 설명을 담기를 요구한다. 너무 짧은 내용은 그 항목이 사전 안에 있다는 것 이상의 의미를 지니지 못하기 때문이다. 위키백과 커뮤니티는 지나치게 짧은 글, 즉 '토막글'을 지속적으로 보강하여 보다 충실한 정보를 제공하기 위해 노력하고 있다. 토막글은 위키백과의 일반적인 문서로 집계되지 않으며 별도의 통계로 관리된다. 2018년 9월 1일 현재 한국어 위키백과의 일반문서는 425,819개이고 토막글은 148,794개이다. 문서 통계는 위키백과의 기반인 미디어위키시스템이 자동으로 집계한다.

상호 감시와 무한 신뢰의 공존

위키백과의 성공은 지난 10여 년간 꾸준히 언급되어왔지만 그것이 어떤 장치들에 의해 유지되고 있는가는 제대로 알려져 있지 않다. 위키백과에 대한 가장 핵심적인 질문은 아마 '불특정 다수가 편집을 하는데 어떻게 내용이 망가지지 않을 수 있는가'일 것이다. 위키백과에는 세 가지 장치가 있다. '최근 바뀜Recent changes', '역사 보기View history', '토론Talk'이 그것이다.

인터넷이 등장한 이래로 오래된 개념 하나가 호출되어 널리 사용되고 있는데, 바로 파놉티콘Panopticon이다. 이는 제러미 벤담이 1794년에 고안한 상호 감시형 감옥으로, 중앙에 감시탑이 있고 그 주위를 감옥이 둥글게 감싸고 있는 형태다. 감시탑에서는 감옥을 볼 수 있지만 감옥에서는 감시탑이 보이지 않는다. 또한 죄수들끼리는 서로의 모습이 보이기 때문에 뭔가 다른 시도를 하기가 어렵다. 반면에 감시탑의 간수는 잠시 한눈을 팔아도 별일 없을 거라며 여유를 부릴

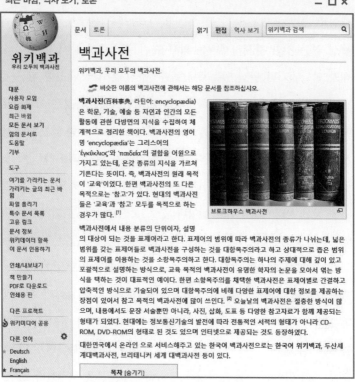

문서 토론   읽기 편집 역사 보기 위키백과 검색

위키백과
우리 모두의 백과사전

대문
사용자 모임
요즘 화제
최근 바뀜
모든 문서 보기
임의 문서로
도움말
기부

도구

여기를 가리키는 문서
가리키는 글의 최근 바뀜
파일 올리기
특수 문서 목록
고유 링크
문서 정보
위키데이터 항목
이 문서 인용하기

인쇄/내보내기

책 만들기
PDF로 다운로드
인쇄용 판

다른 프로젝트

위키미디어 공용

다른 언어   ⚙

Deutsch
English
★ Français

백과사전

위키백과, 우리 모두의 백과사전.

🔁 비슷한 이름의 백과사전에 관해서는 해당 문서를 참조하십시오.

백과사전(百科事典, 라틴어: encyclopædia)
은 학문, 기술, 예술 등 자연과 인간의 모든
활동에 관한 다방면의 지식을 수집하여 체
계적으로 정리한 책이다. 백과사전의 영어
명 'encyclopædia'는 그리스어의
'ἐγκύκλιος'와 'παιδεία'의 결합을 어원으로
가지고 있는데, 온갖 종류의 지식을 가르쳐
기른다는 뜻이다. 즉, 백과사전의 원래 목적
이 '교육'이었다. 한편 백과사전의 또 다른
목적으로는 '참고'가 있다. 현대의 백과사전
들은 '교육'과 '참고' 모두를 목적으로 하는
경우가 많다. [1]

브로크하우스 백과사전

백과사전에서 내용 분류의 단위이자, 설명
의 대상이 되는 것을 표제어라고 한다. 표제어의 범위에 따라 백과사전의 종류가 나뉘는데, 넓은
범위를 갖는 표제어들로 백과사전을 구성하는 것을 대항목주의라고 하고 상대적으로 좁은 범위
의 표제어를 이용하는 것을 소항목주의하고 한다. 대항목주의는 하나의 주제에 대해 깊이 있고
포괄적으로 설명하는 방식으로, 교육 목적의 백과사전이 유명한 학자의 논문을 모아서 엮는 방
식을 택하는 것이 대표적인 예이다. 한편 소항목주의를 채택한 백과사전은 표제어별로 간결하고
압축적인 방식으로 기술되어 있으며 대항목주의에 비해 다양한 표제어에 대한 정보를 제공하는
장점이 있어서 참고 목적의 백과사전에 많이 쓰인다. [2] 오늘날의 백과사전은 절충한 방식이 많
으며, 내용에서도 문장 서술뿐만 아니라, 사진, 삽화, 도표 등 다양한 참고자료가 함께 제공되는
형태가 되었다. 현대에는 정보통신기술의 발전에 따라 전통적인 서적의 형태가 아니라 CD-
ROM, DVD-ROM의 형태로 된 것도 있으며 인터넷으로 제공되는 것도 등장하였다.

대한민국에서 온라인으로 서비스해주고 있는 한국어 백과사전으로는 한국어 위키백과, 두산세
계대백과사전, 브리태니커 세계 대백과사전 등이 있다.

목차 [숨기기]

수 있다.

　위키위키시스템은 이런 파놉티콘 구조와 정말 많이 닮았다. 과연
이것이 어떻게 작동하는지 하나씩 살펴보자. '최근 바뀜'은 가장 최
근에 편집된 내용부터 상위에 올라오는 것이다. 불특정 다수가 수시
로 검토나 감시를 할 수 있는 장치다. 조금이라도 변화가 있으면 곧
바로 모든 변경사항이 노출된다. 요즘 언급되는 블록체인 수준의 투
명성이 위키백과에서는 이미 20년 전에 구현되었다. 하지만 여기에

위키백과, 정체를 밝혀라!

는 어마어마하게 많은 양의 내용이 엄청나게 빠른 속도로 올라온다. 당연히 모두가 그것을 다 볼 수는 없다. 그래서 선택된 방식은 내가 관심 있는 것만 감시하겠다는 의사 표현, 즉 '주시 문서 목록'이다. 내가 만들었거나 관심 있는 문서들을 '주시 문서'로 체크한 뒤 그것들이 어떻게 바뀌었는지만 확인하는 것이다. 체크 과정은 자동으로 혹은 선택적으로 이루어진다. 이렇게 하면 자신과 관련 있는 내용들을 지속적으로 관찰할 수 있다. 모두가 간수가 되고 죄수가 되어 모두를 감시하는 것이다. 위키위키는 이렇게 불신을 서로 인정한 뒤 그것을 믿고 올라가자는 시스템이다. 상호 불신과 무한 신뢰가 뒤섞여 있다.

'역사 보기'는 언제, 누가, 어떤 부분을 편집했는지 모든 기록을 남기는 것이다. 서로 검토하려면 기록을 남기는 것이 기본이다. 위키백과 편집자들은 '최근 바뀜'을 보고 변화가 있다는 것을 파악한 뒤 '역사 보기'를 통해 그 내용을 확인한다. 변화가 바람직하다면 그냥 두고, 문제가 있다면 직접 고치거나 토론방에서 토론을 시작한다. 그 토론의 주체는 누구인가? 바로 보상 없이 희생하는 다수다. 그들이 왜 움직이는가에 대한 답은 하나뿐이다. 위키백과를 통해 인류 공동의 유산을 함께 만든다는 높은 이상을 공유하고 있기 때문이다. 편집을 통한 기여든 기부금이든 모두 자신이 편한 방법으로 같은 이상을 공유하며 기여해온 덕분에 위키백과는 광고 없이도 지속적인 성장이 가능했다.

토론은 곳곳에서 벌어진다. 먼저 사용자 공간이 있다. 계정을 생성한 모든 사용자에게는 토론 공간이 제공된다. 예를 들어 [[사용

자:Jjw]] 계정에는 [[사용자토론:Jjw]]가 딸려 있다. '사용자토론'은 일종의 사서함이다. 사용자 Jjw에게 무엇인가 의견을 남기고 싶다면 [[사용자토론:Jjw]]에 글을 남기면 된다. 글을 남길 땐 누가 남긴 의견인지 알기 쉽도록 서명을 잊지 말자. 각 문서의 토론 공간 역시 마찬가지다. 예를 들어 [[프랑스 혁명]] 문서에는 [[토론:프랑스 혁명]] 문서가 딸려 있다. [[프랑스 혁명]] 문서와 관련한 의견은 여기에 남기면 된다. 현재 이곳에는 유럽사 프로젝트(한국어 위키백과 내의 유럽사 관련 문서들을 편집하고 다루는 프로젝트)가 프랑스 혁명의 중요도를 '최고'로 설정했다는 2014년의 알림이 담겨 있다. 문서의 토론 공간에는 이처럼 위키백과 내 특정 프로젝트의 결정사항뿐만 아니라 편집 내용, 출처, 참고문헌, 표기법 등에 대한 다양한 의견을 남길 수 있다.

그럼에도 불구하고 불특정 다수가 개입하는 시스템이라 이런저런 문제들이 생기기 마련이다. 기술적인 문제는 프로그래머들이 모여서 해결하고, 분쟁이 생기면 관리자들의 도움을 받거나 타인들의 중재를 거쳐 합의에 이른다. 이 과정이 매우 지루하고 답답하기도 하지만, 다들 꿋꿋하게 해나간다. 번거롭지만 민주주의가 가장 좋은 방법이라는 걸 이 과정에서 배울 수 있다. 위키백과의 관리자 선거를 관찰해보면 이곳이 얼마나 민주적인 합의를 통해 의사결정을 하는지 알 수 있다. 아무런 물질적 보상이 없는 자리인데도 다들 자기 시간을 내서 열심히 일하겠다며 자발적으로 기꺼이 검증을 받는다. 이 검증은 때로 대한민국의 총리 인준을 위한 인사청문회보다 훨씬 더 엄격하다는 생각이 들 정도다. 이 모든 과정은 이들이 어떤 보상도 없이 참여하고 있기에 가능한 것이다.

위키백과 커뮤니티의 최종적 의사 결정이라 할 수 있는 '총의' 역시 치열한 토론을 바탕으로 취합된다. 이 토론에 모두가 개입할 필요는 없다. 소수의 토론만으로도 대다수가 반대하지 않을 방안을 얼마든지 만들 수 있다. 그런데 만약 누군가가 위키백과 사용자 계정을 2개 이상 운영하면서 자신의 뜻을 관철하려고 한다면? 당연히 총의가 크게 왜곡될 수 있다. 따라서 이러한 행동은 위키백과에서 엄격히 금지되며, 한 사람이 여러 개의 계정을 사용할 경우 시스템상에서 추적해 막을 수 있다. 이 역시 불신에 기초한 전면적 정보 개방이라는 위키백과의 특징 때문에 가능한 일이다.

위키백과는 이렇듯 '최근 바뀜', '역사 보기', '토론' 같은 장치들을 통해 지속적으로 성장해왔다. 사용자 참여를 통해 사전을 만들어보려는 많은 사람들이 종종 이 지점을 간과한다. 이 가운데 어느 하나라도 문제가 생긴다면 위키위키시스템은 움직이지 않는다. 그만큼 정교한 시스템이다. 그래도 좌절할 필요는 없다. 불특정 다수의 참여가 어렵다면 특정 소수가 만들 수도 있고, 최악의 경우 한 사람이 만들 수도 있다. 그 옛날 새뮤얼 존슨도 혼자서 10여 년간 영어사전을 집필하지 않았던가. 사전 편찬자들 중에는 편집의 일관성을 위해 누구의 도움도 없이 혼자서 집필하는 스타일도 꽤 있다.

이렇게 정리하고 나니 모든 것이 자동으로 움직이는 듯 보이지만 그 안에는 끊임없는 관리가 있다. 인터넷의 특성 때문에 어떤 이슈가 실시간 검색어 상위권에 오르면 위키백과의 해당 항목도 덩달아 높은 관심을 받게 된다. 해당 항목의 편집 참여가 늘어나는 좋은 점도 있지만, 동시에 문서가 훼손되는 일 역시 빈번해진다. 민감한 문제일 수록 훼손의 가능성이 더 커진다. 규칙에 맞지 않게 문서를 편집하거나 시스템에 해를 끼치려 악의적 행동을 하는 사용자들도 있다.

그런 사용자들을 발견하고 적절한 제어 조치를 취하는 일은 관리자들의 몫이다. 관리자는 문서를 일정 기간 보호하여 편집을 제한할 수 있다. 주로 로그인 없이 이루어지는 편집이나 계정을 만든 지 얼마 되지 않은 사용자의 편집이 제한되는데 급작스런 관심으로 접근하는 사람들이 대부분 이 부류에 해당하기 때문이다. 예를 들어 특정 정치인에 대한 비방은 대개 선거철에 이루어지며, 선거가 끝나고 난 뒤에는 급속히 대중의 관심에서 멀어진다. 관리자는 선거철에 특정 정치인에 대한 근거 없는 비방이 지속적으로 나타날 경우 선거 종료 시까지 문서를 보호하여 훼손을 막는다.

특정 사용자가 문제일 수도 있다. 토론이 과열되면 논점에서 벗어나 상대방에게 비난을 가하는 이들이 있다. 위키백과의 규칙을 무시하고 자신만의 주장을 문서에 반영하려 시도하는 이들도 있다. 관리자는 해당 사용자에게 경고를 주거나 정도가 심할 경우 일시적인 또는 영구적인 차단 조치를 취할 수 있다.

이와 같이 위키백과는 시스템의 강력한 지원과 그 안에서 활약하는 여러 사용자들, 특히 관리자들의 헌신으로 운영된다. 이 정교한 제어 장치의 효율은 놀라울 정도로 높다. 극소수의 사용자들이 세계 최대의 정보 사이트를 문제없이 운영해나간다. 알면 알수록 감탄이 절로 나온다.

외래어 표기 문제

세계관의 차이 때문에 해결이 어려운 문제들이 있다. 대표적인 것이 종교, 총기 소유, 고대사 등이다. 역사적 쟁점, 윤리적 문제, 여러 가지 상충하는 이익 등 원인은 다양하지만 모두 끊임없는 토론이 진행되며 어느 한쪽도 완전히 수긍하지 않는다는 공통점이 있다. 외래어 고유명사의 한글 표기도 그러한 문제 가운데 하나다.

언어는 사회적 약속이지만, 시간이 흐르면서 조금씩 변해가는 성질 또한 가지고 있어 결코 하나로 고정되지 않는다. 역사적으로 언어를 통제하려는 시도는 대부분 실패했고, 독재 치하나 건국 시기 같은 특수한 상황에서만 성공했다. 사회주의 중국이 시도한 간체자 전환, 아타튀르크가 터키어에서 아랍어와 그리스어의 흔적을 제거한 정책들, 이스라엘이 사어였던 히브리어를 인위적으로 되살려낸 일 정도가 있을 뿐 결코 사례가 많지 않다. 대다수가 이미 익숙하게 사용하고 있는 언어를 갑자기 다르게 쓰라고 하는 것은 정말로 달성하기 어려운 과제이기 때문이다. 언어의 변화는 점진적으로 이루어지는 것이 보통이다.

한국에서는 조선어학회의 전통을 이은 민간단체인 한글학회가 한국어 규범을 만들어오다가 이후 국가기관인 국립국어연구원을 거쳐 국립국어원이 설립되면서 그 역할을 가져왔다. 간단하게 말하자면 국가가 한글학회를 부정하고 국립국어원을 세운 것이다. 국립국어원은 『표준국어대사전』의 발간을 비롯해 한국어 규범의 제정을 주도해나갔고, 이후 그 결과물은 언론, 출판계의 표준적인 표기와 규범이 되었다. 문자 생활에서 언론, 출판의 힘은 강력하기 때문에 국립국어원의 규범은 단기간에 정착할 수 있었다.

　그렇다면 한국어 위키백과에서는 어떤 원칙에 따라 외래어를 표기하고 있을까? 초기에는 국립국어원의 표기 원칙을 따라가는 경우가 많았다. 하지만 국립국어원의 표기가 언중 다수의 표기와 충돌하는 사례가 많아지자, 그것에 반발하는 사람들이 나타났다. 왜 국립국어원이 다수의 표기를 부정하고 자기들의 표기를 강요하는가라는 의문이 차오른 것이다. 한국어 위키백과는 한국어 화자를 대상으로 하는 것이지, 대한민국 위키백과가 아니기 때문에 대한민국의 어문 규범을 따를 이유가 없다는 논리도 있었다. 즉 다수의 한국어 화자가 지지하는 표기를 써야 한다는 것이다. 이 논쟁은 위키백과 역사상 유례없이 오랜 시간 이어졌고, 결국은 국립국어원의 표기와 무관하게 다수의 언중이 사용하는 표기(통용 표기)를 써야 한다는 원칙이 확립되었다. 그 논쟁의 경과를 표로 간단하게 소개하겠다. 참고란에 제시된 문서명을 위키백과 검색창에 입력하면 자세한 토론 내용을 확인할 수 있다.

시기	논쟁 내용	참고
2005년 4월	위키백과 내 외래어 표기법의 필요성에 대한 언급 등장.	
2007년 2월	한국어 위키백과는 표준어(대한민국)와 문화어(조선민주주의인민공화국)를 모두 인정하므로 복수 표기를 지향해야 한다는 발언.	
2007년 3월	현지음을 최대한 살리는 표기법이 가능하지 않을까라는 주장.	[[위키백과토론:외국어의 한글 표기/보존문서1]]

2007년 7월	일본어 표기에 관한 논쟁 시작. 고다 구미(국립국어원 표기/27표) VS 코다 쿠미(통용 표기/28표). 결론을 내지 못해 국립국어원 표기 유지. 이 토론에서 깊은 학술적 논의가 진행됨.	[[위키백과토론: 외국어의 한글 표기/보존문서2]]
2008년 10월	리스 위더스푼(국립국어원 표기) VS 리즈 위더스푼(통용 표기) 토론 진행. 사회언어학적으로 심도 깊은 논의가 진행됨. 리즈 위더스푼 쪽이 압도적으로 많았으나, 중간에 토론이 중단되어 국립국어원 표기 유지. 토론 이후 10년이 지났지만 2018년 현재도 리스가 리즈를 이기지 못하는 상황.	[[위키백과토론: 외국어의 한글 표기/보존문서3]]
2010년 8월	더 이상 싸우지 말고 규칙을 정하자는 제안 등장. 언론/학술/출판물에서 보이는 일반적인 경향, 웹상의 사용 빈도, 국립국어원 안의 순서로 가자는 내용. 국립국어원 안은 여러 제안 중 하나로 고려해야지 그것을 지침으로 삼을 수는 없다는 의견.	[[위키백과토론: 외국어의 한글 표기/보존문서4]]
2010년 10월	알고리듬 VS 알고리즘, 호메로스 VS 호머 등의 사례를 통해 원칙 보완 토론 진행.	[[위키백과토론: 외래어의 한글 표기/역사1]]
2010년 12월	왜 통용 표기는 통용 표기법이 아닌가에 대한 논의. 통용 표기는 원칙이지 법이 아니라는 합의에 도달.	[[위키백과토론: 외래어의 한글 표기/역사2]]
2011년 2월	논의를 정리하여 지침을 작성하던 중 해묵은 쟁점이 다시 등장해 토론 재점화. 전문가들이 만든 국립국어원 표기가 왜 원칙이 될 수 없는가 VS 언어의 사회성을 가장 무시하는 곳이 국립국어원 아닌가.	[[위키백과토론: 외래어의 한글 표기/역사4]]
2011년 3월	토론의 피로감이 증가하여 적당히 정리하려는 시도 등장.	[[위키백과토론: 외래어의 한글 표기/역사5]]

2012년 1월	적당한 합의 시도. '통용 표기를 위키백과의 기본 표기로 삼는다'에 찬성 11표 VS 반대 2표	[[위키백과토론: 외래어의 한글 표기/역사6]]
2012년 2월	뮤지션과 음반 표기 방법 정리. 뮤지션은 한글로 표기, 음반이나 곡명은 원어로 표기.	[[위키백과토론: 외래어의 한글 표기/역사7]]
2012년 12월	세칙을 좀 더 보강하고 총의로 합의.	[[위키백과토론: 외래어의 한글 표기/역사8]]

　가장 큰 대립은 일본 관련 문서들, 특히 일본 만화와 애니메이션의 인명, 지명 등의 표기에 관한 부분이었다. 언론 출판계는 국립국어원의 권고안을 적극적으로 따르는 모범생들이지만, 아무래도 서브 컬처 계통은 주로 영상을 통해 말을 먼저 배운 이들이 많아 좀 더 직관적인 것을 선호했다. 이들이 비판하는 국립국어원의 외래어표기법은 소리 나는 대로, 즉 한국어 화자에게 들리는 대로 표기하는 것이 기본적인 원칙이기 때문에 일본어 어두에 오는 파열음을 ㄱ, ㄷ, ㅈ 등으로 쓰고 장음을 따로 표기하지 않는다는 것이 중요한 특징이다. 특히 초성을 표기할 때 청탁음을 제대로 구분하지 않다 보니 다음과 같은 일이 생긴다.

일본어	가나 표기	일본어 발음	국립국어원 표기	로마자 표기
銀閣寺	ぎんかくじ	긴카쿠지	긴카쿠지	Ginkakuji
金閣寺	きんかくじ	킨카쿠지	긴카쿠지	Kinkakuji

　또한, 가나 표기와 로마자 표기는 일치하는데 한글 표기만 오락가락하는

일이 발생한다. 아래 예시를 보면 같은 지명이 마치 다른 곳처럼 읽힌다.

일본어	가나 표기	일본어 발음	국립국어원 표기	로마자 표기
九州	きゅうしゅう	큐슈	규슈	Kyushu
北九州	きたきゅうしゅう	키타큐슈	기타큐슈	Kitakyushu

　문자보다 소리를 중시했을 때 벌어지는 일이다. 소리는 문자보다 변화가 심하다. 같은 문자라도 지역마다 다르게 읽는 일이 허다하다. 그렇기 때문에 문자를 문자로 대응해 표기하는 것이 변화 속도로 봐도 그렇고 시각적 직관에 비춰도 낫다는 의견이 많다. 하지만 현재 국립국어원 표기는 이런 견해를 따르지 않는다. 사정이 이렇다 보니 언론 출판계에서는 국립국어원 표기를 따르고 만화, 애니메이션, 취미 업계는 통용 표기, 즉 언중이 가장 많이 쓰는 표기를 따르고 있다. 이런 극심한 혼란을 가져온 곳이 국립국어원이라는 것은 참으로 유감이다.

　그다음으로 많은 대립은 기존의 서구 인명, 지명 표기를 유럽 언어 중심에서 점차 미국 영어 중심으로 옮겨가는 것에 대한 반발이다. 이는 과학 용어들이 점차 독일어권 표기에서 영어권 표기로 바뀌어가는 것처럼, 영어권 문명의 힘이 전 세계를 압도하고 있기 때문에 벌어지는 일이다. 아래의 예는 익히 알려진 인명 표기를 바꾸려는 시도로 언어의 사회성을 무시한 처사라고 할 수 있다. 영화계와 출판계에서 오랫동안 써오던 표기가 있는데, 국가 기관에서 혼선을 유발하고 있는 것이다. 국립국어원은 심의 과정을 통해 지속적으로 이런 표기를 발표하고 있다. 이런 작업 자체는 의미가 있지만, 모든 것을 기계적으로 바꿔나가는 것은 위험하다.

원어	기존 표기	국립국어원 표기
Leonardo DiCaprio	레오나르도 디카프리오	리어나도 디캐프리오
Marshall McLuhan	마샬 맥루한	마셜 매클루언

산업자원부에서 2005년에 발표한 화학용어변경안을 보면 언어의 사회성이 얼마나 오도되고 있는지 알 수 있다. 일본식 표현을 지운다는 명분이었지만 사실 기존의 표기는 일본식이 아니라 독일식이었다. 또한 국제 표기를 따른다고 했으나 실은 그냥 미국식일 뿐이었다. 전문가들의 수요 때문에 일반인이 흔히 쓰던 메탄을 메테인으로 쓰게 하는 것은 언어의 사용주체가 누구인가를 전혀 고려하지 않은 조치다. 그나마 비타민을 바이타민으로 고치지 않은 것은 이런 결정을 한 사람들조차 자기 입으로 바이타민이라고 말하기가 부끄러웠던 게 아닐까?

원어	기존 표기	변경안
germanium	게르마늄	저마늄
methane	메탄	메테인
vitamin	비타민	바이타민, 비타민(허용)

지금으로서는 국립국어원의 표기가 언론 출판계의 광범위한 지지를 얻

고 있기 때문에 점차 세를 넓혀가지 않을까 예상한다. 위키백과는 그 변화에 대한 가치 판단은 하지 않는다. 국립국어원 표기가 통용 표기를 압도하는 수준이 된다면, 그것을 따라갈 것이다. 한국어 위키백과는 현재 인명, 지명을 비롯한 고유명사는 통용 표기를 따르고 화학용어 같은 일반명사는 변경안을 따라가고 있다.

위키백과는 이 문제에 대해 다수결의 원칙을 따르되 예외 규정을 구체적으로 정해놓았다. 거기까지 닿기 위해 위키백과 사용자들은 치열한 토론과 고민, 합의의 과정을 거쳤다. 때문에 위키백과에서 채택한 한국어 표기는 그 어떤 규정보다 신뢰할 만하다고 할 수 있다.

"해 아래 새 것이 없나니."—전도서 1장 9절

위키백과와 밈

생물은 진화를 통해 다양한 종으로 분화되었다. 개와 늑대는 공통의 조상에서 분리되어 각자의 길을 걸어왔다. 종에 대한 전통적인 정의에 따르면, 서로 완전히 분리되어 더 이상 세대 재생산이 이루어지지 않아야 한다고 하지만 개와 늑대는 둘 사이에서 태어난 새끼도 자식을 갖는 데 아무런 문제가 없다. 그래서 생물학에서는 개를 늑대의 아종으로 취급하기도 한다. 그러나 개는 분명 늑대가 아니다. 무엇이 개를 개답게 하느냐는 질문에는 여러 분야에서 서로 다른 답변이 가능하겠지만 진화의 관점에서는 개의 유전자를 거론하지 않을 수 없다. 어느 시점에 개는 작지만 대단히 중요한 유전자 변화를 겪었고, 더 이상 늑대가 아니게 되었다. 그 작은 차이가 가져다준 변화는 이후 두 종의 역사에 막대한 차이를 가져왔다. 오늘날 야생 늑대는 멸종 위기에 처해 있지만 개는 여전히 번성하고 있다.

이제 생물을 유전자 단위로 재구성해보기로 하자. 생물을 구성하는 유전자들은 역할에 따라 이름이 붙어 있으며, 각각 독립적인 모듈처럼 작동한다. 특정 생물이 십수억 년 동안 진행된 진화의 결과 다종다양한 변화를 겪는 가운데서도 어떤 유전자는 별다른 변동 없이 살아남았다. 실러캔스를 살아 있는 화석 생물이라 부르는 것처럼, 이런 유전자도 살아 있는 화석 유전자라고 부를 만하다. 예를 들면 초파리에서 인간까지 광범위한 생물이 지니고 있는 호메오 유전자를 들 수 있다. 호메오 유전자는 팔다리의 위치를 결정한다. 몸에 마디가 있는 동물에게 호메오 유전자는 필수적이다.

유전자 이야기를 길게 늘어놓은 까닭은 생물이 아닌 것에도 이와 비슷한 분석을 시도할 수 있기 때문이다. 특히 문화의 구성과 변화는 종종 생물의 진화와 비교되기도 한다. 유전자의 역할을 하는 특정한 모듈이 상호 작용하여 문화의 형태와 특징을 만들어낸다고 생각해볼 수 있다. 리처드 도킨스는 『이기적 유전자』에서 이를 '밈meme'이라고 불렀다. 달리 말하면 밈이란 지금 우리의 문화에서 독립적인 진화의 역사를 보이는 오랜 전통적 요소라고 할 수 있다. 그렇다면 위키백과를 이루는 밈에는 어떤 것이 있을까?

먼저 위키백과는 문자를 만들어 지식과 정보를 기록하고 축적하는 오랜 문화적 전통 위에 서 있다. 또한 위키백과 콘텐츠는 커뮤니티의 활동을 통해 형성되고 검증되는데 이는 대학의 설립과 학회의 형성이라는 전통의 연장선상에 있고, 위키 '백과'라는 이름과 그 체계는 분야를 막론한 모든 지식을 한곳에 모으는 백과사전이라는 형식에서 왔다. 이 모든 활동은 비교적 최근에 형성된 문화인 온라인을 기반으로 이루어진다. 다시 말해서 문자를 이용한 지식의 축적, 집단지성에 의한 지식의 생산과 유통, 백과사전, 그리고 최근의 온라인 네트워크까지 오랜 시간에 걸쳐 다양한 종류의 문화적 밈이 출현하고 재구성된 결과물이 바로 위키백과이다. 태양 아래 새로운 것이 어디 있겠는가. 이제 이들 각각의 요소를 좀 더 자세히 살펴보기로 하자.

문자를 이용한 지식의 축적

위키백과를 이루는 문화적 전통에는 무엇보다 지식의 축적을 위한 인간의 활동이 있다. 당대에 알려진 지식을 망라하여 축적하려는 아이디어는 아주 오랜 역사를 가지고 있다. 그렇게 거두어들인 정보는 도서관에 모였다. 쐐기문자의 출현은 기원전 3000년까지 소급되며, 그로부터 얼마 지나지 않아 수메르의 도시에는 쐐기문자로 기록된 점토판들이 모이기 시작했다. 고대 바빌로니아제국은 수메르 문명이 발명한 쐐기문자를 받아들여 온갖 이야기를 점토에 새겼다. 그 속에는 사적인 편지며 해마다의 수확량, 전쟁, 소송, 무역, 건설 등 요즘 우리가 주고받는 정보와 크게 다를 바 없는 내용들이 빼곡하다. 바빌로니아는 도서관을 짓고 그 안에 점토 문자판을 보관했다. 지금까지 이룬 지식을 축적하고 활용하려는 시도는 문자의 발명과 궤를 같이했고, 위키백과 역시 이러한 전통의 연장선상에 있다.

고대의 문명들은 저마다 지식을 축적하고 전달하는 데 많은 노력을 기울였다. 그 가운데서도 고대 그리스 로마 시기의 알렉산드리아 도서관은 당대는 물론이고 그것이 불타 없어진 뒤에도 사람들의 찬

점토판에 새겨진 수메르의 쐐기문자

사를 받았다. 알렉산드리아 땅에 발을 들이는 사람들은 자신이 소지한 책을 도서관에 기증해야 했다. 도서관에서는 그것을 필사하여 보관하고 원본은 주인에게 돌려주었다. 알렉산드리아도서관은 이렇게 다양한 판본의 책들을 수집하고 비교하여 더 정확한 정보를 축적하고자 했고, 수학과 과학의 발전을 장려했다. 유클리드가 『원론』을 집대성한 곳도, 히파티아가 수학을 강론한 곳도 바로 이곳이었다. 알렉산드리아도서관이 화재로 전소하자 그와 함께 많은 지식도 재로 변했다. 이는 고전 시대의 종말을 상징하는 사건이었다.

지식을 축적하고 정보를 모으는 일은 이후로도 계속되었다. 중세 이슬람 문명은 그리스 로마의 고전을 받아들여 눈부신 발전을 이루었다. 9세기 무렵 아바스 왕조의 칼리프 알 마문은 수도 바그다드에 '지혜의 집'을 세웠다. 이곳에서는 수많은 언어로 된 지식들이 아랍어로 번역되었고 수학, 천문학, 의학을 비롯한 거의 모든 분야의 학문을 연구했다. 알렉산드리아도서관에 유클리드가 있었다면, 바그다드 지혜의 집에는 알 콰리즈미가 있었다. 그는 인도의 십진기수법을 받아들여 오늘날 아라비아 숫자라고 부르는 수 체계를 이슬람 세계에 전파했고, 당시까지 전해진 수학을 집대성한 『복원과 대비의 계산』을 집필하여 대수학을 정립했다. 콰리즈미의 책은 르네상스 무렵 유럽으로 전해졌다. 유럽 사람들은 저자의 이름을 책 이름으로 오인했다. 오늘날 대수학을 뜻하는 'Algebra'는 콰리즈미의 이름에서 유래한 것이다. 수학과 컴퓨터 프로그래밍에서 흔히 쓰이는 낱말인 '알고리즘' 역시 여기에서 나왔다. 지혜의 집은 몽골이 페르시아를 침략하여 바그다드를 점령할 때 함께 파괴되었지만, 지혜를 모으는 도서관이라는 아이디어는 이후로도 계속되었다.

동로마제국의 수도 콘스탄티노플은 중세에도 건재했다. 콘스탄티노플의 도서관에 축적된 지식은 고전 시대와 르네상스를 잇는 중요한 밑거름이 되었다. 한편, 서로마제국의 몰락과 함께 서유럽에서는 지식의 단절이 일어났다. 옛 로마의 문화가 사라진 자리는 게르만, 프랑코, 노르드 같은 사나운 전사들이 이어받았다. 그러나 그런 와중에도 중세의 수도원들은 지식을 모으고 전파하는 일을 이어갔다. 움베르트 에코의 대표작 『장미의 이름』은 중세 수도원의 도서관을 실감나게 묘사한다. 그의 작품에서도 도서관은 화재와 함께 비극적 종말을 맞지만, 인류는 계속되는 파괴에도 불구하고 늘 새로운 지식의 성전을 쌓고자 했다.

알고 있는 모든 것을 기록하여 남긴다는 아이디어는 인류의 DNA

만큼이나 오래된 문화적 밈이다. 인류는 이를 통해 생물학적 진화의 속도를 뛰어넘어 새로운 삶의 양식을 구축할 수 있었다. 지식을 축적하려는 욕망과 이를 위한 끊임없는 노력은 위키백과의 출현과 성장에도 큰 영향을 주었다.

지식의 커뮤니티

1088년 이탈리아의 볼로냐에 세계 최초의 대학교가 세워졌다. 인류는 고대부터 다양한 교육기관을 운영해왔다. 고대 이집트에서 이미 사제나 기술자를 양성하는 학교를 운영했고, 플라톤의 아카데미아나 아리스토텔레스의 리케이온뿐만 아니라 고대 중국의 태학, 국자감, 이슬람 세계의 마드라사와 같은 여러 학교들은 지식을 전수하는 중요한 장소였다. 중세 유럽에 새롭게 형성된 대학교는 이전의 교육기관과 여러모로 달랐는데 무엇보다 지식의 생산에서 커뮤니티의 역할이 부각되었다. 이전의 교육기관에서도 토론과 교류를 통한 학문 발전이 없었던 것은 아니지만, 새롭게 형성된 대학교의 학문 커뮤니티는 자신의 성과를 공표하고 서로 간의 논쟁을 통해 새로운 지식을 생산했다는 점에서 큰 차이를 보였다.

중세의 대학교는 주로 신학과 철학, 법학, 의학을 가르쳤다. 당시 사회에서 필요로 했던 신학자, 법률가, 의사 등의 전문가를 기르기 위한 과정이었다. 대학은 이런 실용적 교육 과정 이외에도 필수 교양이라 여겼던 7개의 자유학과도 운영했다. 문학, 변증법, 수사학, 산술, 기하학, 천문학, 음악 같은 것이었다. 이들 자유학과는 현대 여러 학

문의 출발점이 되었다.

볼로냐대학교의 설립 주체는 학생이었다. 이들은 '나티오네스 nationes'라 불리던 공제조합을 설립하고 강사들을 초빙했다. 당연히 학교의 운영도 공제조합을 통해 이루어졌다. 나티오네스는 후에 '우니베르시타universitá'로 이름을 바꾸었는데, 어느 쪽이든 이름 자체에 자치주의를 표방한 당시 대학 커뮤니티의 사상이 담겨 있다. 이후 유럽 각지의 도시에 차례로 세워진 대학들도 학교의 자치권을 중요시했다. 이들은 국가나 도시와는 별개로 독립적인 고유의 문장紋章을 사용했고, 학교 안에서 일어나는 모든 일을 학교의 커뮤니티가 우선적으로 다루고자 했다. 대학교는 치외법권 지역이 되었다. 중세의 대학은 심지어 학교 안에 재판소와 감옥을 마련해 별도의 사법권을 행사했다. 1386년에 세워진 독일 하이델베르크대학교의 학생 감옥은 1차

세계대전 때까지도 운영되었다. 이전의 교육기관과 다른 대학교의 두드러진 특징은 바로 자율적 운영이었다.

대학교는 학사 운영뿐 아니라 지식의 생산에서도 자치적인 커뮤니티를 중시했다. 대학교에 포함된 각각의 칼리지는 자체의 역사를 가지고 독립적으로 운영되었으며, 이들의 학문 활동 역시 학자들 간의 커뮤니티를 통해 발전했다. 지식은 더 이상 개인의 저술 안에 갇혀 있지 않았다. 학문의 성과는 논문으로 발표되었고, 커뮤니티에 회람되었으며, 다른 학자들은 이를 검토하여 수정과 업데이트를 거듭했다. 이는 오늘날까지 이어지는 정형화된 논문 형식으로 자리 잡았다. 즉 학문적 성과를 발표하는 사람들은 선행 연구의 탐색, 출처 제시와 인용, 새로운 견해에 대한 논증, 사후 연구의 모색 등과 같은 일련의 알고리즘을 따라야 한다.

대학교의 출현과 커뮤니티 활동에 의한 지식 형성은 전문 지식인이 출현하는 계기가 되었다. 르네 데카르트, 프랜시스 베이컨, 갈릴레오 갈릴레이, 코페르니쿠스, 아이작 뉴턴 같은 자연철학자들은 이전과는 다른 방식으로 새로운 학문을 개척했다. 르네상스를 거치며 박식한 교양인이 이상적인 인간으로 여겨졌고, 세상의 만물을 설명할 수 있는 박물학자가 출현했다. 이들은 스스로를 자연철학자라고 불렀다. 대학교는 이들에게 자연에 대한 철학박사 학위를 수여했다. 오늘날 물리학자나 화학자가 철학박사Ph.D(Doctor of Philosophy)로 불리게 된 배경이다.

이렇게 하여 지식은 더 이상 개인이 아닌 집단의 창작물이 되었다. 지식 자체는 만인의 것이라는 암묵적 합의 속에서 수많은 사람들이 새롭게 형성된 지식의 목록에 자신의 이름을 올리고자 했고, 때로는 자신이 특정 지식의 최초 제안자라는 영예를 위해 싸웠다. 미적분학의 성립이라는 공로를 다툰 뉴턴과 라이프니츠의 갈등은 유명하다. 둘은 죽을 때까지 상대의 공로를 인정하지 않았다. 그러나 일단 공표된 지식은 누가 그것을 사용하든 개의치 않았다. 과학적 방법이라는 이름을 얻은 새로운 지식 생성 알고리즘이 언제나 올바른 결과를 도출한 것은 아니다. 사람들은 사실 여부가 확인되기도 전에 일단 그럴듯한 설명을 하려 했고, 이는 사실이 아니라는 것이 증명될 때까지 유지되었다. 만약 새로운 설명이 사실로 확인된다면 예전의 설명은 수정되거나 폐기된다.

자율적 커뮤니티를 통한 지식의 발전과 축적은 위키백과 운영의 핵심적인 알고리즘이다. 누군가 문서를 작성하면 다른 누군가가 검토해 부적절한 것은 지우고, 더 적합한 내용을 채워 넣는다. 이런 과정이 여러 차례 반복되면 문서는 어느새 수준 높은 정보가 된다.

모든 것을 담은 책

모든 것을 설명하는 책을 만들고자 하는 노력은 지식을 한곳에 모으려는 시도나 커뮤니티를 통해 지식을 생산하는 것과는 또 다른 결을 지닌다. 도서관에 모이는 지식은 일정한 분류를 가지며, 커뮤니티는 기본적으로 자신의 고유 분야를 활동 기반으로 한다. 반면에 백과사전은 지식의 종류와 분야를 가리지 않고 그것이 집필될 당시에 편집자가 언급할 가치가 있다고 생각하는 모든 항목을 담는

다. 지식의 풀코스 만찬이라고 할 수 있다.

고대 중국에서는 '유서類書'라는 이름으로 사전이 만들어졌다. 『산해경』은 내용의 진위 여부를 떠나 지리를 중심으로 갖가지 신화와 설화, 생물, 인문 지리 등을 망라한 책이다. 고대의 지식 체계는 오늘날의 학문 체계와는 달라서 분야를 딱 부러지게 구분하지는 않았지만, 당시에 이미 지식을 종합적으로 서술하는 전통이 형성되었던 것이다. 이러한 전통은 송나라의 『고금도서집성』 같은 문헌학 종합사전으로 이어진다. 명나라 때의 『삼재도회』에 이르면 오늘날의 백과사전과 흡사한 외양을 갖추게 된다.

백과사전 편찬에 대한 열망 역시 세계의 여러 문화에서 두루 관찰된다. 특히 10세기 무렵 동로마제국에서 만들어진 『수다』는 이후 백과사전 제작의 원형으로 여겨진다. 『수다』는 낱말사전과 같이 표제어의 어원과 용례에서부터 일식과 월식의 주기에 이르기까지 오늘날 백과사전에 버금가는 내용을 그리스 알파벳 순서에 따라 정리하고 설명했다.

조선의 실학자들도 백과사전의 형식을 갖춘 책들을 편찬했다. 이익의 『성호사설』은 문답식으로 정리된 책으로 천지만물과 인사人事, 문헌에 대해 묻고 답하는 내용으로 구성되어 있다. 우리가 이 책의 2부에서 시도한 문답 형식이라는 밈 역시 꽤나 오랜 전통을 가진 셈이다. 한편 박제가의 『북학의』는 각종 문물에 대한 백과사전으로 농사, 누에치기, 가축 기르기, 성곽 축조, 집 짓기, 배나 수레, 기와, 인장, 붓, 자의 제작에 이르기까지 기술적인 항목들을 다루고 있다. 서유구의 『임원경제지』는 농업 분야에 특화된 백과사전이라고 할 수 있는데,

이 책은 36년이나 걸려 완성되었다고 한다.

유럽에서는 대학을 통해 형성된 학문 커뮤니티들이 각종 회보와 연보를 내던 것을 백과사전 집필의 전 단계로 볼 수 있다. 국가 단위의 아카데미가 설립되고, 분야가 다른 지식인들의 교류가 활발해지면서 계몽주의가 형성되었다. 계몽주의 사상가들은 인간의 이성과 합리적 사고로 우주 만물을 이해할 수 있다고 믿었다. 정치철학에서는 권력의 분립, 인권, 사회계약설 같은 개념이 정립되기 시작했고, 사회과학에서는 고전경제학이 형성되었으며, 자연과학에서는 물리학, 화학, 생물학 같은 근대과학이 만들어졌다. 프랑스의『백과전서』는 계몽주의 사상의 상징으로 정치철학, 사회과학, 자연과학을 망라하는 그야말로 만물을 설명하는 책이다.『백과전서』는 당시 매우 정치적인 책으로 받아들여져 많은 탄압을 받았다. 책의 발행인인 드니 디드로를 비롯한 필자 대부분이 계몽주의 사상가로서 앙시앵 레짐에 반대했기 때문이기도 하지만, 그 밑바닥에는 지식의 형성과 배포를 담당하는 '권위'를 누구에게 부여할 것인가를 사이에 둔 대립이 있었다. 이전까지의 지식이 왕에게 헌정되고 왕의 권위에 의해 배포되었던 반면,『백과전서』는 서문에서 자신들의 출판이 오로지 독자들의 이성에 호소하는 것이라고 선언했다.

『브리태니커』는 영어로 된 백과사전 중에서 가장 방대한 분량을 자랑한다. 1768년 초판 1권을 발행한 이래 지금까지 명맥을 이어온 유서 깊은 백과사전이기도 하다. 일종의 가업으로 시작된『브리태니커』는 이후 판권이 이곳저곳으로 옮겨지게 되는데, 1911년의 제11판은 영국의 케임브리지대학교에서 출판했다. 1943년 미국의 시카고

대학교가 판권을 사들이면서 『브리태니커』는 더 이상 '영국의' 백과
사전이 아니게 되었다. 종이에 인쇄되어 나온 마지막 판은 2010년에
32권 분량으로 출판된 제15판이다. 이마저도 지금은 온라인으로만
제공된다. 출판물로서는 더 이상 수익을 남길 수 없기 때문인데, 다른
사전류와 마찬가지로 인터넷과 검색이 인쇄판을 밀어내버렸다.

1980년 영국의 밴드 버글스는 〈비디오가 라디오 스타를 죽였네
Video Killed the Radio Star〉라는 노래를 불렀다. 그 무렵 등장한 개인
컴퓨터와 인터넷은 차츰 종이 사전을 죽여나갔다. 위키백과는 종이
사전의 자리를 차지한 대표적인 온라인 백과사전이다. 위키백과를
구성하는 아이디어의 많은 부분이 여전히 인쇄판 백과사전의 계보를
잇고 있다. 각각의 항목은 문서를 단위로 하고, 문서는 하나의 특정한
소항목을 기술해야 한다. 목록 같은 정보도 일반문서에 포함되기는
하지만, 편집이나 분류에서 별도로 다루어진다. 대개 목록은 다른 항

목을 설명하기 위한 부속 문서의 역할을 한다.

네트는 광대하니까

현대는 온라인 시대다. 기업의 업무에서부터 개인의 여가까지 온라인이 아니라면 도무지 되는 일이 없다. 누군가 온라인 사용자의 폭력성을 시험하기 위해 라우터router(서로 다른 네트워크를 연결해주는 장치)를 꺼버리면 어떤 무서운 일이 벌어질지 알 수 없다. 온라인의 출현은 문화의 형태를 완전히 바꿔놓았다. 온라인에서 아무리 친하게 지내는 사이라도 길에서 우연히 마주친다면 서로를 알아보지 못하고 지나칠 수도 있다. 최근의 소셜미디어는 마케팅을 위해 끊임없이 개인 정보를 요구하지만 사용자 사이의 관계는 여전히 익명성을 바탕으로 한다.

1969년 개통된 미국의 아르파넷ARPANET(Advanced Research Projects Agency Network)은 인터넷의 효시로 평가되고 있다. 1973년 TCP(Transmission Control Protocol)/IP(Internet Protocol)라는 인터넷 프로토콜이 개발되었는데, 서로 다른 컴퓨터가 데이터를 주고받을 때 에러가 발생하지 않도록 알맞은 크기로 나누어 전송하고 이를 받아서 다시 원래의 정보로 변환하는 것을 약속해놓은 체계다. 이는 이후 온라인 커뮤니케이션의 표준적인 방법이 되었다. 한국에서는 1984년 천리안이 서비스를 시작했고, 1986년 훗날 하이텔로 이름을 바꾼 케텔이 등장했다. 1990년대는 개인용 컴퓨터의 보급이 일반화되면서 PC통신이 전성기를 맞이했다. 1990년대의 온라인 커뮤니티는 오늘날 우리가 알고 있는 인터넷 이용 방식의 대부분을 이미 구현했다. PC통신 사용자들은 실시간으로 채팅을 하고, 게시판을 통해 정보를 교환했으며, 자료실에는 각종 지식과 팁이 쌓였다. 온라인을 이용한 다중 접속 게임 역시 이때 이미 시도되었다. 1994년 출시된 〈단군의 땅〉과 〈쥬라기공원〉은 텍스트를 기반으로 한 다중 접속 롤플레잉 게임이었다.

기업들도 온라인 기반의 업무 프로세스를 갖추기 시작했다. 회사의 업무 정보는 이메일로 전달되었고, 은행은 온라인 송금 시스템을 갖추었다. 20세기의 마지막 10년 동안 전 세계의 산업은 모두 온라인으로 연결되었다. 정보의 전달은 이전과는 비교할 수 없는 속도로 이루어지게 되었다. 전 세계를 불안에 떨게 한 '밀레니엄 버그' 소동은 온라인 없이는 세계가 더 이상 돌아가지 않는다는 것을 상징적으로 보여주었다.

1990년 팀 버너스 리는 'HTML(Hyper Text Markup Language)' 규칙과 그것을 이용하기 위한 소프트웨어인 '웹브라우저Web Browser'를 선보였다. 그가 만든 '월드 와이드 웹World Wide Web'이란 용어는 오늘날에도 인터넷 URL 앞부분에 'www'로 남아 있다. 웹브라우저는 정보의 전달과 축적을 위한 새로운 방식을 제공했다. 웹사이트가 보편화되면서 웹은 순식간에 인터넷과 동의어가 되었고, 'HTTP(Hyper Text Transfer Protocol)'는 'NTP(Network Time Protocol)'나 'FTP(File Transfer Protocol)' 같은 다른 프로토콜을 주변부로 밀어냈다. 전화선 모뎀이 사라지고 ADSL에 연결된 LAN선이 등장하자 웹페이지를 기반으로 한 홈페이지는 인터넷 정보의 표준 양식이 되었다.

HTML은 어떤 정보를 웹브라우저에 어떻게 표시할 것인가만을 설정해두는 것이라 그 자체로는 사용자에게 정보를 일방적으로 전달할 뿐이다. 이후 서버 측에서는 PHP(Hypertext Preprocessor) 같은 프로그래밍 어플리케이션이 구현되고, 브라우저 측에서는 각종 스크립트 언어를 처리할 수 있게 되면서 웹을 기반으로 한 쌍방향 소통이 가능해졌다. 초기의 쌍방향 커뮤니케이션은 PC통신 시절부터 이어져 오던 게시판 운영이나 채팅 같은 전통적인 모습이었으나, 다른 매체의 발달 속도에 비하면 그야말로 순식간에 새로운 정보 매체로 진화했다. 이후로는 스마트폰을 이용한 모바일로 플랫폼이 옮겨가면서 트위터나 페이스북 같은 소셜미디어가 출현했으며, 유튜브와 같은 새로운 방식의 정보 생산도 가능하게 되었다. 사람들은 언제 어디서나 네트워크에 연결되어 있다. 바야흐로 본격적인 온라인 시대가 열렸다.

네트워크에는 방대한 자료가 축적되었고, 사람들은 노하우know-how 못지않게 노웨어know-where를 중시하기 시작했다. 검색하면 어딘가에 내가 필요한 정보가 있을 거라 믿게 된 것이다. 1995년에 개봉한 애니메이션 〈공각기동대-고스트 인 더 셸〉의 주인공 쿠사나기 모토코는 스스로를 네트워크 속으로 감추며 말한다.

"네트는 광대하니까."

온라인 시대의 사람들은 단순한 정보 수용자로 만족하지 않는다. 리트윗, 공유하기, 댓글 달기 등에서부터 블로그나 홈페이지 운영에 이르기까지 스스로 정보를 생성한다. 위키백과 역시 온라인에서 이루어지는 네트워크의 하나다.

온라인이 대중화되면서 상업화 역시 빠르게 진행되었다. 개인용 컴퓨터에 설치된 모든 프로그램은 대부분 상업적이고 독점적인 저작권을 가지고 있다. 전 세계의 오퍼레이팅 시스템 시장을 나누어 갖고 있는 마이크로소프트의 윈도우나 애플의 맥OS 등에서부터 각종 사무용 소프트웨어와 웹브라우저, 메일링 소프트웨어, 게임, 동영상 재생 프로그램, 그래픽 툴 소프트웨어에 이르기까지 무엇 하나 개인이 자유롭게 이용할 수 없게 되었다.

온라인에서 소통하는 사람들은 기업이 지나치게 정보를 독점하고 상업적 이용에만 몰두한다고 비판한다. 1998년 미국 의회가 저작권 보호기한을 저자 사후 50년에서 70년으로 연장하는 '소니 보노 저작권 보호기간 연장법안'을 의결하자 사람들은 이를 디즈니의 미키 마우스 독점권을 늘려주는 '미키 마우스 법'이라고 풍자했다. 한국은 2011년 한미 FTA를 체결하면서 저작권 소멸 시효를 미국에 맞출 수밖에 없었다. 뿐만 아니라 각종 매체들에서도 종종 과도한 저작권 소유를 주장한다. 예를 들면 미국항공우주국NASA이 발표하는 우주 관측 이미지는 아무런 저작권을 주장할 수 없는 퍼블릭 도메인public domain이지만, 한국의 언론사는 이를 받아 다시 보도하면서 자신들의 워터마크를 삽입하고 '무단 전재 및 재배포 금지'라는 문구를 삽입한다. 애초의 저작물이 퍼블릭 도메인임에도 2차 배포자가 이를 자신의 독점적 저작물로 표기하여 배포하는 것은 엄밀히 말해 저작권법 위반이다.

소프트웨어와 저작물의 자유로운 이용이 가능해야 한다는 주장은 온라인 시대의 초기부터 있었다. 1980년대 리처드 스톨먼이 주장한 자유소프트웨어운동은 오픈소스운동과 함께 '처음부터 자유로운 배포를 전제로 만들어지는 저작물'이란 개념을 탄생시켰다. 누군가 자유롭게 배포할 수 있는 저작물을 만들었다고 하자. 위에서 든 예와 같이 그것을 재가공한 2차 저작자가 독점적 저작권을 주장한다면 몇 단계를 거치지 않아 자유저작물은 사멸해버릴 것이다. 이를 막기 위해 자유저작물을 배포하면서 2차 저작물 역시 같은 조건으로 배포해야 한다고 명시하는 것이다. 이것이 자유저작물의 저작권이 작동하는 핵심 원리다. 오픈소스로 개발된 결과물은 그것의 상업적 이용 여부와 관계없이 계속해서 오픈소스로 공개되어야 하고, 자유저작물로 배포된 콘텐츠는 마찬가지로 계속해서 자유저작물로 배포되어야 한다.

어떤 이들은 자유소프트웨어운동이나 자유저작물운동을 하는 사람들이 콘텐츠의 상업적 판매를 비난하거나 기존 제품을 불법적으로 도용하려 한다고 오해한다. 사실 자유저작권을 주장하는 사람들은 오히려 저작권에 더 민감하다. 자유저작물에 저작권 침해의 소지가 있다면 그 저작물은 더 이상 자유롭게 유통될 수 없기 때문이다.

자유로운 저작물의 생산과 공유를 지지하는 사람들은 21세기에 들어 각종 분야에서 혁신적인 생산물을 내놓았다. 대표적인 오픈소스 프로그램인 리눅스의 경우 2013년을 기점으로 윈도우와 서버 점유율을 양분했다. 리눅스 자체는 자유저작물이지만, 이를 기반으로 한 2차 저작물인 레드햇 같은 배포판은 엄연히 상업용 저작물이다. 즉 자유저작물이라고 해서 모두 무료는 아니다. 그렇지만 다수의 자유저작물은 집단 창작으로 만들어지고 무료로 배포된다. 포토샵에 대응하는 자유소프트웨어인 김프나 벡터 이미지 프로그램인 잉크스케이프 같은 소프트웨어는 상업적 이용 여부와 관계없이 모두 무료로 이용할 수 있다. 반면 무료라고 해서 모두 자유소프트웨어는 아닌

데 구글이 제공하는 3D 이미지 제작 프로그램인 스케치업SketchUp은 무료로 배포되지만 독점적 저작권을 갖는 저작물이다.

자유소프트웨어운동과 오픈소스운동, 그리고 자유저작물라이선스는 보다 공정하고 자유로운 정보의 생산 및 공유를 원하는 온라인 커뮤니티 특유의 사고에서 시작되었다. 쌍방향으로 소통하고 집단적으로 정보와 콘텐츠를 구축하는 온라인 커뮤니티의 전통은 위키백과의 형성에 결정적인 역할을 했다. 위키백과를 구성하는 시스템 소프트웨어인 미디어위키는 자유소프트웨어이자 오픈소스 소프트웨어이고, 위키백과를 구성하는 콘텐츠인 문서들은 모두 자유저작물라이선스의 하나인 크리에이티브 커먼즈 라이선스Creative Commons License(CCL)를 따른다. 위키백과 콘텐츠의 저작권에 대해서는 뒤에서 좀 더 자세히 설명하겠다.

이상한 편집 전쟁 3

1. 아이언 메이든

명확한 통계는 없지만 위키백과 편집 전쟁의 대부분은 '무엇이 대표인가'를 가리기 위해 벌어진다. 한국어 위키백과에서 벌어졌던 '요오드인가 아이오딘인가', '레오나르도 디카프리오인가 리어나도 디캐프리오인가' 등의 분쟁은 외래어/외국어 표기의 대표 형태를 결정하기 위한 것이었다. 영어 위키백과에서는 그러한 분쟁의 예로 아이언 메이든Iron Maiden을 들 수 있다.

아이언 메이든은 영국의 헤비메탈 조류였던 NWOBHM(New Wave of British Heavy Metal)을 대표하는 메탈 밴드로 이전의 하드록hard rock과 이후의 스래시 메탈thrash metal을 이어준 아주 유명한 팀이다. 이 밴드의 이름은 중세 고문도구에서 왔다. 당시의 하녀 복장에서 유래했다고 전해지는 원통형의 관에 여성으로 보이는 얼굴이 달려 있는 형상인데, 그 안쪽에 못을 박아 넣고 사람을 집어넣어 고통을 주는 기구다. 기록이 분명치 않아 실제로 사용되었는지는 알 수 없지만, 그 무시무시한 느낌 때문에 이후 수많은 공포문학과 영화에 영감을 주었다.

이 고문도구와 메탈 밴드 중에 더 유명한 것은 메탈 밴드 쪽이다. 영미권 밖에서는 이 밴드 덕분에 고문도구까지 알려졌다고 봐야 한다. 영어 위키백과는 대소문자를 구분해 고문도구는 'Iron maiden'으로, 메탈 밴드는 'Iron Maiden'으로 쓰면 되니 항목 이름에서도 큰 문제는 없다. 하지만 사람들이 검색창에 'iron maiden'을 입력했을 때 무엇을 대표 표제어로 연결해줄 것인가를 정할 때는 분쟁의 여지가 있다.

영어 위키백과에서는 여러 가지 의견이 오가며 수차례 페이지명 변경 요청이 있었고, 2007년 몇 번의 투표를 거쳐 고문도구 쪽에 우선권을 주었다. 'iron maiden'이라는 일반명사는 고문도구를 설명하는 문서인 [[Iron maiden]]으로 넘겨주고 상단에 다른 동명의 항목들이 있음을 보여주기로 했다. 한편 Iron Maiden의 동음이의어 문서를 모아 보여주는 [[Iron Maiden(disambiguation)]] 페이지 안에는 같은 이름의 여러 다른 항목을 나열해 두었다. 이 정도 선에서 사용자들은 평화를 찾았다. 하지만 아이언 메이든의 팬들 중에는 여전히 분하다고 여기는 사람들이 있는지 대표 표제어가 밴드 이름으로 바뀌어 있을 때도 있다. 이런 행동을 위키백과에서는 일종의 테러 행위인 반달리즘vandalism으로 본다. 합의를 깨는 행위이기 때문이다. 이런 행위는 다른 사용자들에 의해 금방 되돌려진다.

2. 스타트렉 인투 다크니스

'스타트렉 시리즈'는 오랜 역사와 전통을 자랑하는 SF드라마이다. 최근 넷플릭스가 오리지널 시리즈를 포함한 모든 시리즈의 배포권을 사들여 공급 중이기도 하다. 오리지널 시리즈는 1966년에 시작했다. 당시 세계는 냉전이 한창이었고 사람들의 마음 한구석에는 늘 핵전쟁의 공포가 있었다. 이런 상황에서 스타트렉은 인류가 핵전쟁과 냉전을 이겨내고 외계 문명과 접촉하여 우주를 탐험하는 낙관적인 미래를 그렸다.

스타트렉의 인기는 일종의 사회 현상을 만들어냈다. 사람들은 드라마 속 외계 인종인 벌컨의 방식으로 인사를 건네고, 특수 분장을 따라하며 그들만의 축제를 열었다. 미국의 우주왕복선 중 하나에 '엔터프라이즈'라는 이름이 붙은 것은 스타트렉의 주인공 커크 선장이 지휘하는 우주선의 이름이 그것이었기 때문이다. 영화 〈스타트렉 인투 다크니스〉가 개봉하자 스타트렉 팬덤은 실망감을 감추지 못했다. 기존의 세계관은 비틀기의 대상이 되었고, 플롯의 전개도 느슨하다는 원망이 쏟아졌다. 팬들은 스타트렉 시리즈가 그렇고 그런 할리우드 블록버스터 가운데 하나가 되는 것을 원하지 않았다. 그렇다면 이 무렵 위키백과에서는 어떤 논쟁이 오갔을까? 위키백과 사용자들의 관심사는 조금 다른 곳에 있었다.

위키백과의 대표적 논쟁 가운데 하나가 바로 표기의 문제다. 〈스타트렉 인투 다크니스〉에서는 전치사 'into'가 문제가 되었다. 'Star Trek'과 'Darkness'는 관례에 따라 대문자로 시작하는 것에 이의가 없었다. 그렇다면 'into'는? 영어에서 책 제목, 국가나 기관의 이름에 들어가는 전치사는 소문자로 표기하는 것이 일반적이다. 이는 약어 표기에서 전치사를 생략하는 관례와 연관되어 있다. 미국의 정식 명칭은 'United States of America'이고 약어는 전치사를 생략한 USA다. 물론 이 경우도 USOA가 맞다고 주장하는 사람들이 있다. 국가명의 약어에도 이견이 있는 상황이니, 영화에서 이런 표기가 확고한 관례로 자리 잡았다고 말하기는 더더욱 어렵다. 게다가 〈스타트렉 인투 다크니스〉의 포스터는 모든 글자를 대문자로 'STAR TREK INTO DARKNESS'라고 표기했기 때문에 아무런 도움이 되지 않았다. 결국 위키백과 사용자들은 'Into파'와 'into파'로 나뉘어 편집 전쟁을 벌였다. 한때 'InTo'가 타협점으로 제시되기도 했고, 포스터처럼 모든 글자를 대문자로 표기하자는 의견도 있었지만, 'Into파'와 'into파' 사이의 접점은 찾지 못했다.

결국 논쟁을 해결한 것은 다른 곳의 용례였다. 둘 가운데 어느 것이 더 일반적인가를 놓고 판단한 것이다. 그 결과 현재 영어 위키백과의 표제어는 'Star Trek Into Darkness'가 되었다. 이 결정에 모두가 찬성한 것은 아니지만 편집자들은 다수의 의견을 반영하여 더 이상 논쟁을 벌이지 않기로 했다. 물론 'I'를 'i'로 바꾸려는 시도는 지금도 계속되고 있다.

3. 고양이

이 귀엽고 사랑스럽고 도도하기까지 한 동물과 인간의 관계는 위키백과에서 어떻게 서술되어야 할까? 고양이는 동서를 막론하고 가장 인기 있는 애완동물이지만 동시에 혐오의 대상이기도 하다. 고양이를 소재로 하는 전설과 동화, 소설 속엔 고양이를 바라보는 수많은 관점이 담겨 있다.

영어 위키백과에서는 고양이를 기르는 사람은 그 고양이의 '주인'인가 '집사'인가를 묻는 토론이 있었다. 인터넷 검색 엔진에서 '#고양이_집사'를 검색해보자. 수많은 정보가 쏟아져 나올 것이다. 직접 고양이를 기르는 사람들은 집사라는 표현에 아무런 거부감이 없는 듯하다. 그렇다고 이를 그대로 위키백과에 서술할 수 있을까? 위키백과는 출처가 없는 사용자 개인의 의견을 배제한다. 주인과 집사 논쟁 역시 많은 출처가 동원되었다. 처음에는 뉴스나 미디어가 출처로 제시되었지만, 점차 전문적인 연구 결과가 등장하기 시작했다. 집사들은 스스로 왜 자신이 주인이 아니고 집사인지를 설명하기 위해 전문가의 연구 결과를 뒤졌다. 이 정도면 이미 '주인 아닌 집사'의 자격이 충분해 보인다.

토론이 거듭되면서 고양이 문서는 새로운 출처와 함께 계속 수정되었다. 고양이 문서 가운데 한 단락에 불과했던 고양이와 인간의 관계는 이후 독립적인 문서가 되었고, 주인/집사의 관점을 벗어나 역사적 맥락과 동물행동학적 연구로 확대되었다. 그 결과 현재 위키백과의 고양이 문서에는 고양이가 인간의 집으로 들어오게 된 배경부터 고양이의 행동과 사회성에 이르기까지 방대한 정보가 쌓였다. 고양이와 인간의 관계는 어찌 보면 너무나 당연하게도 주인/집사의 이분법적 관계로 파악하는 것보다는 '동료'로서 함께 살아간다고 보는 것이 타당하다는 서술로 정리되었다.

> "*위키로 만듭시다.*"—래리 생어가 개발자들에게 보낸 이메일

지금까지 우리는 인류 문화의 어떤 부분이 위키백과가 만들어지는 배경이 되었는지 살펴보았다. 인류는 오래전부터 지식을 축적했고, 자율적 커뮤니티를 통해 새로운 지식을 형성해왔으며, 이를 백과사전에 담고자 했다. 온라인은 새로운 방식의 커뮤니티와 지식 생산을 가능하게 했다. 이제 본격적으로 위키백과의 역사를 살펴보자.

위키백과 태어나다

위키백과 이전에도 인터넷 백과사전을 만들려는 시도는 여러 차례 있었다. 1990년대 중반에서 2001년까지 Everything2(사용자들이 작성 및 제공한 콘텐츠를 데이터베이스로 한 웹 기반 커뮤니티), h2g2(The Hitchhiker's Guide to the Galaxy의 약자로 동명의 소설에서 영감을

받아 시도된 온라인 백과사전 프로젝트), 인터피디어Interpedia(누구나 글을 써서 제출할 수 있게 한 최초의 인터넷 백과사전 가운데 하나) 같은 인터넷 백과사전이 문을 열었고, 위키백과의 출발점 역시 이들과 비슷한 누피디어Nupedia였다. 이들은 모두 전통적인 백과사전과 같은 방식으로 사전을 완성하고자 했으나 뚜렷한 성과를 내지 못했다. 편집진을 구성해 제대로 된 정보를 갖춘 백과사전을 만들기 위해서는 막대한 비용과 시간이 든다는 점이 가장 큰 걸림돌이었다.

편집장 래리 생어와 함께 누피디어를 운영하던 지미 웨일스는 전문 편집인에 의한 사전 제작에 한계를 느끼고, 일반인이 참여하는 위키 방식의 백과사전으로 방향을 전환했다. 2001년 1월 10일 래리 생어는 누피디어 개발진에게 위키시스템을 소개하는 이메일을 보냈다.

위키시스템은 여러 사람이 협업하여 정보를 생성하고 업데이트할 수 있도록 설계된 프로그램이다. 최초의 위키시스템은 1995년 워드 커닝엄이 만든 위키위키웹이다. 커닝엄은 하와이어 '위티위티wiki-wiki(또는 비티비티로 발음한다)'에서 위키라는 말을 가져왔는데, '빨리 빨리'라는 뜻이다. 어찌 보면 한국 문화와 참 어울리는 말이다. 워드 커닝엄은 보 뢰프와 같이 쓴 『위키 방식: 웹에서의 빠른 협업The Wiki Way: Quick Collaboration on the Web』이라는 책에서 위키의 가장 핵심적인 개념을 다음과 같이 꼽았다.

• 사이트를 방문한 누구나 위키 웹사이트 내의 문서를 고치거나 새로 만들 수 있다. 이를 위해서는 기본적인 웹브라우저만 있으면 되며, 추가적인 확장 기능은 필요하지 않다.

- 위키는 서로 다른 문서를 단순히 링크하는 것만으로도 의미 있는 주제 간 연계를 만들어내고, 해당 문서가 존재하는지 아닌지까지도 보여줄 수 있다.
- 위키는 가벼운 방문자를 위해 세심하게 잘 만들어진 사이트가 아니다. 하지만 웹사이트의 풍경을 끊임없이 바꿔 방문자가 그 변화와 협력의 과정에 참여하도록 한다.

위키는 간단한 마크업 언어와 웹브라우저를 이용하여 온라인 커뮤니티가 함께 문서를 작성할 수 있도록 한다. 위키 웹사이트의 문서 하나하나는 '위키문서'라 부르며, 하이퍼링크로 서로 연결된 전체 문서를 '위키'라 한다. 위키는 본질적으로 정보를 생산하고, 둘러보고, 검색하기 위한 데이터베이스다. 위키 기술의 특징은 문서를 간단히 만들고 고칠 수 있다는 점이다. 일반적으로 수정사항이 반영되기 전에 승인이나 검토의 과정이 없다. 대부분의 위키는 사용자 등록을 요구하지 않고, 일반에게 공개되어 있다. 문서는 실시간으로 만들어져 즉시 온라인으로 배포된다.

위키는 HTML을 모르더라도 간단한 기호를 통해 HTML 문법에 상응하는 결과를 얻을 수 있도록 고안되었다. 예를 들어 HTML의 하이퍼텍스트 간 링크는 〈a〉〈/a〉 태그를 이용해 이루어진다. 즉 서술의 맥락상 '남대문'이라고 쓴 부분을 위키백과 내의 '숭례문 문서'와 링크하려면 HTML 문서에서는 다음과 같은 태그를 문서에 삽입해야 한다.

〈a href="http://ko.wikipedia.org/wiki/숭례문"〉남대문〈/a〉

HTML 문서에 삽입된 위의 태그는 웹브라우저에서 컴파일링되어 아래와 같은 형식으로 표시된다.

남대문

마우스로 이 링크를 클릭하면 웹브라우저는 위키백과에 있는 [[숭례문]] 문서를 새로 열어 보여줄 것이다. 문제는 정보의 생성에 참여하는 사람들에게 HTML 문법은 대체로 너무 어렵고 복잡한 프로그래밍 언어라는 것이다. 위키시스템으로 운영되는 위키백과에서 위와 같은 링크를 만들려면 편집창에 단순히 아래와 같이 입력하고 저장하면 된다.

[[숭례문|남대문]]

보여주는 결과는 물론 HTML 문법에서와 같다. 타이핑해야 할 문법을 최소한으로 줄이고, 나머지는 서버에 설치된 위키시스템이 이를 적절히 변환하여 웹브라우저로 송출하게 한 것이다.

최초의 위키언어는 정보를 텍스트로만 저장할 수 있었고, 그 정보는 별다른 압축 없이 서버에 저장되었다. 그러나 여러 사람이 함께 편집하면서 벌어지는 문제들, 예를 들면 누가 무엇을 어떻게 편집했는지 추적이 가능해야 하고, 달라진 모든 정보를 열람할 수 있어야 하며, 필요하다면 이전의 정보로 되돌릴 수 있어야 하는 등 갖가지 상황에 대응해야 했기 때문에 위키언어와 시스템은 변화를 계속해왔

다. 현재 위키백과가 사용하는 위키시스템인 미디어위키는 데이터베이스를 기반으로 정보를 압축하여 저장하고, 호출될 때마다 이를 브라우저로 송출한다.

위키언어에는 여러 종류가 있고 기본적인 규칙을 제외하면 작동하는 방식 역시 다양하다. 위키시스템은 특별한 국제 표준 없이 오픈소스와 자유소프트웨어 정신에 따라 문자 그대로 자유롭게 제작되기 때문이다. 위키에서는 시스템이 어떠한가보다는 그것을 통해 어떤 콘텐츠를 축적하는가가 더 중요하다. 위키가 축적하는 정보는 사용자의 활동량에 비례할 수밖에 없기 때문에 결국 커뮤니티의 규모와 활동적인 사용자 수, 그렇게 해서 모이는 정보의 양과 품질이 상호작용을 일으킨다. 네트워크상에는 셀 수 없이 많은 위키들이 존재하지만 그중에 두드러지는 정보량을 갖는 위키는 한정적일 수밖에 없다.

오늘날 위키는 백과사전뿐만 아니라 다양한 분야에서 응용되고 있다. 새로운 소프트웨어를 출시하는 회사가 '도움말'을 위키로 운영하는 사례가 늘고 있는데, 사용자들이 직접 참여하면 같은 사용자의 입장에서 필요한 도움을 줄 수 있기 때문이다. 영화나 음악 분야에서는 특정 주제만을 다루는 전문적인 위키도 있다. 〈스타워즈〉를 소재로 하여 영어로 운영되는 우키피디아Wookieepedia, 이를 한국어로 옮긴 포스피디아Forcepedia 같은 곳을 예로 들 수 있다. 나무위키namuwiki나 리브레위키librewiki 같은 사이트도 위키시스템을 이용한 커뮤니티이다. 2001년 1월 위키백과는 바로 이 위키시스템에 실려 태어났다. 지미 웨일스는 2001년 1월 14일 서버 테스트를 위해 새로운 문서를 만들고 다음과 같이 타이핑했다.

"Hello, World!"

위키백과의 성장

1968년 미국의 생물학자 개릿 하딘은 공유지의 비극이라는 개념을 제시했다. 어느 마을에 일정한 크기의 목초지가 있다고 하자. 이 목초지는 누구의 것도 아닌 마을 공동의 소유이고, 양을 100마리까지 키울 수 있다. 양의 숫자가 그보다 많아지면 목초가 다시 자랄 사이도 없이 양들이 뿌리까지 다 캐 먹어버려 땅이 금세 황량해지고 말 것이다. 그러나 목동 개개인의 입장에서 보면 어떻게든 자기 소유의 양을 늘리는 것이 이익이기 때문에, 적절한 규제가 없으면 결국 목초지에는 늘 적정 수를 초과하는 양이 놓이게 되고 황폐화는 피할 길이 없어진다. 하딘은 애덤 스미스가 예찬한 '보이지 않는 손'의 작동이 공동체 전체의 입장에서는 손해일 수 있음을 보이기 위해 이런 사례를 들었다. 오늘날 세계 경제에서 강조되는 '지속 가능한 성장'이라는 목표는 하딘의 이런 우려를 바탕으로 한다. 브라질과 보르네오에서 지금처럼 벌목이 계속된다면 종국엔 지구 생태계 전체에 재앙을 가져올 수 있다.

지식과 정보의 세계에서도 마찬가지 일이 벌어질 수 있다. 모두가 독점적 저작권을 주장하며 지식의 자유로운 공유를 거부한다면, 지식의 발전 자체를 가로막는 결과를 가져오게 된다. 이미 논문 구독은 대다수의 사람들에게 꽤나 비용이 들어가는 일이 되어버렸다. 대학교 교직원이나 학생들은 학교가 대납하는 구독료 덕분에 무료로 논문을 다운로드할 수 있지만, 그렇지 않은 사람들은 그 논문의 가치와 상관없이 한 편당 상당한 금액을 지불해야 한다. 세계적인 학술 전문 출판사 엘스비어가 운영하는 '사이언스 다이렉트https://www.sciencedirect.com'에서 논문을 개별 구매하면 편당 30~40달러 정도다. 지식을 얻는 통로가 이런 유료 사이트밖에 없다면 과연 지식의 발전이 가능할까?

위키백과는 처음 출발할 때부터 지금까지 지식의 자유로운 축적과 공유를 위해 노력해왔다. 위키백과에 올라온 내용은 그것을 직접 편집한 당사자를 포함하여 어느 누구도 소유권을 주장할 수 없다. 위키백과의 모든 지식은 위키백과 자체의 저작권에 따라 자유롭게 유통될 수 있다. 다시 말해서 그 내용을 위키백과에서 가져왔다고 밝히기만

한다면 누구든 어떤 목적으로든 사용할 수 있다는 것이다. 위키백과가 이런 저작권 정책을 택한 이유는 위키백과의 출발 자체가 자유저작권운동과 매우 깊은 관계를 맺고 있기 때문이다. 즉 위키백과는 누구나 무료로 사용할 수 있는 온라인 백과사전으로 출발했고, 어마어마한 지식이 축적된 지금도 아무런 권리나 대가를 요구하지 않는다.

검색을 통해 위키백과에 찾아 들어온 사람들 가운데 일부는 위키백과의 새로운 편집자가 된다. 위키백과 커뮤니티가 생산하는 지식은 대학이나 학회 같은 전통적인 전문 지식인 커뮤니티의 그것과 무엇이 다를까? 바로 사용자의 저작권 포기를 전제로 한다는 점이 결정적인 차이다. 전문 지식인은 자신의 저작물에 성명을 표기한다. 어떤 지식을 누가 만들어냈는가를 드러내는 표기는 자연스럽게 그 지식에 권위를 부여한다. 노엄 촘스키가 제안한 언어학적 개념은 이 글을 쓰고 있는 나의 주장보다는 다른 사람들에게 더 큰 권위를 갖는다. 만약 내가 촘스키의 주장이 틀렸다며 다수의 사람들을 설득하려면, 먼저 나 스스로 그만큼의 명성과 전문성을 증명해 보여야 한다. 주장하는 내용이 무엇이든 저작자의 권위가 사람들을 설득하는 힘을 갖는 것이 전통적인 지식 생산의 특징이었다. 위키백과의 성공은 이런 전통적인 방식을 뒤집었다.

자유소프트웨어와 마찬가지로 자유저작물 콘텐츠인 위키도 영리와 비영리를 가리지 않고 운영할 수 있다. 많은 위키시스템이 페이지에 광고를 함께 운영하고 있다. 위키백과도 출발 당시 웹사이트 도메인을 .com으로 했고, 지미 웨일스는 이를 상업적으로 운영할 생각이었다. 그는 비즈니스 감각을 가진 사람이었기 때문에 광고를 통해 위키백과의 운영비를 마련하고, 이윤을 창출하는 방향을 고려하고 있었다. 그러나 위키백과가 영어판을 넘어 여러 언어로 확산되면서 영리 추구에 반대하는 목소리가 뚜렷해졌다. 그때까지 모여든 사용자 커뮤니티는 만일 지미 웨일스가 영리적 온라인 백과사전을 만든다면, 위키백과의 콘텐츠를 몽땅 옮겨서 별도의 비영리 온라인 백과사전을 만들겠다는 움직임을 보였다. 그 위협은 실질적이었다. 위키백과의 저작권은 지미 웨일스 개인의 소유가 아니라 모든 참여자가 공유하고 있었고, 그들은 위키백과가 자유라이선스로 사용되는 것에 동의했기 때문에 누구든지 언제든 그 콘텐츠를 복제하여 새로운 프로젝트를 시작할 수 있었다. 실제로 스페인어 커뮤니티는 위키백과의 내용을 옮겨가 '스페인어 범자유 백과사전Enciclopedia Libre Universal en Español'을 개설했다. 훗날 한국에서는 비슷한 이유로 엔하위키/리그베다위키가 나무위키로 이전되는 일이 벌어지기도 했다. 이 과정을 '분기fork'라고 부른다. 결국 지미 웨일스는 위키백과에 일체의 광고를 싣지 않기로 결정했다. 도메인도 .org로 바꿔 비영리임을 분명히 했다.

2003년 비영리법인인 위키미디어재단이 설립되었고, 지미 웨일스는 재단의 설립자라는 명예 이외에는 모든 것을 재단에 위임했다. 그가 만일 다른 결정을 했더라면 위키백과는 추동력을 잃고 작은 실험에 그쳤을 수도 있다. 지미 웨일스는 백과사전과 별 인연이 없던 비즈니스맨이었지만 어쩌다 보니 백과사전 역사에서 가장 중요한 페이지 중 하나를 장식한 인물이 되었다. 위키미디어재단은 위키백과를 비롯하여 미디어위키 솔루션 개발, 위키백과의 자매 프로젝트 서

버 관리, 위키문화 확산, 위키마니아 컨퍼런스 주최, 기부금 모금 등
의 일을 전 세계적으로 추진하며 불특정 다수가 여기저기서 활동하
는 위키백과를 대표하는 주체로 자리 잡았다.

위키미디어재단의 설립은 위키백과의 영구적 비영리 운영뿐만 아니
라 서버의 확보와 관리에도 큰 변화를 가져왔다. 초창기에는 지미 웨일
스의 회사 보미스가 위키백과에 서버도 제공했다. 웨일스와 함께 보미
스를 만들고 기술 부분을 책임지던 팀 셸이 서버를 관리했다. 얼마 지
나지 않아 위키백과는 전 세계 사람들이 찾는 중요 사이트 가운데 하나
가 되었고, 보미스의 서버로는 밀려드는 트래픽을 감당할 수 없게 되었
다. 2003년 위키미디어재단은 그동안 보미스가 운영하던 데이터베이
스를 넘겨받아 새 서버 플리니를 구축했지만 한동안 트래픽 집중에 따
른 어려움을 피할 수 없었다. 2005년에는 야후의 서버 지원을 받아 폭
주하는 트래픽에 대응하기도 했다. 재단은 2004년부터 계속 새로운 서
버를 구입했다. 2017년 기준 위키백과를 위해 가동되는 서버는 약 350
개에 달한다. 2018년 9월 현재 위키미디어재단의 직원은 300여 명이
고, 2016년 기준으로 기부금 수익은 8200만 달러, 지출 규모는 6600만
달러이다. 지출 가운데 절반은 급여를 포함한 운영 경상비이다. 재단
의 운영은 연례보고를 통해 공개되고 있다.

래리 생어가 새로운 온라인 백과사전 운영 시스템으로 위키를 제
안한 것은 비전문가인 다수의 일반인이 함께 편집하기에는 위키가
가장 적합하다고 생각했기 때문이다. 이는 얼마 지나지 않아 옳은 판
단임이 증명되었다. 누피디어는 위키백과가 시작된 이후로도 2년
9개월 가까이 운영되다 모든 정보를 위키백과에 넘기고 서버를 종료

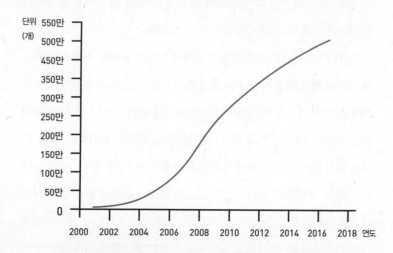

영어 위키백과의 문서 수 변화 　　　 − □ ×

단위
(개)

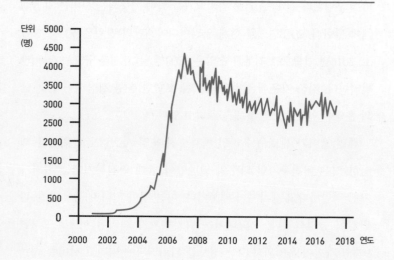

영어 위키백과의 활동적 사용자 수 변화 　　　 − □ ×

단위
(명)

하고 폐쇄되었다. 2001년 1월부터 만들어지기 시작한 위키백과의 문서는 2003년 9월 말 15만 개를 넘어섰다. 예상과 달리 초기에는 문서 수의 증가 속도가 빠르지 않았다. 2006년 4월 100만 문서를 넘어서기까지 위키백과는 완만한 성장세를 보였다.

위키백과 탄생 초기에 기여했던 래리 생어는 여러 가지 이유로 위키백과를 떠났다. 지미 웨일스의 사업이 위기를 겪어 더 이상 그를 고용하기 힘들게 되었다는 이유도 있었지만, 그보다는 래리 생어가 자신을 비롯한 초기 설립자가 일반 사용자보다 막강한 권한을 가져야 한다고 생각했기 때문이다. 그는 그래야만 각종 파괴 행위로부터 위키백과를 지킬 수 있다고 믿었다. 그러나 그의 아이디어는 받아들여지지 않았다. 위키백과 커뮤니티는 심지어 창립자인 지미 웨일스에게조차 특권을 부여하지 않았다. 사용자 권한의 정지 등 몇 가지 예외를 제외하면 일반 사용자 누구나 동등하게 편집 권한을 가져야 한다는 것이 커뮤니티의 판단이었다. 래리 생어는 2006년 별도의 위키시스템인 시티즌디움Citizendium을 설립하여 전문 편집인 위주의 온라인 백과사전을 만들었다. 시티즌디움은 일반인도 편집에 참여할 수 있지만, 관리원이라 불리는 전문가의 리뷰를 거쳐야 하는 구조다. 2018년 9월 현재 시티즌디움의 문서는 약 1만 6000개에 불과하다.

모든 사용자가 동등한 편집 권리를 갖는다는 위키백과의 아이디어는 정보의 폭발적인 증가로 이어졌다. 2006년은 영어 위키백과에서 일종의 특이점이었다. 그해 100만 문서를 넘긴 이후부터는 문서 수의 증가 속도가 급격히 상승해 2007년 10월에 200만, 2009년에는 300만을 기록했다. 그 뒤에는 속도가 조금씩 떨어져 400만을 기록한

것은 2012년 7월, 500만을 넘어선 것은 2015년 10월이었지만 그 사이에도 각 문서의 정보량은 꾸준히 성장했다.

2012년 미국 의회에는 온라인저작권침해규제법안(SOPA)과 지적 재산권보호법안(PIPA)이 상정되었다. 저작권침해규제의 핵심 내용은 저작권 침해가 인정될 경우 당국이 해당 사이트의 온라인 접속을 차단할 수 있게 하자는 것으로 사실상 국가나 기관에 웹사이트를 검열하고 폐쇄할 권한을 주는 것이었다. 또한 지적재산권보호법안의 핵심 역시 지적재산권 보호를 위해 위반 사이트를 폐쇄할 수 있게 하자는 내용이었다. 자유소프트웨어운동과 자유저작권운동 진영은 일제히 반기를 들었다. 검열은 민주주의의 핵심 가치를 훼손할 뿐 아니라 독점적 저작권의 확대를 위해 자유저작권운동 전체를 말살하는 행위라는 것이 그 이유였다. 위키미디어재단과 위키백과 커뮤니티도 자유저작권운동의 일원으로서 행동에 나섰다. 2012년 1월 18일 위키백

| 2000(임시) | 2001-2003 | 2003-2010 | 2010-2016 | 2017-현재 |

과는 두 법안에 반대하는 행동의 일환으로 블랙아웃을 선언했다. 이 법안으로 피해를 보는 곳이 비영리단체만은 아니었기 때문에 구글이나 레딧과 같은 온라인 업체도 항의 시위에 동참했다. 결국 이 법안들은 상원 법사위에서 보류되었다. 이는 위키백과를 대표로 하는 자유로운 지식 생산과 공유라는 아이디어가 다시는 되돌릴 수 없는 보편적인 방식이 되었음을 확인하는 계기가 되었다.

　학계는 오랫동안 위키백과의 정보는 신뢰하기 어렵다는 태도를 보였다. 학생들이 보고서를 작성할 때 위키백과 인용을 금지했고, 학자들도 위키백과를 검토하거나 참조하는 것을 백안시했다. 그러나 최근 들어 학계의 태도가 바뀌기 시작했다. 2017년 MIT의 네일 톰슨과 더글러스 헨리는 인공지능을 이용해 위키백과의 내용과 아이디어가 학계에서 얼마나 쓰이고 있는지를 조사했다. 텍스트 마이닝 기법을 활용하여 저명한 과학 출판사인 엘스비어가 발행하는 화학 분야 저널에서 위키백과에서 가져온 용어나 아이디어를 검색했다. 그 결과 300단어당 1개꼴로 위키백과 내용이 학술 저널에 반영되었음을 확인했다. 이는 학계가 일상적으로 위키백과를 검색 및 이용하고 있음을 보여준다. 태어난 지 17년 만에 위키백과는 보편적인 지식 네트워크로 성장한 것이다.

2017년 3월 성균관대학교 문헌정보학과의 심원식, 변제연, 김민정은 「학술논문에서 위키피디아 인용에 관한 연구」에서 2002~2012년 위키백과를 인용한 논문 총 282편을 대상으로 특성 및 인용 패턴을 분석했다. 그 결과에 따르면, 2011년 이후 학술논문에서 위키백과를 인용하는 사례가 급격히 늘어났다. 인용한 내용은 아직까지는 위키백과에 대한 소개(24.1퍼센트)나 간단한 참고 정보(57.4퍼센트)가 주를 이루지만, 논문의 주요 근거 혹은 데이터 소스로 활용한 사례(15.1퍼센트)도 적지 않았다.

한국어 위키백과

한국어 위키백과는 영어 위키백과가 등장한 지 1년쯤 후인 2002년 10월 11일에 시작되었다. 한국어 위키백과 역시 커뮤니티의 크기가 작았던 초창기에는 문서 수의 증가 속도가 매우 느렸다. 게다가 위키백과를 구동하는 위키시스템인 미디어위키의 초기 버전은 인터넷 익스플로러에서 원활하게 작동하지 않았다. 대다수가 웹브라우저로 인터넷 익스플로러를 사용하던 한국의 인터넷 환경에서 이는 새로운 사용자를 늘리는 데 적지 않은 걸림돌이 되었다. 이런 어려움에도 불구하고 2002년 10월 12일 첫 문서인 '지미 카터'가 생성된 이후 2005년에 문서 수 1만 개를 넘어섰다. 2007년을 기점으로 문서 수의 증가 속도가 빨라져 2009년 6월에 10만 개를 넘어섰고, 2018년 9월 현재 한국어 위키백과의 문서 수는 약 42만 5000개이다.

한국어 위키백과가 시작될 무렵 한국에서 위키는 새로운 개념이었고, 여러 가지 의미로 혼용되었다. 위키위키를 이용하여 공동으로 편집하는 위키 웹사이트뿐만 아니라, 저작권에서 자유로운 콘텐츠에도 위키라는 말이 붙었고, 다중이 함께 사용하는 콘텐츠라는 이유만으로 위키적이라 부르기도 했다. 또한 온라인 콘텐츠 회사들에서는 그저 브랜드 마케팅 차원에서 위키라는 말을 붙이기도 했다.

위키시스템을 사용한다고 해도 개인이 개설하고 다른 사람의 편집을 제한한다면 개인 사이트로 운영된다. 이와 달리 위키백과 같은 공동 편집 위키는 시스템에서 편집 제한을 최소화한 위키 사이트이다. 위키시스템 자체가 매우 다양하기 때문에 한국어 위키 사이트들 역시 다양한 시스템을 가지고 있다. 위키백과는 위키미디어재단이 개발한 미디어위키로 가동되고, 나무위키 콘텐츠의 기반이 되었던 엔하위키(엔젤하이로위키, 리그베다위키의 전신)는 제로보드(한국에서 개발된 홈페이지용 전자 게시판 소프트웨어로 PHP 언어로 작성되었다) 시스템으로 시작했다.

2000~2003년 무렵 한국어에서 위키라는 말은 그 의미가 무척 모호했다. 때문에 한국어 위키백과는 위키 자체도 설명해야 했다. 2003년 2월 22일 한국어 위키백과에 [[위키]] 문서가 등재되었다. 당시의 문서는 영어 위키백과의 해당 항목을 그대로 옮겨온 것이었다. 지금은 영어 위키백과 항목을 그대로 복사해 오는 것을 금지하고 있지만, 초기의 한국어 위키백과는 문서에 영어 위키백과 내용을 옮겨다 놓고 조금씩 번역해나가는 것도 허용했다.

위키위키웹에 기반한 공동 편집용 위키라는 정의에 부합하는 최초의 한국어 위키 사이트는 2000년 11월 25일에 시작한 '노스모크'였다. 나우누리에서 담배를 피우지 않는 문화생산자 소모임으로 출발한 노스모크는 결성 다음 날 위키 웹사이트를 개설하고 활동을 시작했다. 노스모크는 위키를 이용해 대화를 나누고 정보를 공유하는 공간이었다. 이후로 여러 개인 위키들과 공동 편집 위키들이 생겨났다. 노스모크에서 활동하던 사용자들은 한국어 위키백과의 등장에 큰 역할을 했다. 상당수의 사용자가 위키백과의 출범 과정에 참여했고, 초기 발전에 많은 공헌을 했다. 위키시스템을 한국어에 맞게 정착시킨 공로는 당시 노스모크와 위키백과 양쪽에서 활동하던 위키백과 초기 관리자들에게 돌아가야 한다.

한국어 위키백과가 출발할 때 처음 마주친 문제는 위키백과의 각종 용어를 어떻게 정립할 것인가였다. 'Wikipedia'는 '위키피디아'라고 할까, 아니면 '위키페디아'라고 할까? 가능하면 한국어로 해야 하지 않을까? 그렇다면 '위키백과사전'이라고 해야 할까, 아니면 줄여서 '위키백과'라고 해야 할까? 문서마다 달려 있는 'Talk'는 '이야기'라고 할까, '토론'이라고 할까? 첫 화면인 'Main page'는 뭐라고 하지? 사용자들의 토론 장소를 영어로는 'Village pump'라고 했던데, 우린 뭐 그럴듯한 이름 없나? 이런 이야기들은 2003년까지 계속되었다.

'Main page'는 비교적 빨리 '대문'으로 정착했다. 'Village pump'는 처음엔 영어의 의미를 살려 '샘터'라고 불렀으나, 그곳에서 이런 저런 토론이 이루어지면서 후에는 의견을 나누는 곳이란 뜻의 '사랑방'으로 이름을 바꾸었다. 문서의 이력을 살펴보는 'View history' 탭의 이름에 대해서는 토론이 꽤 오래 지속되었다. '역사 보기'라는 이름이 오해를 불러일으킬 수 있다는 주장이 몇 차례 이어졌고, '문서 역사'나 '지난 모습', '변경 이력' 등이 제안되었지만 간략한 표기를 위해 원래대로 '역사 보기'로 정착했다. 이미지를 위한 이름 공간은 영어 위키백과에서도 'image'와 'file'이 혼용되고 있었다. 한국어 위키백과에서는 나름의 기준을 정해야 했다. '이미지'와 '파일'은 지금도 혼용되긴 하지만, 한국어 위키백과에서는 '파일'을 권장한다. 그 밖에 전통적인 백과사전은 수록된 표제어를 '아티클Article', 즉 '항목'이라고 부른다. 영어 위키백과 역시 각각의 웹페이지로 구분된 이들 표제어를 'Article'이라 표기하고 있다. 초기의 한국어 위키백과 커뮤니티는 이를 '문서'라 부르기로 결정했고 이는 지금까지 이어지고 있다.

위키백과의 운영은 사용자들의 자율적 결정에 따른다. 다만 문서의 삭제나 보호, 잘못된 행동을 하는 사용자에 대한 제재 등 몇 가지 중요한 조치는 사용자들이 선출한 관리자만이 결정할 수 있다. 위키백과의 관리자가 되기 위해서는 여러 사용자들의 까다로운 질문에 답해야 하고, 위키백과 내의 활동을 통해서 사용자들의 신뢰를 얻어야 한다. 한국어 위키백과의 관리자 선거는 어느 선거 못지않게 뜨겁다.

그러나 초창기의 모습은 달랐다. 초기의 위키백과 커뮤니티는 매우 작았기 때문에 얼마 지나지 않아 사용자들은 서로의 성향과 행동, 신뢰도를 매우 잘 알게 되었다. 그래서 관리자 선거 역시 별다른 질문 없이 누군가 나서는 즉시 투표가 개시되었고, 사용자들은 특별한 의견 없이 찬성 또는 반대를 표시했다. 요즘의 기준으로 보면 너무나 허약한 시스템이었지만 당시로서는 굳이 다른 의견을 낼 이유도 없었다. 초기 관리자의 주요 업무는 누군가 장난으로 훼손한 문서를 보호하고, 장난으로 생성한 문서를 삭제하는 일이었다. 처음에는 사용자 가운데 한 사람이 관리자에게 문서 삭제를 요청하면 관리자가 사유를 살펴보고 바로 삭제했다. 그러나 곧 삭제 결정에 대한 서로 다른 의견이 나와 토론의 필요성이 제기되었고, 2005년에 삭제 토론 정책이 도입되었다.

한편 문서를 작성하는 형식도 정해야 했다. 표제어는 따로 분리해서 표기하고 그다음 줄부터 설명할 것인가, 아니면 표제어를 포함해서 하나의 문장으로 그 뜻을 설명할 것인가. 위키백과 초창기부터 지금까지 활동하고 있는 사용자 'PuzzletChung'이 2004년 8월 23일 사랑방에서 아래의 형식 가운데 어떤 것을 사용할지를 물었다.

서태지(본명: 정현철, 본명 한자 음역 표기: 鄭鉉哲, 1972년 2월 21일 ~)는 대한민국의 음악가다.

외계어(外界語)
컴퓨터 문서상에서 쓰이는 한국어의 변칙적인 표기를 통칭하는 말이다.

사용자들은 위의 예(서태지)를 따르기로 결정했고, 이는 지금까지 이어지고 있다. 한국어 위키백과는 이렇게 용어는 물론 기술적 내용에서 콘텐츠의 형식까지 모두 사용자의 자율적 결정으로 구축되었다. 위키백과에서 사용되는 대부분의 규칙은 이런 식의 합의로 구성되었다. 따라서 언제든지 사용자들의 총의를 모아 바꿀 수 있다. 물론 16년이나 사용한 규칙을 바꾸려면 그에 합당한 이유가 있어야 한다.

시스템을 갖추고 용어를 정리한 한국어 위키백과는 조금씩 성장해나갔다. 한국어 위키백과 최초의 등재 문서인 '지미 카터'의 첫 분량은 162바이트에 불과했다. 사실상 위키백과 시스템이 제대로 작동하는지를 확인하는 시험 문서에 가까웠다. 그러나 이후 여러 사용자들의 지속적인 업데이트 결과 이 문서는 1만 1000바이트까지 정보량이 증가했다. 위키백과의 많은 문서는 이와 같이 작은 정보에서 시작해 여러 사용자의 참여를 통해 충실한 지식으로 발전했다. 비영리재단의 운영으로 자유콘텐츠에 대한 사람들의 욕구를 만족시키고, 사용자 모두에게 평등한 권한을 부여하여 편집 제한을 최소화한 덕에 참여자 수는 꾸준히 증가했다. 각 문서의 편집 이력은 사용자의 참여가 위키문서를 발전시킨다는 자명한 사실을 입증한다.

한국어 위키백과는 '한국' 위키백과나 '한글' 위키백과가 아니다. 위키백과가 영어를 벗어나 세계화될 때 위키백과 커뮤니티는 언어를 중심으로 형성되었다. 한국인들은 한국어 사용자의 대다수가 한반도에 사는 매우 특수한 상황에 놓인 터라 실감하기 어렵지만, 전 세계로 시야를 확장해서 보면 언어는 국경을 넘어 커뮤니티를 형성한다. 영어가 여러 분야에서 세계 공용어로 자리 잡은 것이 대표적인 사례이고, 스페인어나 포르투갈어는 라틴아메리카의 공용어이다. 러시아어 역시 국경을 넘어 사용된다. 한편, 중국어에는 서로 간에 의사소통이 어려운 여러 방언이 존재한다. 표준 중국어인 푸퉁화普通話도 베이징 방언이나 난징 방언 같은 방언을 가지고 있으며, 광둥성을 중심으로 하는 광둥어나 푸젠성을 중심으로 하는 민어는 푸퉁화와 서로 소통하기 어렵다. 뿐만 아니라 중국 내에는 몽골이나 위구르, 티베트와 같이 아예 중국어와 연원이 다른 언어 집단도 있다.

서로 다른 언어에 대해서는 서로 다른 커뮤니티가 위키백과를 구성하는 것이 위키백과의 기본 방침이다. 영어 위키백과에서는 영어로 편집해야 하듯이 광둥어 위키백과에서는 광둥어로, 한국어 위키백과에서는 한국어로 편집해야 한다. 하나의 언어 커뮤니티에서는 반드시 해당 언어를 사용해야 한다는 것이 커뮤니티 구성의 유일한 제약이다. 그 밖에 국적이나 거주지, 종교, 성별을 비롯한 여타의 개별적 구분은 아무런 의미가 없다. 위키백과 커뮤니티의 핵심 가치 가운데 하나는 다양성의 확보이며, 사용자의 개인적 차이는 모두 익명성 뒤로 감춰진다. 오직 사용자의 계정 ID만이 그의 활동을 대표한다. 따라서 한국어 위키백과 역시 대한민국이라는 국가의 경계와 무관하게 한국어를 사용하는 사람들, 즉 한국에서 한국어를 사용하며 살아가는 내국인 및 외국인, 해외에 거주하는 한국인이나 외국인까지 포함한 '한국어 커뮤니티'가 만들어가는 것이라 할 수 있다.

위키백과에는 170여 개의 언어별 위키백과가 있으며, 한국어 위키백과는 이 가운데 26위쯤을 차지하고 있다. 소수 언어를 제외한다면 언어별 위키백과에서 중간 규모 정도라고 할 수 있다. 전 세계의 한국어 사용자 수는 어림하여 8000만 명에 이르지만, 이 가운데 인터넷에 자유롭게 접근할 수 있는 사람은 5000만 명 정도다. 언어 사용 규모로 볼 때 5000만 명은 결코 작은 숫자는 아니지만, 그렇다고 아주 큰 숫자도 아니다. 일본어 화자의 수는 대략 1억 2000만 명이고, 영어 모어 화자는 3억 6000만 명이다. 그러니 한국어 위키백과의 위상을 가늠할 때 이들 언어로 된 위키백과와 단순히 문서 수를 비교하는 것은 그리 좋은 방법이 아니다. 그럼에도 불구하고 단순 비교를 해보자면 영어 위키백과의 문서 수는 약 570만, 일본어 위키백과는 110만 정도인 데 반해 한국어 위키백과는 이제 막 40만을 넘겼다.

한국어 위키백과는 늘 영어나 일본어에 비해 정보가 부족하다는 지적과 함께 내용이 상세하지 않다는 비판을 받는다. 위키백과에 모이는 정보는 분야에 따라 들쭉날쭉하기 마련인데, 해당 분야에 관심을 갖는 사용자가 적으면 당연히 관련 문서의 생성과 보완 역시 더딜 수밖에 없다. 부족함을 지적하는 것은 어쩌면 쉬운 일이다. 어려운 건 개선 방안을 마련하는 것이다. 현재 한국어 위키백과는 비평은 흔하나 지원은 드문 환경에 놓여 있다.

2009년 한국정보통신정책연구원은『소셜 컴퓨팅 환경에서 집단지성의 사회적 생산 메커니즘 연구』(황주성, 최서영 김상배 지음)를 발간했다. 이 연구는 한국어 위키백과의 사용자 수가 다른 언어 위키백과에 비해 적다는 점을 지적했다. 한국의 전체 인터넷 이용자 가운데 한국어 위키백과 이용자 수는 0.25퍼센트로 가장 낮은 수준이었다. 이용자 수 비중이 가장 높은 나라는 이스라엘로 4.92퍼센트, 그다음은 노르웨이로 3.48퍼센트 순이었다. 2018년 9월 현재 히브리어 위키백과의 문서 수는 약 23만 개이고, 노르웨이어 위키백과는 2개의 공용어인 보크몰Bokmål과 뉘노르스크Nynorsk의 문서 수가 각각 약 49만 개와 14만 개다(여러 국가에서 사용되어 특정 국가를 상정할 수 없는 영어, 프랑스어, 스페인어, 포르투갈어, 아랍어, 카탈루냐어 등과 에스페란토어 같은 인공어를 제외한 22개 언어 위키백과만을 조사한 결과다).

이 연구는 소셜 컴퓨팅 참여 모델로 위키백과와 네이버 지식iN을 비교하기도 했는데, 위키백과는 양과 질 모두에서 뚜렷한 집단지성적

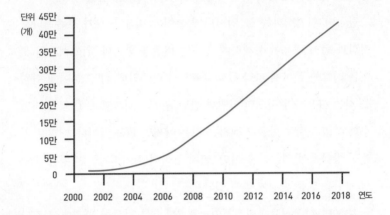

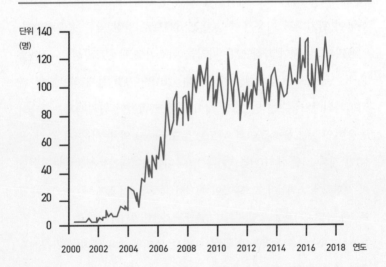

성향을 보이고 참여자의 자발성이 두드러지는 데 반해 네이버 지식iN
은 개별 지향적이고 타인의 체험을 찾는 체험 추구적 성향이 뚜렷하
다는 결과가 나왔다. 요약하면 한국어 위키백과 이용자들은 전체 인
터넷 이용자 수에 비해 매우 소수이지만, 자신이 참여하는 커뮤니티
에 자긍심을 느끼며 열성적으로 활동한다는 뜻이다. 이 연구는 지금
시점에서 보면 위키시스템과 비위키시스템을 단순 비교했다는 한계
가 있다. 위키백과 커뮤니티의 정량적, 정성적 분석은 아마도 나무위
키처럼 위키시스템으로 이루어졌으나 서로 다른 목적을 추구하는 커
뮤니티와 비교해야 할 것이다. 그럼에도 불구하고 한국어 위키백과
이용자들의 특징적 면모를 보여준다는 점에서 참고할 만하다.

　2017년 위키미디어재단은 한국어 위키백과와 체코어 위키백과를
비교하는 '새 사용자 경험' 연구를 진행했다. 이 둘은 비슷한 규모의
언어 화자를 배경으로 하며, 독자적인 커뮤니티를 갖추고 있고, 발전
속도도 유사하기 때문에 향후 위키백과의 발전 전략을 모색하는 데
시사점을 제공하리라는 판단이었다(체코어 위키백과와 한국어 위키백과
는 모두 2018년 2월 무렵 40만 개의 문서를 넘어섰다). 이 연구에 따르면 새
로운 위키백과 사용자는 대부분 편집이 아닌 다른 목적, 예를 들어 숙
제를 하기 위해 참고자료를 구하거나 궁금한 내용을 검색하다가 위키
백과로 유입되었다. 이들은 위키백과가 너무나 잘 알려진 곳이라 신뢰
를 가지고 정보를 이용하지만, 동시에 바로 그 유명세 때문에 자신이
직접 뭔가를 수정하거나 업데이트하는 일에 부담을 느꼈다. 새로운 사
용자들 가운데 일부만이 지속적인 참여자가 되는데, 이는 위키백과의
정보 생성 방식이 복잡하고 많은 사람들이 토론에 부담을 느끼기 때문

이었다. 이를 극복하기 위해서는 반복적인 훈련을 통해 자신감을 얻는 수밖에 없다. 사용자들이 느끼는 가장 큰 어려움은 '무엇이 위키백과에 올릴 만한 정보인가'에 대한 개념을 정립하는 것이었다. 사람들은 자신이 가진 정보의 가치를 매우 낮게 평가하는 경향이 있다. 그러나 백과사전에는 누구나 다 알 법한 지식 또한 등재되어야 한다.

한국어 위키백과의 발전을 위해서는 새로운 사용자가 더 많이 유입되어야 하고, 나아가 그들이 지속적으로 활동해야 한다. 한국어 위키백과는 자긍심 높고 열성적인 사용자 커뮤니티가 이끌어왔다는 강점이 있지만, 동시에 더 다양한 배경을 지닌 사람들의 참여를 이끌어낼 요소를 개발해야 한다는 과제를 안고 있다.

2014년 한국위키미디어협회가 출범했다. 미국의 위키미디어재단과 마찬가지로 위키백과 사용자들의 활동을 대표하고, 그들을 대신해 외부와 소통하는 법인의 설립이 필요했기 때문이다. 한국위키미디어협회는 한국에서 개최되는 위키백과 관련 행사와 업무를 주관한다. 매년 컨퍼런스를 열고 공동 편집 행사, 외부 특강 등을 진행하며, 위키백과를 체계적으로 교육하는 위키백과 학교 프로그램을 기획하고 있다.

온라인에서 오프라인으로

자발적 참여에 기댄 온라인 커뮤니티는 열성적인 팬덤에 의해 유지된다. 위키백과 커뮤니티 역시 수많은 사용자들을 '위키홀릭wikiholic'으로 만들었다. 이들은 남는 시간을 아낌없이 위키백과에

바쳤으며, 때로는 밤잠을 포기하고 위키백과 편집에 몰두했다. 어떤 사용자들은 자신만의 편집 목표를 리스트로 만들고, 하나씩 완성해가며 성취감을 느끼기도 했다. 그런 식으로 위키백과에는 수많은 항목으로 이루어진 리스트와 그에 따른 문서들이 생성되었다. 우주와 천체에 관한 진지한 학술적 문서에서부터 포켓몬스터, 미키 마우스 등 애니메이션 캐릭터에 관한 문서들까지 위키백과의 제한 없는 창고가 다양한 문서들로 차곡차곡 쌓여갔다.

위키백과 사용자들은 어느 날 갑자기 등장한 새로운 협력자를 발견하는 기쁨을 누리기도 한다. 자신이 개요만 적어두었던 문서를 보충하기 위해 다시 찾아가 보니, 누군가가 이미 상당한 분량을 추가해 문서를 발전시켜놓은 것이다. 그러면 자신은 거기에 또 다른 정보를 추가해 더 나은 문서를 만들고, 다음에 다시 확인해보면 그 역시 더욱 개선되어 있는 것을 보게 된다. 이런 경험을 몇 차례 하다 보면 저 사용자는 도대체 어떤 사람이기에 나와 같은 관심사를 가지고 있을까 궁금증이 생기기 마련이다. 사실 위키백과 사용자들은 위키백과 밖에서 자신과 비슷한 흥미를 가진 사람을 찾기가 쉽지 않다. 피스톤 방식 엔진을 갖춘 전투기 목록에 흥미로워 하는 사람을 오프라인에서 어디 쉽게 만날 수 있겠는가.

위키백과 사용자들은 점차 서로가 궁금해졌고, 직접 만나 얼굴을 맞대고 이야기를 나누고 싶었다. 2005년 독일의 프랑크푸르트에서 처음으로 위키백과 사용자의 국제 컨퍼런스가 열렸다. 위키마니아라는 이름이 붙은 이 컨퍼런스는 말 그대로 위키에 푹 빠진 사용자들의 축제였다. 이후 위키마니아는 장소를 옮겨가며 해마다 계속되고 있

2016년 6월 이탈리아 롬바르디 지방의 에시노 라리오에서 열린 위키마니아. — □ ×
전 세계에서 온 약 1200명의 위키백과 사용자들이 한자리에 모였다.

다. 2017년에는 캐나다 퀘백주의 몬트리올에서 열렸는데, 100개의 섹션에서 다양한 주제로 발제와 토론이 이어졌다.

한국어 위키백과 커뮤니티는 2007년 7월 첫 오프라인 모임을 열었고, 2009년에 제1회 위키컨퍼런스를 개최했다. 이 자리에서는 위키백과 커뮤니티의 장기적인 발전 방안으로 오프라인 협력을 강화하자는 이야기가 나왔고, 협회의 필요성이 제기되었다. 행사가 끝난 뒤에 이어진 자리에서는 각자가 편집하고 있는 관심 문서들에 대한 열정적인 토론이 이어졌다. 철도에 지대한 관심을 갖는 '철도 오타쿠'들은 가져온 각종 기기를 사람들 앞에 펼쳐놓고는 토론과 편집을 병행하기도 했다.

2011년 (영어) 위키백과 탄생 10주년을 기념한 한국어 위키백과 커뮤니티의 오프라인 모임에서는 한국어 위키백과의 각종 통계를 살피며 발전 방안을 논의했다. 특히 커뮤니티가 규칙을 정하는 과정에서 정당성을 갖추기 위해 필요한 '총의'라는 개념이 공식적으로 논의되었다. 이전에도 이미 사용자들의 자율적 결정의 원리로서 총의에 대한 이야기가 나왔지만, 이를 정식 규칙으로 채택한 것은 아니었다. 총의란 무엇이고, 어떻게 형성되며, 어떻게 바뀔 수 있는가에 대한 논의와 정책화는 모임 사흘 전에야 이루어졌다. 오프라인에서는 이제 막 결정된 이 정책이 향후 위키백과 커뮤니티의 의사 결정에 어떤 영향을 미칠지 의견을 나누었고, 그 밖에도 비자유저작물의 이용, 다른 기관과의 협력 문제 등 첨예한 주제가 심도 깊게 논의되었다. 이날의 행사는 한국어 위키백과 커뮤니티의 발전에 많은 영향을 주었다. 흑역사 한 가지. 이날 10주년을 기념하여 케이크를 커팅하기로 했으나 준비가 여의치 않아 플래시 동영상으로 대체했다. 이는 참가자들의 어마어마한 원성을 샀다. 이 일은 커뮤니티 내에서 두고두고 회자되는 에피소드가 되었고, 이후 행사에서는 늘 실물 케이크가 등장했다.

한국어 위키백과는 온라인을 넘어 오프라인 세상에서도 커뮤니티를 발전시키고자 했고, 그러기 위해서는 오프라인상의 어떤 실체가 있어야 했다. 2011년 11월 4일 위키미디어대한민국준비위원회(현 한국위키미디어협회)가 결성되었다. 2012년 준비위원회는 한국어 위키백과 10주년 기념행사를 열었다. 이전의 행사가 사용자들의 자발적인 컨퍼런스 형태였다면, 준비위원회가 개최한 이 행사는 협회 설립에 동의한 사용자들이 자신들의 의지와 역량을 모아 준비한 것이었다. 한국어 위키백과 커뮤니티가 드디어 온라인에서 오프라인으로 모습을 드러냈다는 것을 상징하는 자리이기도 했다. 준비위원회는 그동안 커뮤니티가 걸어왔던 길을 정리한 기념 책자를 배포했다. 행사는 축제와 같은 분위기로 진행되었고, 이후 함께 활동할 회원들을 확보할 수 있었다. 준비위원회는 여러 사용자들의 노력에 힘입어 2014년 10월 19일 마침내 한국위키미디어협회 창립총회를 열었다.

한국위키미디어협회 창립 이후 한국어 위키백과 커뮤니티의 오프라인 모임은 협회가 주최하거나 지원하는 가운데 진행되었다. 협회의 가장 큰 행사는 해마다 열리는 위키컨퍼런스이다. 위키컨퍼런스에서는 위키 운동의 중요 현안과 새로운 기술, 커뮤니티의 협업, 학교를 포함한 각종 단체와의 연결 같은 주제를 놓고 설명과 강연, 토론이 이루어진다. 한쪽에서는 그 자리를 이용해 함께 문서를 편집하는 행사가 열리기도 한다. 2017년 위키컨퍼런스에서는 인공지능과 위키백과, 위키데이터의 활용, 중립성의 확보 등 위키백과 중요 규칙의 바탕이 된 인문사회과학적 배경과 그것이 실제로 어떻게 작동하는지 등에 대한 발표와 질의응답이 있었다. 이 자리에서도 최대의 관심사는 위키백과 커뮤니티의 확장이었다.

한국위키미디어협회는 새로운 방식의 협업을 추진하고 있다. 각종 단체와 함께하는 에디터톤이 바로 그것이다. 에디터톤은 편집Edit과 마라톤Marathon을 합성한 신조어로 함께 모여 장시간에 걸쳐 위키백과 문서를 편집하는 행사다. 2015년 9월 협회는 서울시립미술관과 공동으로 판타시아 에디터톤을 개최했다. 서울시립미술관이 기획한 동아시아 여성주의 기획전의 일환으로 진행된 이 행사에서 협회는 위키백과 편집을 처음 시도하는 여성들에게 위키백과를 소개하고 함께 문서를 편집해보기도 했다. 한국어 위키백과에는 아직도 등재를 기다리는 여성 관련 문서가 많다. 이후에도 협회는 숙명여자대학교와 함께한 에디터톤, 충청남도 서산시와 협업한 서산에디터톤 등을 통해 보다 다양한 정보를 생산하기 위해 노력했다. 충청남도와는 에디터톤을 진행하면서 정보 공유를 위한 업무협약을 맺었다. 2018년 평창올림픽 시즌에는 관련 문서를 생산하고 정비하는 프로젝트를 지원하기도 했다.

한국어 위키백과 커뮤니티가 오프라인으로도 활동 범위를 넓히려는 것은 무엇보다도 활발한 의사소통을 위해서다. 온라인상의 토론은 서로의 명확한 의사를 확인하기 어렵고, 지리한 논쟁으로 이어지기 쉽다. 오프라인에서라면 5분 만에 동의할 수 있는 사항을 온라인에서는 며칠이나 토론해야 할 수도 있다. 한국위키미디어협회는 다양한 장을 마련하여 사용자들이 활발한 소통을 통해 더 나은 정보를 생산할 수 있도록 지원하고 있다. 커뮤니티의 발전은 온라인에서 오프라인으로, 그리고 다시 온라인으로 선순환을 그리고 있다.

위키백과의 미래, 위키데이터

IT에 관심 있는 사람이라면 기계 가독성machine readable 데이터라는 말을 들어봤을 것이다. 최적의 번역어는 못 되는지 '기계가 읽을 수 있는 정도'라고 하거나 그냥 '머신 리더블'이라고 읽어버리는 경우가 많다. 기계 가독성이란 컴퓨터에 집어넣을 수 있는 형태라는 뜻이다. 사람이 읽기 좋은 데이터와 기계가 읽기 좋은 데이터는 그 형태가 완전히 다르기 때문에 각각에 맞게 만들어져야 한다. 시각장애인에게 점자책이 필요하듯 기계에게는 기계 가독성 데이터가 필요하다. 이를 위해 많은 컴퓨터 과학자들이 위키백과의 내용을 기계가 읽을 수 있게 가공하려 노력해왔다. 우선은 텍스트 형태의 글을 분석하여 컴퓨터가 질문하고 응답할 수 있는 형태로 바꾸는 식이었다. 즉 데이터베이스DB 형태로 만드는 것이다. 이런 시도와 별개로 지식을 아예 처음부터 컴퓨터가 이해할 수 있는 DB 형태로 만들자는 프로젝트가 시작되었다. 지식을 DB 형태로 생산한다는 개념은 웹 2.0(개방, 참여, 공유의 정신을 바탕으로 사용자가 직접 정보를 생산하여 쌍방향으로 소통하는 웹 기술) 혹은 사람과 기계 모두 정보 처리가 용이하도록 구조화된 시맨틱 웹Semantic Web(문서 간의 관계를 더 강조하는 웹 기술의 총칭. XML이 대표적)이라는 말의 유행과 함께 시작되었는데, 그 가운데 의미 있는 결과를 내고 있는 첫 프로젝트가 바로 위키데이터다.

위키백과는 인간이 읽는 글이므로 '인간 가독성' 데이터라고 할 수 있다. 하지만 위키백과의 문서 몇 개만 읽어봐도 이 글들이 상당히 정교하게 구조화되어 있다는 걸 눈치 챌 수 있다. 이 구조화된 텍스트는 여러 가지 표 형태로 구성되어 위키백과 페이지를 장식한다. 정보상자 같은 것이 대표적이다. 15킬로그램, 23센티미터, 5000만 명과 같이 정보상자에 들어가는 내용은 대개 특정 유형이나 단위의 값을 가진다. 즉 단순히 번역만 해줘도 다른 언어판에서 그대로 사용할 수 있는 정보들이다. DB란 표의 확장형이므로 위키백과의 표들은 언제든지 DB로 변환될 준비가 되어 있다. 위키데이터는 이렇게 위키백과의 정보들을 DB로 만들어 전 세계와 공유하자는 아이디어다. 중앙값 하나를 DB형태로 만들어두고 전 세계의 모든 위키백과가 그것을 가져다 쓰는 것이다.

위키데이터를 처음으로 활용한 영역은 위키백과의 각 언어판을 서로 연결한 인터위키 기능이다. 예를 들어 한국어 위키백과의 [[대한민국]] 문서는 인터위키 덕분에 [[South Korea]]라는 영어 위키문서로 바로 넘어갈 수 있다. 이 연결은 위키백과 화면 왼쪽 아래의 '다른 언어' 메뉴를 통해 가능하다. 위키데이터가 생겨나기 전에는 이 링크를 언어판 별로 모두 독립적으로 가지고 있어 관리가 꽤 번거로웠다. 언어판이 하나 생기면 봇bot(로봇의 줄임말로 데이터를 찾아주는 소프트웨어 도구)이 돌아다니면서 서로 연결해주는 일을 진행했다. 뿐만 아니라 각 언어판마다 다른 통계 정보를 활용해 개별 문서를 만들었기 때문에 내용이 제각각이었고, 최신 정보를 제공한다는 보장도 없었다. 지금은 각 언어판의 동일한 항목은 위키데이터에 하나의 DB로 만들어

[[대한민국]] 문서의 정보상자   — □ ✕

대한민국

大韓民國

| 국기 | 국장 |

국가   애국가

> 0:00   CC   ◀||| 메뉴

수도   서울 🌐 북위 37° 34′ 08″ 동경 126° 58′ 36″

서울

정치

공용어	한국어, 한국 수어[1]
정치체제	공화제, 민주제, 입헌제
	단일제, 대통령중심제
대통령	문재인
국회의장	문희상
대법원장	김명수
헌법재판소장	이진성
국무총리	이낙연

역사

• 독립 선언	1919년 3월 1일
• 임시 정부 수립	1919년 4월 11일
• 광복	1945년 8월 15일
• 헌법 제정	1948년 7월 17일
• 제1공화국 수립	1948년 8월 15일
• 4.19 혁명	1960년 4월 19일
• 제6공화국 수립	1988년 2월 25일

지리

| 면적 | 100,210km² (109 위) |
| 내수면 비율 | 0.3% |

조지 오웰 위키데이터 화면. 조지 오웰에 관한 모든 정보가 이곳에 모여 있고, 이 정
보들은 화면 오른쪽에 보이는 각 언어판에서 공동으로 활용하고 있다.

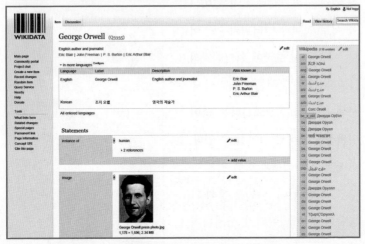

곧바로 연결하는 식으로 중복 작업을 줄였다.

　위키데이터라는 이상적인 계획은 구글의 지원을 받아 더욱 가시
화되었다. 구글은 위키데이터 개발 단계에서 130만 유로를 지원했으
며, 자신들의 데이터 추출 기술을 이용해 분석한 자료의 상당수를 위
키데이터에 기부했다. 그 결과물 중 하나가 지식그래프이다. 구글의
검색 결과 화면에서 오른쪽에 박스 형태로 제시되는 지식그래프는
위키백과의 정보상자와 많이 비슷하다.

　여담이지만 지식그래프는 한국 포털이 제공하는 콘텐츠 검색 컬렉
션과도 비슷하다. 네이버나 다음에서 인명, 영화명 등을 넣으면 최상
단에 나오는 DB 형태의 검색 결과를 살펴보라. 이런 이유로 지식그
래프가 한국 포털의 영향을 받았다는 얘기가 있었다. 그러나 한국 포
털들은 애석하게도 공유와 개방으로 나아가지 못하고, 모든 데이터

위키백과, 우리 모두의 백과사전

조지 오웰 구글 지식그래프. 검색 결과를 요약해서 제공하는 서비스로 위키백과, 위키데이터 등 공개된 정보를 활용한다.

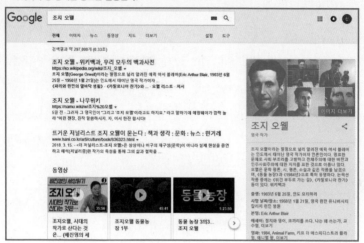

를 각자 구축하는 각자도생의 길을 걸었다. 반면에 구글은 위키데이터를 살리면서 그것을 자신들의 DB로도 활용하는 길을 택했다. 오래 살아남을 데이터는 당연하게도 위키데이터와 지식그래프일 것이다.

위키데이터는 앞으로 어떻게 될까? 인공지능 시대에는 아마 더욱 적극적으로 활용될 수 있을 것이다. 누군가 한라산의 높이가 얼마인지 물으면 위키데이터에서 자료를 뽑아 바로 답해줄 수 있기 때문이다. 위키백과의 성장은 이미지의 공공 저장소인 위키미디어 공용에 이어 데이터의 공공 저장소인 위키데이터까지 이어졌다. 당신이 위키백과에 많이 기여할수록 그 자료들은 형태를 바꿔가며 인터넷 세계를 돌아다니게 된다. 공공재가 공유지의 비극에 빠지지 않고 행복하게 성장하는 가장 아름다운 사례가 위키백과와 위키데이터가 아닐까. 위키데이터는 구글도 네이버도 당신도 당장 가져가서 사용할 수 있는 자원이다.

한국어 위키백과와 덕후

오타쿠의 한국적 변형어인 '덕후'는 애초에 오타쿠라는 말이 가지고 있던 이미지를 대부분 포함하면서도 그 의미가 조금씩 달라지고 있다. 최근 들어 덕후라는 말은 무엇이건 자신의 관심사에 몰두하는 사람을 가리키는 말로 순화(?)되었다. 물론 그렇다고 오타쿠가 품은 히키코모리의 어두운 그림자가 다 사라졌다고 보긴 힘들지만, 스스로를 덕후라고 표현하는 일은 이제 어떤 면에서는 자부심 섞인 화법이 된 듯하다.

위키백과는 온라인에 자신의 관심사를 집대성할 수 있다는 점에서 그야말로 덕후에 최적화된 놀이터라고 할 수 있다. 애니메이션, 게임, 스포츠, 역사, 철도, 밀리터리, 가요 같은 분야는 유서 깊은 '덕후 양성소'라고 할 만한데, 위키백과는 이런 분야 덕후들의 집결지로서 그 역할을 톡톡히 하고 있다.

역사를 예로 들어보자. 역사를 서술하는 것은 오랫동안 명예로운 일로 여겨졌다. 때문에 위키백과에서 역사 항목을 편집하는 것은 꽤 구미가 당기는 일이다. 최대한 공정하게, 그러면서도 자신의 관점을 녹여 서술하고 다른 덕후들의 검토를 받는 일은 '역덕(역사 덕후)'들에게 큰 도전이 될 수 있다. 그래서 위키백과에는 역사 인물에 대한 서술이 꽤 상세하고, 역사 관련 문서의 개수도 많다. 그렇다 보니 종종 논쟁이 벌어지곤 하는데, 심각한 논쟁이 벌어지는 분야는 대개 고대사이다. 고대사는 남아 있는 자료가 적어 상상의 여지가 더 크기 때문이다. 예를 들어 [[두막루]]라는 고대 국가의 경우, 상당히 긴 토론이 벌어진 탓에 그 역사적 중요성에 비해 과도하게 상세한 문서와 참고문헌이 달렸다. 단언할 수는 없지만 역사가들이 작성한 두막루 관련 문서 중에서 한국어 위키백과보다 상세한 것은 10개 이하가 아닐까 싶다. [[삼국지]]와 [[삼국지연의]]의 경우 사실과 허구, 2차 창작에 팬심까지 결합되어 여러 가지 복잡한 문제가 발생하는데, 한국어 위키백과는 그것도 비교적 잘 구분하여 서술하고 있다. 위키백과는 개인의 의견을 지양하므로 더 깊은 덕심을 표현하려면 답답할 수도 있지만, 자신이 지지하는 내용을 외부에 널리 알리기엔 이보다 더 좋은 매체도 없다.

혼자 덕질할 때도 위키백과는 의지가 된다. 예를 들어 일본의 아방가르드 음악을 좋아한다면, 국내에 거의 팬이 없기 때문에 문서를 혼자 만들다시피 할 수 있다. 실제로 [[분류:일본의 프로그레시브 록 밴드]] 문서는 거의 한 사람이 작성하고 있다. 이런 경우 작성자는 평화롭기도 하고 지루하기도 한데, 자신이 기여할 수 있는 만큼만 천천히 하면 되니 별로 힘들 일은 없다. 누군가가 그 문서를 보고 이웃 나라에 이런 훌륭한 음악인들이 있었구나 하고 알게 된다면, 그것만으로도 시간을 쪼개가며 번역하거나 기술한 보람을 느낀다. 작성자는 가끔 해당 음악인들에게 당신의 밴드에 대해 한국어 위키백과 문서를 만들었다고 알려주기도 한다는데, 그러면 예외 없이 기뻐하고 고마워하며 가끔은 음반을 주기도 한단다. 이 정도면 나름 만족스러운 덕후 생활이 아닐까.

편집의 양이라는 측면에서 덕후는 일당백이다. 한 명의 덕후는 '일반인(덕후 사이에서 덕후가 아닌 사람을 부르는 호칭)' 100명의 몫을 너끈히 감당한다. 위키백과 콘텐츠의 발전은 사용자들의 자발적인 기여에 의존하기 때문에 분야마다 편차가 심하다. 덕후 한 명이 위키백과에 에너지를 쏟아붓기 시작하면 해당 분야의 문서가 갑자기 발전하기 시작한다. 그러다 몇 사람이 뜻이 맞아 함께 작업하기 시작하면 다른 분야가 도저히 넘볼 수 없는 경지에 이른다. 그렇기 때문에 위키백과 커뮤니티는 모든 덕후를 환영한다.

물론 좋은 점만 있을 리는 없다. 덕후의 상당수는 혼자만의 작업에 익숙하기 때문에 위키백과처럼 여러 사람이 감 놔라 배 놔라 하는 상황을 견디기 힘들어 한다. 그러나 같이 작업하는 동안 혼자서는 도저히 이룰 수 없는 결과물이 순식간에 이루어지는 것을 경험하면서 덕후들은 신세계를 만난다. 과연 누가 혼자서 유럽축구연맹의 모든 리그와 그에 속한 모든 클럽의 정보를 정리할 수 있겠는가? 위키백과의 덕후 연맹은 그것을 가능하게 해준다. 그것도 짧은 시간 안에.

분야에 따라 덕후들로 문전성시를 이루는 경우도 있고, 그야말로 호주 그레이트사막의 인구밀도만큼이나 극소수의 덕후가 전부인 경우도 있다. 수학, 천문학, 물리학 등의 분야가 바로 그레이트사막으로 다른 분야에 비해 발전이 많이 더딘 편이다. 그렇다고는 해도 위키백과는 다른 어느 곳보다 같은 관심사를 가진 사람들의 밀도가 높다. 이 안에서 덕후의 에너지는 시너지 효과를 발휘한다. 만국의 덕후여, 단결하라! 위키백과 안에서!

> *"42: 삶, 우주, 그리고 모든 것에 대한 질문의 답"*
> ―『은하수를 여행하는 히치하이커를 위한 안내서』 중에서

위키백과의 정책

세상의 모든 텍스트는 읽히기 위해 쓰인다. 위키백과가 누구나 편집에 참여할 수 있는 개방성을 특징으로 한다고 해도 그 목적은 당연히 편집 자체가 아니라 널리 읽히는 것이다. 위키백과는 숙제나 보고서를 위한 참고자료뿐 아니라, 궁금한 게 있는 모든 사람을 위한 알찬 정보가 되길 바란다. 독자로서 위키백과를 읽을 때는 어떠한 점을 염두에 두어야 할까?

먼저 위키백과의 정책에 대해 알아보자. 위키백과의 목적 구현과 유지, 관리를 위한 규약, 저작권 등의 법률적 사항, 사용자 관리를 위한 기초적 내용과 같이 위키백과의 기반을 이루는 규칙들은 특별히 정책이라고 부른다. 이들 정책은 앞서 소개한 위키백과의 다섯 원칙과 매우 밀접한 관계를 맺고 있다.

이 정책들을 거칠게 구분해보면, 독자를 대상으로 하는 정책과 편

집자를 대상으로 하는 정책으로 나눌 수 있다. 시간이 지나면서 여러 사안이 발생했고, 위키백과 커뮤니티는 그에 대응하기 위해 다양한 정책과 지침을 정했다. 때문에 지금은 정책과 지침이 꽤 많아져서 여기서 전체를 다 소개하기는 어렵다. 중요한 정책들만 대상에 따라 구분하면 다음과 같다.

대상	정책 이름	주요 내용
공통	다섯 원칙	위키백과의 기본 원칙
	저작권	위키백과의 모든 내용은 CC BY-SA 3.0 라이선스
	문서의 소유권	위키백과 문서는 누구의 소유도 아님
독자	면책조항	위키백과의 정보는 확실한 것이 아닐 수 있음
편집자	중립적 시각	위키백과의 정보는 중립적 시각에 따라 작성되어야 함
	확인 가능	위키백과는 확인 가능한 출처를 근거로 작성되어야 함
	독자 연구 금지	출처 없는 내용의 서술은 금지됨
	출처	위키백과에서 사용될 수 있는 출처의 종류와 출처로 사용할 때 주의할 점을 정한 정책
	차단정책	일정한 규칙에 따라 특정인의 편집을 제한하거나 금지할 수 있음
	계정 이름	부적절한 사용자 ID는 금지됨
	다중계정	한 사람이 여러 ID를 사용하는 것은 금지됨
	관리자	위키백과 관리자의 역할, 선출 방식 등을 규정한 정책
	삭제정책	위키백과에 알맞지 않은 정보는 삭제될 수 있음
	보호정책	특정한 사유에 따라 문서의 편집 권한을 제한할 수 있음
	총의	위키백과의 정책과 지침은 총의로서 결정함

여기서는 이 책을 읽는 이들에게 좀 더 유용할, 모든 이용자에게 공통적으로 적용되는 정책과 독자를 대상으로 한 정책에 대해서만 자세히 설명하고자 한다. 다섯 원칙은 앞서 이야기했고, 문서의 소유권 역시 위키백과의 역사에서 언급했기 때문에 여기서는 저작권과 면책조항에 대해 살펴보겠다.

① 저작권

위키백과의 모든 문서의 저작권은 CC BY-SA 3.0 라이선스로 배포된다. 암호 같기도 한 이 말을 좀 더 알기 쉽게 풀어보자.

CC

흔히 CC로 줄여 표기되는 크리에이티브 커먼즈Creative Commons는 자유콘텐츠의 표준 라이선스로 자리 잡았다. 앞서 설명한 것처럼 위키백과는 자유콘텐츠운동의 일환으로 등장했다. 자유콘텐츠운동은 한 번 자유콘텐츠로 만들어진 것은 영원히 자유콘텐츠로 남기를 바랐고, 이를 위한 특별한 저작권을 만들었다.

CC 라이선스의 핵심은 '확산성'의 유지다. 어떤 사람이 자유콘텐츠를 이용해 새로운 콘텐츠를 만들면서 독점적인 저작권 라이선스를 표방하면 어떻게 될까? 새로 만들어진 콘텐츠는 더 이상 자유롭게 유통되지 못한다. 저작자는 자신의 창작물을 독점적인 저작물로 남겨 부수적인 이익이나 효과를 노릴 수도 있고, 공유 저작물로 두고 저작물이 스스로 이동, 성장해나가는 모습을 지켜볼 수도 있다. 만약 저작자가 CC를 선택했다면 콘텐츠가 스스로 움직이며 확산되기를 바라

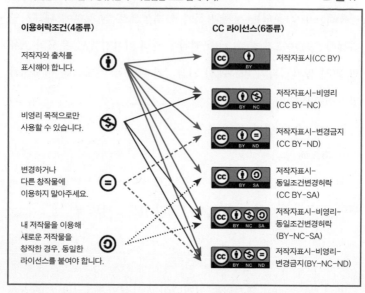

CC 라이선스의 조건과 종류(출처: 사단법인 코드 홈페이지)   _ □ ×

이용허락조건(4종류)

저작자와 출처를
표시해야 합니다.

비영리 목적으로만
사용할 수 있습니다.

변경하거나
다른 창작물에
이용하지 말아주세요.

내 저작물을 이용해
새로운 저작물을
창작한 경우, 동일한
라이선스를 붙여야 합니다.

CC 라이선스(6종류)

저작자표시(CC BY)

저작자표시-비영리
(CC BY-NC)

저작자표시-변경금지
(CC BY-ND)

저작자표시-
동일조건변경허락
(CC BY-SA)

저작자표시-비영리-
동일조건변경허락
(BY-NC-SA)

저작자표시-비영리-
변경금지(BY-NC-ND)

는 마음을 드러낸 것이다.

위키백과의 CC 라이선스는 독자와 편집자 모두에게 적용된다. 위키백과에서 편집이란 자신이 기여한 내용에 대한 개인적, 독점적 저작권을 포기한다는 뜻이다. 즉 자신이 편집한 것이라고 해서 위키백과에 이미 기여한 내용을 지워달라거나 바꿔달라거나 혹은 배포를 금지해달라고 요구할 수는 없다. 또한 독자가 그 내용을 다른 곳에 사용한다 해도 이를 저작권 침해라고 주장할 수 없다. 물론 CC 라이선스는 파생되는 새로운 콘텐츠가 '공짜'여야 함을 강요하는 것도 아니고, 기존의 콘텐츠를 변경하지 못한다는 뜻도 아니다. CC에는 다양한 조건이 따라 붙는다. 자세한 내용은 사단법인 코드(옛 크리에이티브 커먼즈 코리아)의 홈페이지http://ccl.cckorea.org에서 살펴볼 수 있다.

BY

BY는 바이 라인by line을 갖는다, 즉 저작자를 표시해야 한다는 뜻이다. 예를 들어 위키백과에서 인용하거나 가져간 내용에는 위키백과에서 가져왔다는 표시를 해야 한다. 위키백과의 내용은 시간에 따라 계속 바뀔 가능성이 있기 때문에 가져왔을 당시의 판본을 표시해주는 것이 좋다. 위키백과의 모든 문서는 내용이 바뀐 시점마다 고유판본 번호가 부여된다.

SA

SA는 ShareAlike의 줄임말이다. 이 말은 '동일조건변경허락'으로 번역된다. 위키백과 콘텐츠를 사용하여 제작된 콘텐츠는 현재 위키백과가 표방하고 있는 저작권 라이선스를 따라야 하지만, 콘텐츠의 추가, 수정, 삭제와 같은 내용 변경은 허용한다는 뜻이다. 또한 SA 조건은 기존 콘텐츠의 상업적 이용을 허용하므로 위키백과 콘텐츠는 개인과 기업을 막론하고 얼마든지 변형하여 판매할 수 있다. 다만 판매할 경우에도 동일한 라이선스를 유지해야 하며, 그 콘텐츠의 구매자가 재변형 혹은 배포하는 것을 막으면 안 된다.

CC BY-SA는 '크리에이티브 커먼즈 저작자표시-동일조건변경허락 라이선스'를 뜻한다. 이에 따라 위키백과의 콘텐츠는 출처가 위키백과임을 밝히면 내용을 수정할 수 있고, 영리와 비영리 구분 없이 다시 배포할 수 있지만 새로 구성되는 파생 콘텐츠 역시 동일한 저작권 라이선스, 즉 CC BY-SA로 배포되어야 한다. 이렇게 만들어진 새로운 콘텐츠도 동일한 과정을 거쳐 또다시 새로운 콘텐츠의 구성물이 되어 전파될 수 있다. 이것이 자유콘텐츠운동이 희망하는 확산성이다.

한편 위키백과가 아닌 다른 위키 사이트 가운데는 CC 라이선스 조건 가운데 NC를 표방하는 곳도 있다. NC는 'Non Commercial'의 약자로 이 경우엔 콘텐츠의 상업적 재사용이 불가능하다. 위키백과는 이러한 제한이 없다.

② 면책조항

위키백과에 대한 오해 가운데 하나는 위키백과가 반드시 어떤 전문적 견해를 포함해야 하거나 완전무결해야 한다는 것이다. 그러나 [[위키백과:면책조항]]은 위키백과의 내용이 전문가의 견해가 아니며 정확하지 않을 수도 있음을 명시하고 있다.

위키백과 편집의 대부분은 사용자 개인이 키보드를 두드려 하나하나 입력한 것들이다. 일부 오탈자 수정이나 간략한 안내를 위해 기계적 편집인 '봇'을 이용하는 경우가 있지만, 문서의 내용은 모두 수작업에 의존한다. 따라서 위키백과의 유지와 발전은 사용자의 손에 달려 있다고 해도 과언이 아니다.

위키백과 편집자들은 위키백과에 최대한 정확한 내용을 담으려고 끊임없이 노력한다. 그러나 위키백과뿐만 아니라 저명한 언론이나 전문가의 저술에도 오류의 위험은 늘 있기 마련이다. 위키백과의 서술은 기본적으로 언론이나 출판에 의해 공표된 내용을 출처로 작성되기 때문에 원출처의 오류도 그대로 옮겨질 가능성이 있다. 때로는 신뢰성이 떨어지는 출처를 인용해 부정확한 서술을 하기도 한다.

위키백과를 읽는 독자는 위키백과의 내용이 정말 옳은지 다방면에서 검토해보는 게 좋다. 특히 질병이나 약품 같은 의학 정보는 어디까지나 참조용이어야지 그것을 자가진단 및 치료에 이용하면 안 된다. 아래는 위키백과의 위험요소 면책조항을 옮겨온 것이다.

[[위키백과:위험요소 면책조항]]

• 위키백과를 자신의 책임에 맞게 사용하십시오.

• 위키백과의 정보 중에서는 부정확하거나, 틀렸거나, 위험하거나, 중독적이거나, 비도덕적이거나 불법적인 내용이 포함될 가능성이 있다는 것을 알고 있어야 합니다.

• 위키백과에 담긴 일부 정보는 정보를 활용하는 사람에게 해로운 영향을 줄 수 있습니다. 이에 대해 위키백과의 어떤 기여자나 관리자도 당신의 피해에 책임을 지지 않습니다. 모든 위험은 온전히 사용자인 본인이 집니다.

• 위키백과로부터 얻은 정보가 정확하고 인증되었다는 것을 확인하는 데 필요한 모든 절차를 반드시 거치십시오. 문서의 마지막에 있는 출처를 확인하십시오. 문서 내용 전반에 두드러진 분쟁들이 있는지 문서의 토론 문서와 문서 역사를 읽으십시오. 모든 정보는 서로 다른 출처에 기반한 이중 확인 절차를 거치는 것이 좋습니다.

• 만약 어느 문서가 위험하거나 불법적이나 비윤리적인 활동을 제안하는 내용을 담고 있다면, 위키백과는 누구나 정보를 추가할 수 있다는 점을 기억하십시오. 위키백과는 글쓴이들이 집필에 적절한 자격을 갖춘 사람들인지 확인하지 않습니다. 의학적, 법적, 재정적, 결혼 또는 위험 관리 등의 전문적 정보를 필요로 한다면, 해당 분야의 자격증이나 지식을 가진 전문가를

찾아보십시오.

• 위키백과 문서는 동료 평가를 매순간 거치지 않습니다. 사용자들이 함께 오류를 바로잡고 잘못된 제안을 고칠 수 있지만, 그것은 의무가 아닙니다. 위키백과에 있는 모든 정보에는 어떤 형태의 명시적 혹은 묵시적 보증도 존재하지 않습니다.

• 위키백과는 자유라이선스에 기반한 정보, 문화, 교육 자원의 집합입니다. 이러한 방대한 온라인 자원은 개개인들의 자발적 협력으로 만들어지므로 누구도 위키백과에 손해에 따른 책임을 요구할 수 없습니다. 이 정보는 당신에게 무료로 제공되고 있으며 당신과 위키백과 사이에는 이 정보에 대한 크리에이티브 커먼즈 저작자표시-동일조건변경허락 3.0 Unported 라이선스(CC BY-SA)와 GNU자유문서사용허가서(GFDL)를 넘어선 사용이나 변경에 대해 아무런 동의나 이해관계가 없습니다.

• 위키백과에서 발견될 수 있는 어떤 내용도 독자적인 확인 절차 없이 믿으려 하지 마십시오.

위키백과 문서를 읽는 방법

위키백과 문서를 읽을 때는 비판적 시선을 갖추는 게 좋다. 위키백과를 찾아오는 다수의 독자는 뭔가를 알고 싶은 마음에 검색을 하다가 위키백과를 발견했을 것이다. 알고 싶다는 욕구의 배경에는 책을 읽다가 궁금해졌다거나 보고서 등을 작성하다가 참고할 만한 자료가 필요했다거나 하는 현실적인 필요가 있다. 따라서 위키백과에서 필요한 정보를 발견했다면, 일단은 매우 반가울 것이다. 순간 그 정보를 그대로 가져다 쓰고 싶은 유혹을 느끼겠지만, 그래서는 안 된다. 그 정보가 독자인 당신이 보기에 논리적으로 자연스러운지, 적절한 출처를 인용했는지, 다른 언어판이나 다른 백과사전의 정보와 일치하는지 검토해보는 게 좋다. 물론 모든 정보를 그렇게까지 확인할 필요는 없다. 다만 흐름이 자연스럽지 않거나 논리적 허점이 보일 경우 그 부분만이라도 꼭 확인해보라는 것이다. 누차 얘기하지만 위키백과 이용과 그 결과에 따른 책임은 본인에게 있다. 위키백과는 지식의 광산일 뿐이고 거기서 캔 석탄을 이용하는 건 나 자신이다.

먼저 읽어야 할 것은 문서 이름 바로 아래 나오는 요약이다. 요약에는 해당 항목의 내용 가운데 중요하거나 당신의 호기심을 끌 만한 것들이 적혀 있다. 하단의 본문은 그 양이 방대한 만큼 덜 중요한 내용도 종종 있지만, 요약은 비교적 그 역할에 충실하게 꼭 필요한 내용만 간결하게 담고 있다. 요약이라고 보기 어려운 내용이 보인다면 직접 고쳐보는 것도 좋다. 그런 부분을 발견할 정도의 지적 수준이라면 충분히 고칠 수 있다.

다음으로 오른쪽의 정보상자를 보자. 정보상자는 그 항목이 어떤 분야에 속해 있는지를 표시하고, 그와 관련된 객관적인 사실을 보여준다. 인물에 관한 항목이라면 그 인물의 이름과 생몰년, 언어, 활동 분야 등이 적혀 있고, 동식물이라면 학명과 동물학적 속성 등이 제시되어 있다. 이 정보들은 해당 항목을 압축적으로 보여준다. 이렇게 사실을 일관된 체계로 제시하기만 해도 많은 부분이 설명된다. 그 분야의 구조까지도 직관적으로 드러내기 때문이다. 생각보다 많이 참조하게 되는 부분이다.

위키백과
우리 모두의 백과사전

문서   토론   읽기   편집   역사 보기   위키백과 검색   🔍

대문
사용자 모임
요즘 화제
최근 바뀜
모든 문서 보기
임의 문서로
도움말
기부

도구
여기를 가리키는 문서
가리키는 글의 최근 바뀜
파일 올리기
특수 문서 목록
고유 링크   요약
문서 정보
위키데이터 항목
이 문서 인용하기

인쇄/내보내기
책 만들기
PDF로 다운로드
인쇄용 판

다른 프로젝트
◈ 위키미디어 공용
◈ 위키인용집
◈ 위키문헌

다른 언어   ⚙
العربية
Català   인터위키
English

조지 오웰 — 문서이름

위키백과, 우리 모두의 백과사전.

정보상자 →

조지 오웰(George Orwell)이라는 필명으로 널리 알려진 에릭 아서 블레어(Eric Arthur Blair, 1903년 6월 25일 ~ 1950년 1월 21일[1])는 인도에서 태어난 영국 작가이자 언론인이다. 명료한 문체로 사회 부조리를 고발하고 전체주의에 대한 비판과 민주사회주의에 대한 지지를 표한 것으로 이름나 있다.[2][3]

오웰은 문학 평론, 시, 평론, 소설과 같은 작품을 남겼으며, 《동물 농장》(1945년)과 《1984년》(1949년)으로 특히 유명하다. 논픽션 작품 중에는 《위건 부두로 가는 길》(1937년), 《카탈로니아 찬가》(1938년) 등이 있다. 2008년 《타임스》는 1945년 이후 위대한 영국 작가 50선에 2위로 조지 오웰을 꼽았다.[4] 반공주의자로 잘못 알려져있으나 마르크스주의 계열의 사회주의자중 한명이다.

조지 오웰의 작품들은 오늘날에도 대중 문화와 정치에 영향을 주고 있다. 조지 오웰이 만든 신조어인 빅 브라더, 사상 경찰(思想警察, Thought Police), 신어, 이중 사고(二重思考, doublethink)와 같은 언어와 그가 예견한 냉전 체제 등은 여전히 영향력있는 개념이다.[5]

조지 오웰은 1950년 1월 21일에 오랫동안 앓아 온 결핵으로 세상을 떠났다.

목차 [숨기기]
1 성장기
2 《버마 시절》
3 《파리와 런던의 밑바닥 생활》

조지 오웰
George Orwell

200px

출생	1903년 06월 25일 영국령 인도 비하르 주
사망	1950년 01월 21일 (46세) 영국 런던
필명	조지 오웰
직업	작가, 언론인
언어	영어
국적	영국
모교	이튼 칼리지

《카탈로니아 찬가》와 스페인 내전 [편집]

소제목

🔍 이 부분의 본문은 카탈로니아 찬가입니다.

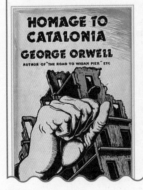

1936년 겨울 조지 오웰은 스페인 내전에서 공화파를 지지하기 위해 참전했다. 그는 12월 23일 파리에 들러 헨리 밀러와 만나 반파시즘 연대와 민주주의 수호의 의무를 역설했지만, 밀러는 오웰의 주장에 냉소적이었다.[7] 조지 오웰은 바르셀로나에 도착해 독립노동자당의 간부였던 존 맥나이르를 만나 "나는 파시즘에 대항해 싸우러 왔다"고

사이드바 →

아나키즘

역사 및 상징	[보이기]
관련 분파	[보이기]
관계 개념	[보이기]
관련 텍스트	[보이기]

참고 문헌 [편집]

- Anderson, Paul (ed). Orwell in Tribune: 'As I Please' and Other Writings. Methuen/Politico's 2006. ISBN 1-84275-155-7
- Azurmendi, Joxe (1984): George Orwell. 1984: Reality exists in the human mind, Jakin, 32: 87–103.
- Bounds, Philip. Orwell and Marxism: The Political and Cultural Thinking of George Orwell. I.B. Tauris. 2009. ISBN 1-84511-807-3
- Bowker, Gordon. George Orwell. Little Brown. 2003. ISBN 0-316-86115-4
- Buddicom, Jacintha. Eric & Us. Finlay Publisher. 2006. ISBN 0-9553708-0-9
- Caute, David. Dr. Orwell and Mr. Blair, Weidenfeld & Nicolson. ISBN 0-297-81438-9
- Crick, Bernard. George Orwell: A Life. Penguin. 1982. ISBN 0-14-005856-7
- Flynn, Nigel. George Orwell. The Rourke Corporation, Inc. 1990. ISBN 0-86593-018-X
- Haycock, David Bowd. I Am Spain: The Spanish Civil War and the Men and Women who

연구서 [편집]

- Lewis, Peter. *George Orwell, the road to 1984*. 1981.
  - 문예중앙부 역, 조지 오웰: 1984년에의 길, 중앙일보사, 1984
  - 김기용 역, 조지 오웰: 동물농장이냐! 1984년이냐, 중앙일보사, 1984
- Crick, Bernard. *George Orwell: A Life*. Penguin. 1982. ISBN 0-14-005856-7
- Azurmendi, Joxe. "George Orwell. 1984: Reality exists in the human mind", *Jakin*, 32: 87-103, 1984.
- Shelden, Michael. *Orwell: The Authorized Biography*. HarperCollins. 1991. ISBN 0-06-016709-2
  - 김기애 역. 조지 오웰 : 감춰진 얼굴. 성훈출판사. 1991/1992 ISBN 89-85287-05-2
- 박경서, *George Orwell의 政治意識과 人間觀*. 영남대학교 박사학위 논문. 1997. 국립중앙도서관⧉
- 박홍규. 조지 오웰-자유, 자연, 반권력의 정신. 이학사. 2003 ISBN 89-87350-57-6
- 고세훈 「조지오웰」(2012)
- 스테판 말테르 저 / 용경식 역, 조지 오웰, 시대의 작가로 산다는 것, 제3의공간, 2017 ISBN 9788959894628

같이 보기 [편집]

- 오웰 리스트(Orwell's list)

외부 링크 [편집]

- 조지 오웰⧉ - 브리태니커 백과사전 (다음⧉)
- 조지 오웰⧉ - 두산세계대백과사전
- "조지 오웰"⧉. 《네이버캐스트》.

오웰리스트 관련

- 동아일보, 이기우, (책갈피 속의 오늘)1948년 조지 오웰 '1984년' 발표⧉

위키미디어 공용에 관련된 미디어 자료가 있습니다.
조지 오웰

위키문헌에 이 글과 관련된 원문이 있습니다.
조지 오웰

위키배움터에 관련된 자료가 있습니다.
조지 오웰

각주 [편집]

내용주 [편집]

🖉 문학 포털

1. ↑ 파딩(Farthing)은 1956년까지 쓰인 영국 동전이다. 4 파딩이 1 페니 이었다. - en:Farthing (British coin)

정보상자와 비슷한 모양이지만 다른 속성을 가진 표가 하나 더 있는데, 위키백과에서는 이를 사이드바라고 부른다. 정보상자가 해당 항목의 속성들을 보여주고 있다면, 사이드바는 그 항목이 전체 체계에서 어디에 속하는가 혹은 어떤 위치에 있는가를 보여준다. 나무 구조로 세상을 이해하는 것은 단순해서 위험하기도 하지만, 그만큼 직관적으로 이해되는 면 또한 있다. 지식은 단순한 것이 조금씩 분화되면서 형성되는 경향이 있기 때문이다. 분화는 일면 프랙탈과도 같아서 세계 안에 또 세계가 있고, 그 안에 다른 세계가 있는 구조다. 어쨌든 나무 구조는 세계와 세계의 관계를 이해할 때 꽤 유용하다. 이 나무 구조를 눈으로 볼 수 있게 만든 도구가 사이드바다. 사이드바는 지식의 지도 역할을 한다.

목차는 하단의 내용을 적당히 나누어 압축해 보여준다. 목차를 보면 그 항목의 전모를 파악할 수 있다. 인물에 관한 항목이라면 대개 그 인물의 일대기를 순차적으로 따라가고, 개념에 관한 항목이라면 쉬운 것부터 복잡한 것으로 설명을 해나가는데 목차에서는 바로 그 순서를 보여준다. 서술의 흐름을 담고 있다고 표현해도 되겠다. 목차는 또한 독자가 원하는 내용으로 바로 갈 수 있게 리모컨 역할을 해주기도 한다.

본문은 여러 개의 소제목으로 나뉘어 있고, 그 소제목 아래에 내용이 나온다. 각 소제목은 전체 서술 맥락에 맞게 중간 중간 적당한 위치에 들어가 있다. 내용이 지나치게 길어지면 소제목을 하나 더 만들어 분리하기도 한다. 해당 항목에 대한 내용의 대부분을 담고 있는 영역이라 길고 상세한 경우가 많은데, 당연히 필요한 부분만 읽으면 된다. 위키백과의 서술은 그다지 균질하지 않기 때문이다. 정작 중요한 내용은 없고, 별것 아닌 내용이 길게 쓰여 있는 경우도 꽤 있다. 독자가 방심할 수 없게 만드는 것이 위키백과의 매력이라면 매력이다. 백과사전은 한 번에 전체를 읽는 책이 아니고 필요한 부분을 그때그때 찾아가며 읽는 책이라는 것을 다시 한 번 기억하자.

본문의 하단에는 참고문헌, 출처, 더 읽을 것들 등 2차 참고자료가 있다. 이 자료들은 해당 백과 항목의 신뢰도를 보여주는 역할을 하며, 더 상세한 논의로 이끄는 길잡이가 되기도 한다. 해당 항목이 어떤 근거를 가지고 집필되었는지를 보여주는 부분이지만, 앞서 말했듯 맹목적으로 믿어서는 안 되는 것들이기도 하다. 사라져버린 출처로 연결되어 있거나 사실상 확인이 불가능한 출처도 많다.

앞서도 언급했지만 화면 왼쪽에 '다른 언어'라는 메뉴가 있다. 다른 언어판으로 연결해주는 링크로 인터위키라고 부른다. 해당 항목이 몇 가지 언어로 작성되어 있는지, 어떤 언어판의 내용이 충실한지를 살피면 그 항목이 지식의 세계에서 차지하는 위상을 대략적으로나마 파악할 수 있다. 또한 한국어판 항목의 내용이 충실하고 적절한지도 판단해볼 수 있다. 여러 언어판은 자연스럽게 서로의 문제점을 보완해주게 되는데, 이는 다국어 백과사전인 위키백과의 강점이기도 하다.

지식은 깊게는 물론 넓게도 보아야 한다. 개의 하위 품종을 아는 것, 개가 포유류 중에서 어떤 위치에 있는지를 파악하는 것도 중요하지만 개 옆에 있는 고양이, 토끼, 염소, 말에 대해서도 알아야 한다. 옆을 보는 시선은 '둘러보기'를 통해 가능하다. 둘러보기는 해당 항

V·D·E	지구 관련 주제	[접기]
역사	지구의 나이·생물 진화의 역사·어두운 젊은 태양의 역설·태양계의 형성과 진화·지구의 미래·지질 시대·지구의 진화·지구의 역사·진화의 연표	
지리학·지질학	클레로의 정리·대륙·지진·적도융기·지구물리학·판 구조론·지구의 구조·시간대	
생태학	지구의 날·지구 온난화·인간이 환경에 미치는 영향	
이미징	지도·바이두 지도·Bhuvan·빙 지도·지구 지도·구글 어스·구글 지도·나사 월드 윈드·히어·오픈스트리트맵·위키매피아·원격탐사·위키매피아·야후! 지도	
예술·문화·사회	문화 속 지구·SF 속 지구·지구·세계의 역사·국제법·풍경화·나라 목록·세계 경제	
기타 주제	생물권·지구 궤도·지구의 트로이군·황도·지구의 기·중력·자기장·달·지구의 위성·2006 RH120·코디레프스키 구름·태양계·우주에서의 지구의 위치·테이아	

V·D·E	태양계		[접기]

태양·태양권계면	행성 (위성·고리)	지구형 행성	수성·금성·지구 (달)·화성 (위성)
		목성형 행성	목성 (위성·고리)·토성 (위성·고리)·천왕성 (위성·고리)·해왕성 (위성·고리)
	왜행성 (명왕성형 천체)		세레스·명왕성 (위성)·하우메아 (위성)·마케마케·에리스 (위성)
	소천체	소행성	벌컨군·지구 근접 소행성·소행성대 (소행성족)·목성 트로이군·센타우루스 소행성군·해왕성 트로이군·소행성 위성·유성체
		해왕성 바깥 천체	카이퍼 대 (명왕성족·고전적 카이퍼 대 천체)·산란원반·분리천체
		혜성	주기 혜성·비주기 혜성·다모클레스군·힐스 구름·오르트 구름
참고	태양계 전체 목록 (반지름순, 질량순), 소행성체 목록		

V·D·E	우주에서의 지구의 위치	[접기]
	지구 → 내태양계→ 태양계 → 국부 성간 구름 → 국부 거품 → 굴드 대 → 오리온팔 → 우리은하 → 은하수 준은하군 → 국부은하군 → 처녀자리 초은하단 → 라니아케아 초은하단 → 물고기자리-고래자리 복합 초은하단 → 관측 가능한 우주 → 우주	

전거 통제	VIAF: 6270149919445006650001🔗 · LCCN: sh85040427🔗 · GND: 1135962553🔗 · BNF: cb11975911n🔗 (데이터)🔗 · NDL: 00573040🔗

분류: 지구 | 태양계의 행성 | 지구과학 | 지구형 행성

목이 다른 항목들과 어떤 관계에 놓여 있는지를 일목요연하게 보여
준다. 사이드바와 유사하게 지식의 지도를 보는 느낌을 준다. 지식이
어디에 놓여 있는지 그 위치를 눈으로 바로 확인할 수 있으므로 일단
안심이 되며, 연관된 다른 정보로는 어떤 것들이 있는지도 한눈에 확
인할 수 있다. 문서 [[지구]]의 최하단에는 '지구 관련 주제', '태양

계', '우주에서의 지구의 위치'에 관한 문서들을 모아둔 3개의 '둘러보기 틀'이 달려 있다. 위키백과의 문서는 특정 주제 하나만을 설명하기 때문에 연관된 여러 주제를 하나의 문서 안에서 보여주는 데는 아무래도 한계가 있다. 둘러보기 틀은 관련 문서 항목을 링크해 보여줌으로써 독자의 종합적인 이해를 돕는다.

그 아래엔 분류가 있다. 해당 항목이 어디에 있는지를 보여주는 고전적인 방식이며, 표로 보여주기 어려운 속성을 드러낸다. 분류 가운데 하나를 골라 눌러보면 해당 분류에 속하는 항목들이 쏟아져 나온다. 10개 이하인 속성부터 수백 개, 수천 개의 항목을 가진 속성까지 천차만별이다. [[지구]] 문서의 분류에서 '지구과학'을 눌러보면 광물학, 기후변화, 대기과학 등 지구과학의 하위 분류 25개와 마그마, 단층, 퇴적 등 지구과학에 속하는 문서 48개가 나온다.

하나의 문서에는 이러한 분류가 여러 개 포함될 수 있다. 이순신은 [[분류:덕수 이씨]]이며, [[분류:정유재란 참전 중 사망자]]이기도 하고, [[분류:지폐의 인물]]이다. 문서 안의 분류는 그것이 해당 문서와 긴밀한 관계에 있다면 어떤 것이든 허용된다. 이런 방식으로 위키백과의 문서들은 여러 분류에 중복 등재되며, 독자는 자신의 필요에 따라 해당 분류에 속한 다른 문서들을 함께 살펴볼 수 있다. 이순신이 속한 [[분류:덕수 이씨]]에는 독립운동가였던 [[이규갑]]이나 [[이창용(경제학자)]] 같은 사람들이 수록되어 있다. 한편 덕수 이씨의 상위인 [[분류:이씨]]를 살피면 [[분류:전주 이씨]]나 [[분류:평창 이씨]]와 같이 본관이 다른 여러 이씨를 살펴볼 수 있고, 다시 평창 이씨 분류로 내려가면 그에 속한 인물 가운데 언론학자였던 [[리영희]] 문서를 만날 수 있다.

분류는 정보상자/사이드바/둘러보기와 어떻게 다를까. 분류는 해당 항목이 가진 속성을 기계적으로 정리한다. 그 분류에 속하는가 아닌가, 해당 속성을 갖는가 아닌가가 있을 뿐이지 취사선택할 수 없다. 편집자가 자의적으로 개입할 여지가 없는 것이다. 그에 비해 정보상자/사이드바/둘러보기는 모두 편집자가 가공한 구조다. 즉 누가 편집했느냐에 따라 형태가 달라진다. 내용을 일목요연하게 전달하기 위해서는 강조할 것과 생략할 것을 정해야 하기 때문에 반드시 편집자의 판단과 선택이 필요하다. 그러므로 표로 정리된 틀, 즉 정보상자/사이드바/둘러보기는 지식의 지도 역할을 할 수 있다. 분류와 이러한 틀은 서로를 보완한다.

또한 위키백과에서는 다양한 방식으로 정보의 시각화를 시도한다. 보통 언론에서 인포그래픽이라고 표현하는 도표들과 유사하지만, 위키백과에서는 위키백과만의 스타일로 작업한다. 활용도가 높은 일반적인 형식을 만들어 제시하는 것이다. 록 음악 분야에는 밴드 멤버의 타임라인과 앨범 목록 표가 있다. 이 표를 보면 어떤 밴드의 인적 구성이 어떻게 변했는지, 언제 어떤 음반이 나왔고 밴드에는 어떤 변화가 있었는지를 한눈에 알 수 있다. 유서 깊은 록 음악 잡지들과 비교해봐도 위키백과만큼 밴드 멤버의 변화를 잘 보여주는 매체는 없다. 아주 잘 만들어진 체계인 것이다. 위키백과 편집자들은 이런 구조에 열광한다. 자신의 시간을 아낌없이 써가며 이런 도표를 하나하나 만들어나간다. 언젠가 모든 밴드에 이런 표가 달릴 것이다.

그 밖에 포털이 있다. 백과사전은 말 그대로 백 가지 분야, 즉 모든

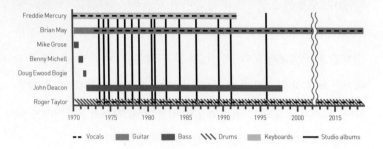

분야를 다루는 책이므로 분야별로 보기 쉽고 찾기 쉽게 정리할 필요가 있다. 포털은 초심자를 위한 분야별 도입부에 해당되는 것으로, 숨어 있는 항목들을 위로 올리고 새로 만들어진 항목들을 노출하는 등 정보를 재구성해서 보여주는 신문 같은 역할을 한다. 영어 위키백과에서는 비교적 활발하게 변화하고 있으나 한국어판에서는 그렇지 못하다. 위키백과 포털은 위키백과가 어떻게 정보를 유통시키고자 하는가를 보여주는 여러 시도 중 하나로 평가할 수 있다.

알고 싶은 항목에 대한 위키백과 문서를 다 읽었다면, 이번에는 밖으로 이동해서 읽을 차례다. 나무위키나 다른 백과사전의 같은 항목을 읽으며 비교해도 좋고, 다른 위키프로젝트를 찾아가도 좋다. 곧바로 학술논문을 검색해보는 것도 과감하고 빠른 길이다. 어떤 참고처에 가면 어떤 정보가 풍성하다는 것은 스스로 판단해야 한다. 직접 읽고 비교하고 경험하면서 자기만의 지식으로 축적해두어야 한다. 그래야 순도 높은 정보를 금방 손에 넣을 수 있다. 물론 위키백과는 첫 번째 참고처로 두어도 손색이 없는 곳이다.

위키백과 커뮤니티

위키백과는 커뮤니티를 통해 운영된다. 사용자들은 여러 가지 방법으로 커뮤니티에 참여해 자신의 의사를 밝히고 다른 사람들과 소통한다. 사람들이 모여 이룬 커뮤니티는 모두 그 안에서 통용되는 규칙과 합의가 있고, 그에 따라 커뮤니티의 활동이 일어나게 된다. 위키백과 커뮤니티에도 기본적인 원칙이 있고, 여러 가지 목적의 공간과 활동이 있다.

① 커뮤니티의 원칙

위키백과 커뮤니티의 제1원칙은 다른 사용자에 대한 존중이다. [[위키백과:토론에서 지켜야 할 점]]에서는 서로 예의를 지킬 것, 위키백과에 온 사용자들은 싸우려고 온 것이 아니라는 점을 기억할 것, 다른 사람의 의견이나 토론 기록을 함부로 지우지 말 것 등의 지침을 제시하고 있다. 그럼에도 불구하고 많은 사람들이 위키백과 커뮤니티가 아무런 조정자도 없는 상태에서 무분별하게 대립 혹은 갈등하거나, 익명성을 무기로 자신의 의견을 관철시키려는 이들의 싸움터 같은 곳이라 오해하곤 한다. 그래서 위키백과에서는 위키백과는 그런 곳이 아니라는 것을 명시했다. [[위키백과:위키백과에 대한 오해]] 가운데 커뮤니티에 대한 부분을 소개하며, 그 의미를 설명하겠다.

• 위키백과는 대화방이 아닙니다.

위키백과의 토론 문서는 목적에 맞게 쓰여야 한다. 만일 다른 사용자와 채팅을 하고 싶다면 다른 도구를 이용해야 한다.

• 위키백과는 싸움터가 아닙니다.

위키백과의 토론은 잠정적 합의와 조정을 목적으로 한다. 다른 사용자를 토론에서 꺾어 이기겠다는 태도는 바람직하지 않다.

• 위키백과는 아나키즘이 아닙니다.

위키백과의 규칙이 잠정적이라는 말은 종종 마음대로 어겨도 된다는 말로 잘못 이해되기도 한다. 위키백과는 사용자 개인에게 무제한의 자유를 허용하지 않는다. 서로 다른 견해에 대해, 그리고 서로 다른 활동에 대해 위키백과 사용자는 현재의 규칙을 존중해야 한다.

• 위키백과는 민주주의의 시험장이 아닙니다.

어떤 사용자는 모든 것을 투표로 결정하려고 한다. 그러나 이는 합리적인 소수의 주장을 다수의 힘으로 부당하게 배척하는 결과를 가져올 수도 있다. 특히 지식과 정보에 대한 내용은 다수결이 늘 옳지만은 않다.

• 위키백과는 관료제가 아닙니다.

위키백과 규칙들의 문구를 해석해 따지며 그 해석만이 옳다고 주장하는 것을 경계하는 규칙이다. 어떤 규칙이 만들어진 데에는 다 배경과 이유가 있다. 진짜 필요한 것은 왜 그런 규칙을 만들게 되었는지를 이해하는 것이지, 그것을 완고하게 고집하거나, 규칙의 허점을 이용하려는 태도가 아니다.

• 위키백과는 당신의 웹페이지가 아닙니다.

위키백과에는 사용자 개인에게 허용된 공간들이 있다. 계정마다 제공되는 사용자 문서, 토론 문서, 연습장 같은 것들이다. 그러나 이런 개인적 공간에서도 위키백과의 정신에 위배된 광고나 선전, 다른 사용자에 대한 비난 등을 게재하는 것은 허용되지 않는다.

• 위키백과는 특정 국가나 특정 집단을 대표하지 않습니다.

위키백과의 중립성은 문서에서뿐만 아니라 커뮤니티 활동에서도 지켜져야 한다.

이와 함께 위키백과 커뮤니티의 중요한 원칙으로 [[위키백과:좋은 뜻으로 보기]]가 있다.

좋은 뜻으로 보기는 위키백과의 근본 원칙입니다. 누구에게나 열려 있는 위키백과에서, 참여자 대부분은 위키백과에 도움을 주려고 오는 것으로 생각해야 합니다. 그렇지 않으면 위키백과의 목표는 처음부터 달성될 수 없습니다. 어떤 이의 실수가 위키백과를 발전시키려는 도중에 일어난 것으로 볼 수 있다면, 실수를 탓하지 마시고 수정을 해주세요.

자신과 견해가 다른 사용자들이 있을 때, 그들도 위키백과의 발전을 위해 함께 뛰고 있다는 것을 기억하세요. 만 명의 사람이 있다면 만 개의 생각이 있기에 여러분과 다른 생각을 하는 사람들은 얼마든지 있을 수 있습니다. 혹시 편집을 잘못한 사용자가 있더라도 그가 위키백과를 망치려고 의도했던 것은 아닙니다. 함께 작업하기 어려운 사용자가 있을 수 있지만, 그가 꼭 위키백과를 망치려는 사람은 결코 아닙니다. 토론 페이지에서 지켜야 할 점을 명심하면서 자신의 의견을 차분히 설명해주시고 다른 사용자의 의견을 곰곰이 들어보세요. 이를 통해 서로 불필요한 오해를 피하고, 다양한 의견을 나눠서 지혜로운 결론을 끌어낼 수 있을 것입니다.

새로 온 사용자에게 너그럽게 대하세요. 위키백과에 가입하자마자 이곳의 규칙과 문화를 온전히 이해하는 사람은 없습니다. 그래서 새로 온 사용자는 실수를 저지르기도 하고, 위키백과의 정책과 지침을 어길 수도 있습니다.

또한, 새로 온 사용자들이 자신에게 익숙하지 않은 위키백과의 정책이나 지침에 대해 자신의 경험을 바탕으로 고쳐야 한다고 주장하는 일도 종종 있을 수 있습니다. 또는 새로 온 참여자가 자신이 가진 경험이나 전문적인 지식이 존중받기를 기대하는 때도 있습니다. 이런 행동들은 모두 악의를 가진 것이 전혀 아닙니다.

하지만, 좋은 뜻으로 보기는 의도에 대한 것이지 행위에 대한 것이 아닙니다. 선의를 가진 사람이라도 실수를 할 수 있으므로, 이를 보았다면 수정을 하고 도움을 주세요. 실수를 고의로 단정 짓고 비난하지는 마세요. 실수는 그저 수정하면 됩니다. 악의적인 행동 같다고 해서 굳이 악의로 볼 필요는 없어요. 사용자의 기여를 되돌리거나 사용자를 차단하는 것과 같이 강경한 대처는 해당 사용자의 의도가 아닌 행위를 바탕으로 이루어지기 때문입니다.

그렇다고 해서 **명백한 악의를 선의로 보아야 한다는 것은 아닙니다.** 문서 훼손을 반복하거나, 부정한 다중 계정을 악용하거나, 거짓말을 하는 등의 경우까지 좋은 뜻으로 받아들일 수는 없습니다. 좋은 뜻으로 보기는 다른 사용자의 어떤 행위도 비판할 수 없다는 뜻이 결코 아닙니다.

다른 사람이 먼저 기여한 부분을 함부로 지우거나 되돌리기를 하지 말아주세요. 지우는 것도 위키백과에 기여하는 방법 중 하나입니다. 하지만 그 사람의 기여를 살리는 방향으로 고쳐나가야 여러 사람들의 더 많은 기여가 생길 수 있습니다. 출처가 없다고 지우기보다는 출처를 찾아 달아주거나, 사용자 페이지에 가서 출처 달기를 독려하는 것이 중요합니다. 그게 어렵다 하더라도 출처 필요 틀을 달고 해당 기여자의 사용자 페이지에 가서 출처 필요 틀이 달렸음을 알려주는 노력을 해야 합니다. 페이지 이동이나 되돌리기도 마찬가지입니다. 되도록 해당 사용자가 직접 하도록 유도하거나 그것이 어려우면 간단한 설명을 먼저 한 후 며칠 뒤에 작업하는 것이 좋습니다. **힘들더라도 토론을 먼저 하는 것이 필요합니다.** 특히 기여자가 위키백과 초보 사용자라면 더욱 그를 배려해야 합니다. 한 명의 기여자라도 더 정착시키는 것이 장기적으로 여러 문제를 줄여나가는, 유일한 길입니다.

또한, 다른 참여자가 '좋은 뜻으로 보기'를 지키지 않는다는 말씀은 근거가 없으면 하지 말아주세요. 다른 사용자가 하는 일을 좋은 뜻으로 보는 것처럼, 다른 사용자가 다른 사용자를 대하는 것도 좋은 뜻으로 봐주세요.

또한 공식적인 규칙은 아니지만 다른 사용자들에게 냉정한 토론 자세를 권하는 [[위키백과:토론이 과열되었더라도 냉정하게 대처하라]]도 자주 인용된다. 토론은 위키백과의 발전에 필수불가결한 요소이지만, 거기에 감정이 실리면 불필요한 소모전으로 흐르기 쉽다. 온라인 커뮤니티는 익명성과 비접촉성이라는 특성 때문에 더더욱 감정 절제가 필요하다. 온라인은 얼굴 표정이나 손짓과 같은 비언어적 소통 수단을 전혀 사용할 수 없다. 이모티콘으로 이를 보완해보기도 하지만, 그것이 오히려 오해를 키우기도 한다. 위키백과 사용자들은 비판이나 토론의 대상이 자신이 아니라 자신이 편집한 내용이라는 것을 늘 인식하며 냉정을 유지해야 한다. 토론에 너무 감정이 실리거나 과열된다면, 다른 사람들에게 판단해줄 것을 요청하고 자신은 여러 의견을 청취하면서 잠시 토론을 멈추는 것도 좋은 방법이다.

② 커뮤니티의 작동 방식

위키백과 커뮤니티는 앞서 소개한 다섯 원칙과 저작권 정책 등 몇 가지 기본 정책을 제외하고는 대부분의 규칙을 모두 잠정적인 것으로 취급하는 실용주의적 태도를 갖는다. 방대한 커뮤니티를 운영하기 위해서는 당연히 규칙이 필요하지만, 위키백과 커뮤니티의 규칙은 당장의 필요를 해결하는 것일 뿐 절대적인 원칙도, 위키백과를 구성하는 법률도 아니다.

2018년 9월 1일 현재 한국어 위키백과에 계정을 만든 사용자는 약 52만 1900명이고, 이 가운데 활동적인 사용자는 2135명이다. 이들은 각자 관심도 다르고 활동 분야도 다르기 때문에 온라인에서조차 모두가 한 가지 사안을 놓고 모이는 것은 불가능에 가깝다. 더욱이 이들 대부분은 논쟁에 끼어드는 것 자체를 그리 반기지 않는다. 그렇다면 어떻게 규칙을 만들어야 할까. 여기서는 위키백과의 규칙을 만들고 수정하고 폐기하는 메커니즘인 총의와 그에 따라 생성된 규칙들을 소개하고, 위키백과 관리자들의 역할을 설명하고자 한다.

총의

[[위키백과:총의]]는 위키백과의 핵심적인 의사결정 메커니즘인 '총의'를 이렇게 설명하고 있다.

총의 또는 합의 형성은 위키백과 고유의 개념입니다. 총의는 편집 과정에서 자연스럽게 형성되는 것으로, 그 대상은 문서의 편집 방향에 대한 것에서 사용자 간에 지켜야 할 규칙까지 광범위합니다. 예를 들어 누군가가 문서의 내용을 바꾸거나 덧붙여 서술 관점을 바꾸었을 때, 그 문서를 읽는 모든 사용자들은 그 문서를 그대로 두거나, 원래대로 되돌리거나, 아예 새로 작성할 수 있습니다. 토론 문서가 생성되지 않았더라도 이러한 과정—편집 요약을 통한 의견 제시와 몇 번의 되돌리기 등—을 통해 사용자들이 문서의 관점을 잠정적으로 확정하면, 그것이 바로 총의입니다.

본질적으로, 공동체에 충분히 알려졌다면 침묵은 동의를 의미합니다. 단 정책·지침과 같은 명문화된 규칙, 특히 정책은 사용자 전체에게 예외 없이 영향을 미치게 되므로 총의가 확인되기 위해서는 높은 수준의 참여와 오랜 토론을 필요로 합니다. 명문화된 정책·지침들도 제안 상태에서 총의가 확인된 후에야 효력이 생기므로, 현재 위키백과에서 지켜지고 있는 편집 방식, 관습, 발효된 정책과 지침은 대부분 총의가 형성된 것입니다.

의견 차이가 있으면, 토론란에서 공손한 논평, 협동, 필요하다면 협상을 통해 해결하여 총의에 부합하는 중립적 시각을 도출해내고 유지하여야 합니다. 특정한 총의가 자주 발생하면, 이를 지침으로 정하여 많은 이들이 동일한 내용을 반복하여 논의하지 않게 합니다. 드물게 총의를 찾을 수 없는 경우에는, 공동체가 동의할 수 있도록 분쟁 해결 절차가 제공하는 여러 다른 방법을 사용하여, 토론에 독립된 편집자들과 더욱 숙련된 이들의 도움을 끌어들이고 총의를 방해하는 문제점을 논의합니다.

위키백과의 토론에서 언급되는 총의는 항상 '확립된 정책과 절차의 틀 내에서 형성된 총의'를 의미합니다. 정책에 기록되어 있듯이, 일부 사용자 집단에서 다수를 차지하는 의견이라도 더 큰 차원의 공동체의 총의보다 비중이 클 수는 없습니다.

위키백과에서는 규칙의 생성과 변경, 또는 폐기에 대해 총의라는 개념을 도입했다. 간단히 말하면 토론에 참여한 사람들이 합의한 것을 전체 의사로 갈음한다는 것이다. 누군가 지금 이 문제에 대한 토론에 참여하지 않았거나 별다른 의사 표현이 없었다면, 그 사람 역시 토론의 결론에 동의한 것으로 간주한다. 나중에 문제를 제기한다면? 위키백과에선 일사부재리 같은 개념은 통용되지 않는다. 나중에 문제가 제기되면 또다시 토론을 시작할 수밖에 없고, 그 결과로 이전의 합의가 변경되면 규칙도 변경된다.

어떤 규칙을 처음 만들 때 충분히 많은 사용자가 깊이 고민해 결론을 내렸더라도 그때는 미처 생각하지 못했던 다른 문제가 얼마든지 생길 수 있다. 따라서 지금 적용되는 규칙이라 할지라도 언제든 필요하면 바꿀 수 있다. 총의는 늘 잠정적이다.

지침

위키백과 커뮤니티의 총의가 잠정적 합의이기 때문에, 그에 따라 생성된 여러 규칙 역시 잠정적일 수밖에 없다. 때문에 위키백과 커뮤니티에는 이런저런 제안이 끊이지 않는다. [[분류:위키백과 제안]]에는 등재 기준에서부터 띄어쓰기 규칙에 이르기까지 다양한 제안이 올라가 있다. 이 제안들 가운데 어떤 것은 커뮤니티의 토론을 거쳐 규칙이 된다. 물론 기존의 규칙을 폐기하는 것도 가능하다.

위키백과에서 가장 중요한 지침은 아무래도 [[위키백과:편집 지침]]일 것이다. 이 문서에서는 위키백과를 편집할 때 필요한 기본적인 사항들을 규칙으로 정해두었다. 제목은 어떻게 정할 것인가, 링크와 태그는 어떻게 사용할 것인가, 첫 문단의 서술 형식은 어떻게 할 것인가, 외국어와 외래어의 표기는 어떻게 할 것인가, 문단의 구성이

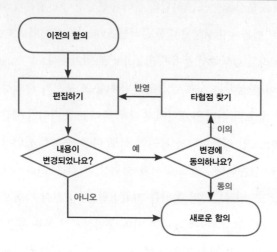

나 맞춤법, 띄어쓰기, 날짜, 숫자, 분류 등은 어떻게 할 것인가 등등 일반적인 백과사전이라면 편집위원회가 정해야 할 내용이 망라되어 있다.

정책과 지침의 차이를 설명하자면, 위키백과의 정책은 일종의 헌장으로 전 세계 위키백과 사용자들 대다수가 요구하지 않는 한 바뀔 일이 없다. 이에 반해 지침은 각 언어별 커뮤니티가 독립적으로 정하기 때문에 언어별로 서로 다른 지침들이 만들어진다. 예를 들어 한국어 위키백과에는 [[위키백과:통용 표기]]와 같이 국립국어원 외래어 표기법과 별개로 일상에서 일반적으로 쓰이는 표기법을 따른다는 규칙이 있다. 이러한 규칙은 다른 언어 위키백과에서는 필요하지 않을 것이다. 영어 위키백과는 영국식 영어와 미국식 영어 사이의 철자 차이 때문에 많은 논란이 있었다. 'color'라고 표기할 것인가, 아니면

'colour'라고 표기할 것인가와 같은 문제다. 영어 위키백과는 논란 끝에 맨 처음 문서를 만드는 사람의 선택을 존중한다고 결론지었다. 현재 영어 위키백과에서 색상에 대한 문서는 'color'를 표제어로 하고 있고, 'colour'라고 검색해서 들어가면 'color'로 넘겨준다.

지침이 형성되는 사례로 [[위키백과:종교 문서와 중립성]]을 들 수 있다. 종교적 신념은 개인에게 매우 중대한 문제이기 때문에 그런 개인들이 모인 커뮤니티는 자연히 서로 다른 종교적 신념이 충돌할 가능성이 상존한다. '종교 문서와 중립성' 지침은 2011년 4월 24일 제안되었고, 커뮤니티의 논의를 거쳐 8월 26일 정식 지침으로 채택되었다. 제안 당시 위키백과에는 이미 중립성의 원칙과 편집 지침, 출처 밝히기와 같은 관련 지침이 여럿 있었지만, 특별히 종교와 관련하여 일어날 수 있는 편집 분쟁에서 판단 근거가 될 만한 기준을 마련할 필요가 있었다.

사건의 발단은 특정 종교의 신자가 자신들의 경전을 출처로 사용하면서 그것을 역사적 사실로 다룬 일이었다. 고인류학과 역사학 등에서는 아메리카 원주민이 빙하기에 당시 육지였던 베링해협을 건너 아시아에서 아메리카로 유입되었다는 것이 정설이지만, 특정 종교는 그들이 유대인의 후손이라 '믿으며' 그 근거로 자신들의 경전을 제시한다. 위키백과에서는 종교적 신념과 학문적 지식의 엄정한 구분과 인용 조건을 마련해야 했다.

종교 문서와 중립성에 대한 규칙은 지침으로 확정된 이후로도 토론이 끊이지 않았다. 오랜 토론을 거친 문제로는 특정 종교가 존중하는 추상적 존재 또는 역사적 인물에 경칭 사용을 허락해야 하는가, 명칭 자체가 존칭을 포함할 때는 어떻게 해야 하는가 등이 있다. 하나의 개념에 종파마다 다른 명칭을 부여한 경우도 문제가 된다. 예를 들어 하느님/하나님은 어떻게 처리할 것인가? 현재 한국어 위키백과에는 하느님이 반드시 기독교의 신만을 지칭하지는 않는다는 이유에서 하느님과 하나님이 별도의 문서로 존재하고 있다. 이슬람의 경우 그들 스스로 알라의 한국어 번역어를 하나님으로 쓰지만, 개신교가 사용하는 하나님과 구분하기 위해 알라를 표제어로 삼고 있다.

현재 위키백과의 '종교 문서와 중립성' 지침에 있는 중요한 사항을 소개하면 다음과 같다.

- 특정 종교 문서를 편집할 때에는 현재 다루고 있는 종교뿐만이 아닌, 다른 종교들과 객관적 사실들도 함께 감안하여 중립적으로 서술하여야 한다.
- 종교 단체의 명칭은 정식 명칭 또는 해당 종교에서 인정하는 약칭을 사용하여야 하며 멸칭으로 인식될 수 있는 약칭을 사용하면 안 된다.
- 종교의 신앙 대상이나, 중요 인물이라 할지라도 존칭을 사용하거나 존댓말을 사용하여서는 안 된다.
- 해당 종교의 교리를 설명하면서 다른 종교의 교리와 견주어 보다 뛰어나다거나 못하다는 가치의 판단을 하여서는 안 된다.
- 해당 종교의 문화나 관습을 도덕적으로 뛰어난 것이나 부도덕한 것으로 표현하여서는 안 된다.
- 해당 종교의 역사와 교리 및 경전을 설명할 때에는 초자연적인 신이神異 등을 마치 절대적인 사실인 것처럼 설명하여서는 안 된다.
- 다른 종교의 입장에서 해당 종교를 비판할 때에는 그 비판 역시 하나의

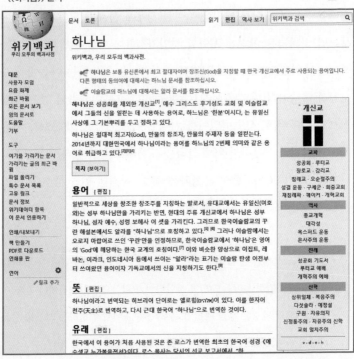

종교적 관점이란 점을 분명히 하여야 하며, 특히 사이비, 이단과 같은 용어로 비난하면 안 된다.

- 특정 종교를 옹호하기 위해 비판의 내용의 일부 또는 전체를 삭제하거나 일방적으로 훼손하여서는 안 된다.
- 경전에 기록된 바를 그대로 사실이라고 주장하여서는 안 된다.
- 경전의 기록을 인용하여, 일어났던 사건이나 역사적 사실을 평가하여서는 안 된다.
- 경전의 기록을 인용하여, 다른 종교를 비판하거나 다른 종교의 활동을 평

위키백과, 우리 모두의 백과사전

가하여서는 안 된다.

- 경전의 기록을 인용하여, 이를 편집자 자체적으로 해석하거나, 신뢰할 수 있는 출처 없이 해석을 추가해서는 안 된다.

이외에도 한국어 위키백과에는 살아 있는 인물의 서술, 시간의 경과에 따라 내용이 달라질 수 있는 문서의 편집, 최근 사망한 인물에 대한 서술과 같은 경우에 특히 중립성을 비롯한 주의할 점을 규정한 규칙들이 있다. 위키백과의 모든 지침들은 [[분류:위키백과 지침]]에서 확인할 수 있다.

다른 흥미로운 위키들: 협업의 즐거움

위키백과가 있기 전에 위키위키가 있었다. 앞서 언급한 것처럼 위키위키는 공동 편집 시스템이다. HTML과 URL이라는 웹문서의 기본 형식이 만들어진 뒤 얼마 지나지 않아 위키위키라는 방식이 고안되었다. 인터넷의 초기 확산에 기여한 사람들은 웹을 모두가 공유할 수 있는 매체라 생각했고 다들 이상적이었다. 이후 문서의 주인이 누구인지 분명한 HTML은 조금씩 계속 변해왔지만, 문서의 주인이 불분명한 위키위키는 그리 많이 발달하지 않았다. 어쩌면 인간은 소유권이 불분명한 공공재에는 흥미를 덜 느끼는 동물인지도 모르겠다.

그럼에도 불구하고 위키위키는 몇 가지 분야에서 분명한 존재감을 드러냈다. 먼저 소규모 집단에서 정보 공유차 사용하는 위키가 있다. IT 기반 회사에서 내부 정보를 공유하는 형태로 이용하는 경우가 다수 있다. 회사의 정보는 회사 안에서는 빠르게 유통되어야 하지만 회사 밖에서는 비밀인 경우가 많아 로그인한 사용자에게만 권한을 주면 간단하게 폐쇄적인 정보 작성, 유통 채널이 될 수 있다. 회사에서 사용하기 좋은 설치형 유료 위키위키 솔루션도 있다.

많은 회사에서 내부 정보 축적용으로 운영했던 위키위키들은 생각만큼 잘 작동하지 않았다. 겨우 사내 게시판 정도로만 활용되었다. 그 이유는 기술이 부족해서라기보다는 규칙이 없었기 때문이다. 위키위키는 체계적인 분류, 문서 제목 등을 부여해야 하며, 새로 문서를 만들기 전에 기존의 문서를 살찌우는 방식으로 운영해야 축적 공간으로서 가치를 가진다. 이러한 문서 관리에는 상당한 노력이 들어간다. 그러나 그 노력을 알아주는 사람은 매우 적다. 이는 위키백과에서 다수의 관리자들이 말없이 하고 있는 바로 그 일이다. 즉 체계에서 벗어나는 것들을 누군가 끊임없이 체계 속에서 정리해야 체계가 유지된다. 위키위키야말로 창업 혹은 승리보다 수성이 중요한 공간이다. 깨끗하게 유지하려는 노력을 조금만 게을리하면 한순간에 난장판이 되고 만다. 그럼에도 불구하고 많은 회사가 정리의 피로움을 검색 기능으로 수습해가며 사내 위키를 쓰고 있다. 혹시 자기 회사의 사내 위키가 엉망이라면 그 핵심 원인은 청소에 있다는 것을 인지하기 바란다.

그리고 개인 위키가 있다. 개인 위키는 간단하게 말하면 블로그와 비슷하다. 블로그는 자신이 쓴 글을 시간순으로 저장하는 개인용 게시판이다. 개인 위키는 블로그와 거의 같지만, 글쓰기 방법이 위키 형태라는 것이 다르다. 위키는 정보를 부분적으로 나누어 축적하기에 좋은 구조이고, 제목 단위로 접근하기 쉬워 개인이 자기만의 지식 창고로 쓰기에 적당하다. 블로그보다 크게 나은 점이 있다면 있고, 없다면 없다. 아무래도 위키위키는 익숙해지기까지 시간이 걸리는 구조이지만 이후 지식을 체계적으로 쌓기에 좋다. 반면 블로그는 게시판 형태이므로 더 직관적이고 단순하지만 쌓이다 보면 지식이 시간에 묻혀버리고 만다.

개인 위키에는 또 다른 함정이 있다. 바로 외로움이다. 네이버처럼 사용자가 많은 서비스에서 개설한 블로그를 이용하면, 대부분의 사람들이 로그인 상태이므로 쉽게 와서 댓글을 달아준다. 그에 비해 위키위키로 만들면 아무나 와서 반응을 남기기가 어렵다. 외로움을 별로 타지 않고 자기만의 정보 축적을 좋아하는 사람이라면 개인 위키를 잘 꾸려갈 수 있다. 단기간이라면 말이다. 그런 외로움을 오래 버티는 건 생각만큼 쉽지 않다. 결국은 지겨워서 그만두게 된다. 많은 위키위키들이 인터넷에 방치되어 있는데, 만들기만 했을 뿐 함께할 친구를 모으지 못해 동력을 잃은 것들이다. 온라인에서 뭔가를 장기간 해나가려면 돈을 벌거나, 관심이 모이거나, 아니면 친구라도 있어야 한다. 이런 것들이 없는 상태에서 지속적으로 활동하는 것은 사실상 불가능에 가깝다.

이런 어려움을 뚫고 지속 가능성을 확보한 위키들이 있다. 한 가지 분야를 전문적으로 파고드는 마니아 집단이 주제를 확실하게 잡고 끌어가는 위키들이다. 스타워즈 위키인 우키피디아, 노래 가사를 모으는 가사위키, 세상의 지식을 재미있게 풀어내는 나무위키 같은 곳을 예로 들 수 있다. 이런 위키들은 명확한 목적의식과 마니아들의 헌신적인 에너지로 움직인다. 자동차를 움직이려면 운전자와 연료가 필요한 것과 마찬가지다. 시스템을 구축하는 것까지는 제작 단계에서 어떻게 해볼 수 있지만, 실제로 움직이려면 운전자가 방향을 잘 알고 있어야 하고 때가 되면 연료를 넣어주어야 한다. 취미 위키들은 그 두 가지 요건을 잘 충족하고 있다. 무엇보다 이들은 관심사가 한정적이기 때문에 그 분야에 대한 정보라면 위키백과보다 훨씬 상세한 경우가 많다. 범용 백과사전이 담아낼 수 없는 깊이를 갖는다는 게 취미 위키의 존재 의의다. 마니아들의 에너지기 이 정도였던가 감탄스러울 때가 많다. 게다가 이들은 보상을 바라지 않고 작업을 해왔기 때문에 정보의 순도가 높고 정교하다. 사심 없는 기여는 품질을 담보한다.

이런 높은 수준의 품질은 어떻게 마련되는 것일까. 그 핵심은 협업의 즐거움이다. 내가 만들어놓은 문서를 다른 누군가가 한층 발전시켜놓았을 때

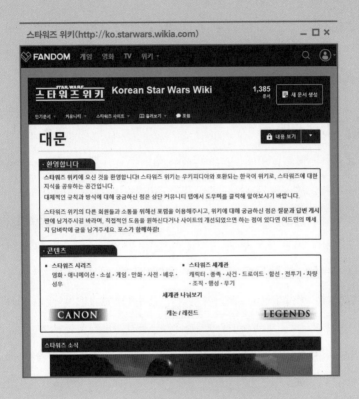

그 반가움과 즐거움은 이루 말할 수가 없다. 누군가 나와 같은 관심사를 가진 사람이 나 이상의 지식과 정성을 들여 만든 결과물을 나에게 무상으로 나누어주고 있다는 것을 체험하는 일. 이만큼 즐거운 일도 흔치 않다. 또한 누군가 모니터 건너편에서 같은 주제를 놓고 끊임없이 편집 중이라는 것이 느껴질 때 나는 외롭지 않다. 이름도 얼굴도 모르는 우리는 서로 돕기도 하고 경쟁하기도 한다. 함께 노력해서 문서가 더 좋아지면 기분도 좋아진다. 교수님이 시킨 별 내용도 없는 보고서를 억지로 작성하는 것과 나의 관심사를 세상 모든 사람이 읽을 수 있게 기꺼이 글로 쓰는 일은 그 결과물의 수

준도, 기쁨의 크기도 천지 차이다. 학교에 내는 보고서는 누군가 읽는지 안 읽는지도 불분명한 채로 남지만, 위키백과 편집은 인류 지식의 장에 벽돌 하나를 쌓는 일이나 마찬가지이기 때문이다.

　공동의 목표를 가진 위키위키 안에서 함께 편집하는 행위는 모두 실전이 다. 편집 하나하나가 서로에게 영향을 미치며, 그 결과물은 전 세계에서 검 색이 가능하다. 내가 잘못하면 누군가 도와주고, 내가 잘하면 누군가 고마 워한다. 이 실전의 세계에서 함께 문서를 편집한 동료와는 자연스럽게 우 정이 생긴다. 경이로울 정도의 편집 역량을 보여주는 동료에겐 존경심까지 도 생긴다. 이런 실전 속에서 우정을 키워가는 것이 또한 위키위키 편집의 즐거움이다. 그런 우정을 만들어내지 못한다면 위키위키라는 도구는 피곤 함만 더할 뿐이라 결국 포기하게 된다. 그런 우정에 다가간 사람들은 위키 위키가 제시하는 유토피아적 세계관에 수긍할지도 모른다. 초기의 진입장 벽만 넘어선다면, 누구라도 위키백과 안에서 이런 세계를 경험하게 될 것 이다.

> "그가 황금 거위를 들고 빠르게 걷기 시작하자 그
> 뒤로 여관집 세 딸과 점원, 점포 주인, 곡괭이를 든
> 두 노동자는 서로 달라붙어 함께 행진을 할 수밖에
> 없었습니다." ─「황금 거위」, 『그림 형제 동화집』 중에서

처음 시작할 때만 해도 위키백과는 각종 이미지와 인용문을 자체적으로 보유하고 있었다. 그러나 얼마 지나지 않아 이런 방식이 그리 효율적이지 않다는 것을 알게 되었다. 서로 기반이 다른 콘텐츠가 한곳에 모여 있다 보니 서버의 활용률도 떨어지고, 트래픽이 몰리는 기술적 문제도 해결해야 했다. 또한 텍스트는 번역이 필요하지만 멀티미디어는 그렇지 않은 것처럼, 각각의 콘텐츠는 그 형태에 따라 별개의 프로젝트로 운영하는 편이 여러모로 편리하다는 것도 깨닫게 되었다.

위키백과는 말 그대로 백과사전이니 낱말사전은 따로 있어야 하지 않을까? 사진이나 그림, 삽화, 동영상 같은 콘텐츠는 위키백과가 아니더라도 독립적으로 사용될 수 있지 않을까? 책이나 법률, 조약 등의 텍스트 가운데 저작권이 없거나 소멸된 것은 별도의 데이터베이스를 구축해 운영하면 좋지 않을까? 위키백과는 종합적인 정보 구축

이 어려우니 위키시스템을 이용한 교과서도 만들어볼까? 서로 지식을 가르치고 배우는 배움터는 어떤가? 뉴스는? 여행 가이드는? 커뮤니티 안에서 이런 제안이 나올 때마다 위키미디어재단은 미디어위키를 기반으로 하는 여러 자매 프로젝트를 출범시켰다. 어떤 프로젝트는 위키백과 못지않은 성공을 거두었고, 어떤 프로젝트는 유감스럽게도 큰 성과를 거두지 못했다. 지금도 커뮤니티 안에서는 계속해서 새로운 제안이 나오고 있다. 다른 한편으로는 성공을 거둔 것에 집중하고, 그렇지 않은 것은 과감하게 포기하자는 의견도 있다.

프로젝트를 각기 분리하는 것은 시스템 리소스의 효율 면에서도 중요했다. 이미지와 텍스트가 하나의 시스템 안에서 동시에 운영된다면, 아무리 분산 액세스 기술을 활용한다 해도 트래픽 처리에 한계가 있다. 이미지를 별도의 프로젝트로 분리하여 딥링크 방식으로 운용하면 독자가 보기에는 하나의 문서에 실려 있는 것처럼 보여도 실은 텍스트 따로, 이미지 따로 별개의 시스템에서 호출되는 것이기 때문에 트래픽 효율을 개선할 수 있다. 여기서는 위키백과를 구동하는 시스템인 미디어위키를 간략히 소개하고, 그것에 실려 운영되는 자매 프로젝트들도 소개하고자 한다.

미디어위키

앞서 설명한 것처럼 위키백과는 여러 위키시스템 가운데 미디어위키를 기반으로 운영되고 있다. 미디어위키는 위키미디어재단이 독자적으로 개발한 위키시스템으로 위키백과뿐만 아니라 재단이 운영하는 모든 위키프로젝트의 기반이다.

위키시스템에 대해 다시 한 번 간략히 언급하면, HTML 태그 대신 간단한 마크업 언어를 이용하여 여러 사람이 쉽고 빠르게 공동으로 지식과 정보를 축적할 수 있는 양방향 인터넷 시스템이다. 네이버나 다음이 제공하는 '카페' 서비스와 비교한다면, 카페 게시판의 문서는 작성자 한 사람만이 편집할 수 있는 폐쇄적 방식이지만 위키는 한 문서를 여러 사람이 편집할 수 있는 개방적 방식이라는 것이 가장 큰 차이점이다.

최초의 위키시스템인 위키위키 이후 서로 다른 방식의 여러 가지 위키시스템이 선보였는데, 미디어위키 역시 이 가운데 하나다. 미디어위키의 가장 큰 특징은 생성된 문서를 일반적인 텍스트 파일이 아니라 데이터베이스 형태로 저장하고 유지 관리한다는 점이다. 최초의 위키백과는 파일 기반의 위키시스템인 유스모드위키UseModeWiki를 기반으로 운영되었다. 위키백과에 사람들이 몰리고 트래픽이 크게 늘어나자 파일 기반 위키시스템은 금세 한계를 드러냈다. 하나의 문서를 호출할 때마다 시스템 리소스 전체에 영향을 줄 수밖에 없었기 때문이다. 반면 데이터베이스를 기반으로 하면 문서 하나하나의 변경과 호출을 독립적으로 처리할 수 있기 때문에 트래픽 효율 개선에 큰 도움이 된다.

위키백과 사용자이자 쾰른대학교 학생이었던 매그너스 맨스케는 PHP와 MySQL을 이용하여 미디어위키의 초판 버전을 개발했다. 미디어위키의 최초 버전은 2003년 12월에 나왔고, 2004년에 분류 시스템이 도입되었으며, 2006년에는 구문 분석 시스템이 구현되었다. 현재의 버전은 1.22.0으로 2013년에 업데이트되었다.

미디어위키의 또 다른 특징은 이름 공간을 부여하고, 콜백callback 함수를 이용한 틀을 도입했다는 것이다. 이름 공간은 미디어위키의 설치 운영자가 문서의 특징에 맞게 설정할 수 있다. 위키백과에는 토론, 사용자 모임, 도구, 다른 프로젝트 같은 이름 공간이 설정되어 있다. 이를 통해 시스템에 있는 페이지들은 백과사전 항목인 것과 커뮤니티의 토론을 위한 것, 그 밖에 관리에 필요한 것 등으로 구분되어 효율적으로 운영될 수 있다.

콜백 함수는 반복되는 정형화된 출력물을 쉽게 표시하기 위해 도입되었다. 어떤 문서에 반복적으로 사용될 문구가 있다고 가정해보자. 예를 들어 "○○에서는 ○○해주세요"와 같은 문구를 놓고 우리는 "도서관에서는 조용히 해주세요", "극장에서는 다른 사람을 배려해주세요"와 같이 수많은 용례를 만들 수 있다. 콜백 함수는 적당한 스크립트로 함수 이름과 변수만 지정하면 나머지는 자동으로 출력되도록 한다. 따라서 콜백 함수를 사용하면 반복적으로 쓰이는 표나 문구를 정형화된 틀로 만들 수 있다. 방금 예를 든 함수의 이름을 {{안내}}라고 하고, 변수로 "장소"와 "주의사항"을 두면, {{안내 | 장소 = "도서관" | 주의사항 = "조용"}} 이라고 입력하는 것만으로 "도서관에서는 조용히 해주세요"를 출력한다.

반복적으로 사용되는 문구나 정해진 틀이 있는 지명, 인물, 도서, 음반 정보에서 콜백 함수는 편집의 수고를 크게 덜어준다. 예를 들어 인물 정보 콜백 함수는 다음과 같이 나타낼 수 있다.

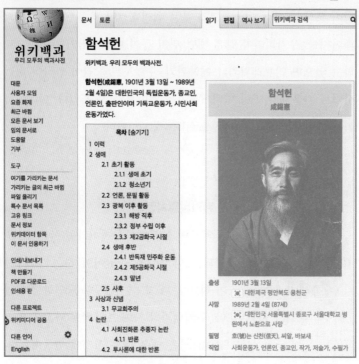

문서   토론   읽기 편집 역사 보기   위키백과 검색   Q

위키백과
우리 모두의 백과사전

대문
사용자 모임
요즘 화제
최근 바뀜
모든 문서 보기
임의 문서로
도움말
기부

도구

여기를 가리키는 문서
가리키는 글의 최근 바뀜
파일 올리기
특수 문서 목록
고유 링크
문서 정보
위키데이터 항목
이 문서 인용하기

인쇄/내보내기

책 만들기
PDF로 다운로드
인쇄용 판

다른 프로젝트

위키미디어 공용

다른 언어   ⚙

English

함석헌
위키백과, 우리 모두의 백과사전.

함석헌(咸錫憲, 1901년 3월 13일 ~ 1989년
2월 4일)은 대한민국의 독립운동가, 종교인,
언론인, 출판인이며 기독교운동가, 시민사회
운동가였다.

목차 [숨기기]

1 이력
2 생애
  2.1 초기 활동
    2.1.1 생애 초기
    2.1.2 청소년기
  2.2 언론, 문필 활동
  2.3 광복 이후 활동
    2.3.1 해방 직후
    2.3.2 정부 수립 이후
    2.3.3 제2공화국 시절
  2.4 생애 후반
    2.4.1 반독재 민주화 운동
    2.4.2 제5공화국 시절
    2.4.3 말년
  2.5 사후
3 사상과 신념
  3.1 무교회주의
4 논란
  4.1 사회진화론 추종자 논란
    4.1.1 반론
  4.2 투사론에 대한 반론

함석헌
咸錫憲

출생	1901년 3월 13일
	대한제국 평안북도 용천군
사망	1989년 2월 4일 (87세)
	대한민국 서울특별시 종로구 서울대학교 병원에서 노환으로 사망
필명	호(號)는 신천(信天), 씨알, 바보새
직업	사회운동가, 언론인, 종교인, 작가, 저술가, 수필가

{{인물 정보 | 이름 = 함석헌 | 출생 = 1901년 3월 13일 | 사망 = 1989년 2월 4일
| 직업 = 사회운동가, 언론인, 종교인}}

이와 같이 사용자는 인물 정보 틀에 해당 내용을 간단히 입력해 정
보상자를 작성할 수 있다. 이런 방식은 위키백과 안에서 강력한 정보
확장 기능을 구현하고 있다.

미디어위키는 누구나 설치하고 운영할 수 있다. 이미 수많은 위키
사이트들이 미디어위키를 사용한다. 미디어위키의 포맷은 매우 특징

적이라 한눈에 '아, 이건 미디어위키를 이용한 사이트로군' 하는 느낌이 온다. 무료이지만 광고가 붙는 위키호스팅 서비스인 위키아의 페이지들, 우키피디아 같은 팬덤 위키 등이 미디어위키를 기반으로 하고 있으며 리브레위키나 제타위키, 수학노트와 같이 한국어 위키 사이트 가운데 과반이 미디어위키를 기반으로 하고 있다. 미디어위키 홈페이지는 https://www.mediawiki.org이다.

위키 낱말 사전
말과 글의 누리

위키낱말사전

위키백과가 백과사전이라면, 위키로 운영되는 낱말사전도 있어야 하는 것 아닌가 하는 문제 제기는 너무나 당연한 것이었다. 위키백과의 자매 프로젝트 가운데 위키낱말사전은 매우 이른 시기에 만들어졌다. 2002년 영어 위키낱말사전이 문을 열었고, 위키백과가 영어를 벗어나 세계 각국의 언어로 만들어지기 시작하자 위키낱말사전 역시 각국의 언어로 운용되는 다국어사전이 되었다.

일찍부터 시작된 만큼 위키낱말사전은 오늘날 가장 많은 단어를 수록하고 있는 사전 사이트 가운데 하나다. 이는 위키미디어의 자매 프로젝트들이 일찍부터 각 언어판을 링크로 연결하는 인터위키를 도입했기 때문에 가능했다. 위키낱말사전은 각 언어에서 사용되는 낱말을 그 언어 고유의 표기 그대로 항목으로 넣는다. 한국어 '집'은 옆의 예시처럼 일본어와 영어 위키낱말사전에 모두 '집'이라는 동일한

위키백과, 우리 모두의 백과사전

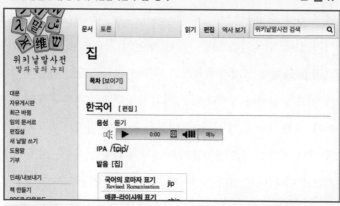

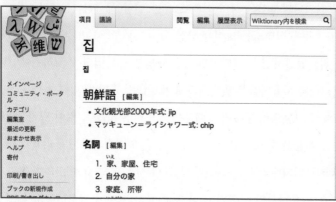

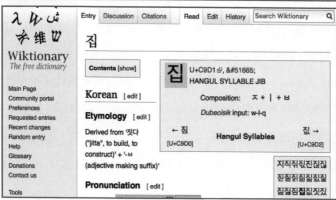

표기로 수록되어 있다. 물론 한국어 위키낱말사전에도 영어와 일본어에서 집에 해당하는 낱말, 즉 'house', 'いえ(家)'가 개별 항목으로 들어가 있다. 한국어의 낱말 '집'을 영어의 'house'와 곧바로 연결시키지 않고 둘을 별개의 항목으로 다루는 데는 그만한 이유가 있다. 각 언어의 낱말마다 가지고 있는 개념이 1 대 1로 치환되지 않기 때문이다. 예를 들어 어떤 사람이 "안경을 잘 닦아 집에 넣어두세요"라고 한다면 이때의 집은 건축물이 아니라 물건을 담아두는 도구를 가리키는 용어다. 이런 의미는 영어나 일본어에는 없을 수도 있다. 따라서 위키낱말사전은 각 언어의 고유한 낱말 하나하나를 모두 기재하고 그 뜻을 설명하는 방식을 취한다.

위키낱말사전도 미디어위키를 사용하는 독립된 위키시스템이다. 위키백과 사용자들은 위키백과에 계정을 등록할 때 다른 자매 프로젝트에도 자동으로 등록되기 때문에 별도의 계정 등록 없이 위키낱말사전을 이용할 수 있지만, 위키낱말사전은 위키백과와는 분리된 독립적인 커뮤니티에 의해 운영된다. 따라서 서로 운영 규칙도 얼마간은 다르고, 커뮤니티의 분위기도 다르다. 각각의 자매 프로젝트가 긴밀한 관계에 있기는 하지만 엄연히 독립적인 프로젝트라는 것은 커뮤니티에 대한 이해에 매우 중요하다. 어떤 프로젝트에서 토론을 할 때 다른 자매 프로젝트의 규칙을 가지고 들어와 그렇게 해야 한다고 강요하는 것은 대단히 무례한 일이기 때문이다. 로마에 가면 로마법을 따르라고 하듯이 위키낱말사전에 가면 그곳의 규칙을 따르는 것이 예의다. 위키낱말사전의 주소는 https://ko.wiktionary.org이다.

위키미디어 공용

위키미디어 공용 역시 비교적 일찍 시작된 자매 프로젝트다. 앞서 미디어위키를 설명하면서 이미지를 비롯한 멀티미디어 자료를 별도로 저장하고 관리해야 하는 필요성에 대해 이야기했다. 위키미디어 공용 프로젝트는 2004년 3월에 제안되어 2004년 9월 4일에 시작되었다. 같은 파일이 각 언어별 위키미디어 프로젝트마다 중복으로 올라와 저장 용량을 낭비하는 일을 막자는 것이 가장 주요한 이유였다.

위키미디어 공용은 여러 위키미디어 프로젝트에서 손쉽게 사진이나 음악, 동영상을 활용할 수 있도록 자유이용허락저작물을 모아놓은 저장소이다. 예를 들어 셰익스피어의 초상화는 위키백과에서 셰익스피어를 설명하는 문서에도 사용되지만, 자매 프로젝트인 위키문헌에서 저자를 소개하기 위한 이미지로도 사용될 수 있고, 위키인용집에서 셰익스피어 작품의 대표적인 문구들을 골라놓을 때도 사용될 수 있다. 이들 각각의 프로젝트가 동일한 이미지를 따로 저장한다면 저장 공간의 낭비가 이만저만이 아닐 것이다. 이를 막기 위해 위키미디어 공용에 이미지를 저장하고 각 프로젝트가 이를 딥링크하여 표시하는 방식을 도입한 것이다.

위키미디어의 프로젝트들은 모두 자유콘텐츠운동의 일환으로 운영된다. 따라서 위키미디어 공용은 철저하게 자유라이선스저작권을 가진 콘텐츠로만 구성된다. 자유라이선스에는 여러 가지가 있다. 우선 만들어진 지 오래되어 저작권 시효가 만료된 것들이 있다. 어떤 나라에서든 평면 이미지는 원본의 저작권이 소멸되어 퍼블릭 도메인이 되면, 그것을 복제하거나 촬영한 2차 저작물 역시 퍼블릭 도메인이 된다. 또 다른 예로 국가나 지방자치단체, 국회와 지방의회, 법원 등에서 제정 공표하는 법률과 규칙, 판결 등은 애초에 공시를 목적으로 한 것이기 때문에 특정한 개인이나 단체가 저작권을 주장할 수 없다. 이와 같이 저작권이 소멸되었거나 처음부터 저작권이 없는 콘텐츠를 퍼블릭 도메인이라고 한다.

콘텐츠가 배포될 때부터 자유라이선스저작권을 부여할 수도 있다. 위키백과를 비롯한 위키미디어 프로젝트의 모든 콘텐츠는 기본적으로 저작물이용허락라이선스로 CC BY-SA를 채택하고 있다. 위키미디어 공용도 마찬가지다. 수많은 사용자들이 이 라이선스를 이용해 자신이 직접 만들어낸 사진이나 그림, 동영상 같은 콘텐츠를 여기에 업로드하고 있다. 이렇게 축적된 이미지들은 위키백과를 비롯한 여러 프로젝트에 자유롭게 사용된다.

위키미디어 공용 역시 독립된 커뮤니티를 구성하여 운영되는 프로젝트로 스스로가 완결성을 갖춘 콘텐츠 제공자이다. 다시 말해서 위키백과나 다른 프로젝트와 상관없이 독립적으로 콘텐츠를 배포 및 사용할 수 있다. 이미 언론, 출판, 방송 등 수많은 매체에서 위키미디어 공용의 자료를 이용하고 있다. 이 책을 읽는 독자들도 뉴스나 책에 사용된 이미지 하단에 위키미디어 공용이 출처로 제시된 것을 본 적이 있을 것이다. 이렇게 위키미디어 공용은 위키백과 못지않은 확장성을 보여주고 있다.

위키미디어 공용이 자유콘텐츠의 저장소로 널리 활용되기 위해서는 배타적인 저작권을 갖는 콘텐츠가 섞여서는 안 된다. 위키미디어 공용을 운영하는 커뮤니티는 이를 엄격히 제한하고 있다. 그런데 위키백과 등 다른 위키 프로젝트 가운데는 그런 원칙만으로는 도무지 해결되지 않는 사례들이 있다. 예를 들어 나이키를 설명하면서 나이키 로고를 넣지 못한다면 그게 무슨 백과사전이겠는가. 그러나 나이키 로고는 등록 상표로서 배타적인 저작권을 갖기 때문에 위키미디어 공용에는 올릴 수 없다. 따라서 위키백과의 자매 프로젝트 대다수는 위키미디어 공용에 모아놓은 콘텐츠를 딥링크하여 사용하지만, 이처럼 어쩔 수 없는 경우에는 별도로 각자의 공간에 이미지를 업로드하여 사용한다. 이를 콘텐츠의 '공정 이용'이라고 한다.

배타적인 저작권을 갖는 콘텐츠를 업로드할 때의 규칙은 프로젝트마다 다르고 언어마다 다르다. 예를 들면 영어 위키백과는 저작권이 있는 이미지 저작물일 경우 허용하는 해상도를 구체적으로 명시하고 있으나, 한국어 위키백과는 저해상도의 이미지만을 허용한다는 규칙을 가지고 있다. 한국어 위키백과와 영어 위키백과가 공정 이용을 허용하는 이미지가 다른 것이다. 한국어 위키백과는 한동안은 자유콘텐츠만 등록을 허용하고, 공정 이용은 불허하는 규칙을 가지고 있었다. 이 규칙은 커뮤니티 안에서 격렬한 논쟁을 야기했고, 몇 년에 걸친 토론 끝에 예외적·제한적으로 공정 이용을 허용하는 규칙을 만들었다. 한국어 위키백과의 공정 이용 규칙은 [[위키백과:비자유저작물의 공정한 이용]]에서 살펴볼 수 있다.

나라마다 저작권 법률에 약간씩 차이가 있는 것처럼 위키프로젝트 역시 프로젝트마다 저작물 이용 규칙이 조금씩 다르다. 허블 우주망

원경 제작을 비롯하여 화성 탐사처럼 큰 규모의 프로젝트를 진행하는 NASA는 미국 법률에 의해 모든 이미지를 퍼블릭 도메인으로 배포한다. 위키미디어 공용은 NASA의 중요 이미지들을 업로드하고, 이를 다시 퍼블릭 도메인으로 배포한다. 퍼블릭 도메인이라고 해도 그것이 NASA에서 제작한 것임은 분명히 표기한다. 한편 대한민국 정부의 공공누리 1형은 자유콘텐츠를 표방하고 있어 출처를 표시하고 위키미디어 공용에 등재하는 것이 가능하지만, 2~4형은 상업적 이용에 제약이 있어서 위키미디어 공용에 등재할 수가 없다. 따라서 대한민국의 공공누리 저작권으로 배포된 이미지를 위키미디어 공용에 등재하려 할 때는 그 유형을 반드시 확인해야 한다.

위키미디어 공용은 내부 검색 기능이 있어 자신이 원하는 콘텐츠를 쉽게 찾아볼 수 있다. 검색 결과 정확히 같은 것이 없다고 해도 구문 검색 알고리즘을 통해 비슷한 것들의 목록을 보여줄 것이다. 또는 분류를 통해 폴더를 열듯 타고 들어가 원하는 것을 찾을 수도 있다.

위키미디어 공용은 전 세계에서 사용하기 때문에 대부분의 콘텐츠가 영어로 쓰여 있다. 최근 지역화를 위해 각 언어별로 설명을 달고 있긴 하지만, 다른 위키프로젝트와 마찬가지로 사용자들이 일일이 작성해야 하기 때문에 아직까지 한국어로 된 설명은 많지 않다. 위키미디어 공용을 잘 활용하려면 아쉽게도 영어에 익숙해져야 한다. 위키미디어 공용의 주소는 https://commons.wikimedia.org이다.

위키문헌

위키문헌은 자유콘텐츠 문서를 수집하는 온라인 도서관이다. 비교적 이른 2003년에 시작되었지만 여러 차례 이름과 주소가 바뀌다 2005년에 지금의 모습이 되었다. 한국어 위키문헌은 위키자료집이라는 이름으로 시작하였으나 파일 자료실로 오해할 수 있다는 이유로 2009년 5월 위키문헌으로 이름을 바꾸었다.

독일어 위키문헌의 경우 2008년 퀼른도서관에 소장된 모든 도서가 업로드되었다. 영어 위키문헌에는 2012년 미국 국립문서기록관리청에 보관되어 있는 책들이 업로드되었다. 이와 같이 주요 언어의 위키문헌은 정부 및 공공기관의 문서 기부를 통해 성장하고 있다. 아쉽게도 한국어 위키문헌은 사용자 개개인의 열성적인 활동에 기대고 있는 실정이다. 2018년 9월 현재 한국어 위키문헌은 1만 7600여 개의 문서를 보유하고 있다.

위키문헌에는 소설, 시, 산문, 희곡에서부터 법령, 경전, 선언문, 조약문, 논설문에 이르기까지 다양한 문서가 수록되어 있다. 저자별 혹은 장르별 검색을 통해 원하는 문서를 찾아볼 수 있다. 포털 서비스 다음에서 기부한 『글로벌세계대백과』의 원문도 위키문헌에 수록되어 있다. 그렇다면 위키문헌에 들어갈 수 없는 자료로는 어떤 것들이 있을까? [[위키문헌: 위키문헌이란?]]에서는 다음과 같은 예시를 들고 있다.

- 저작권 침해
- 프로젝트 참여자가 직접 만든 독창적인 글
- 수학 자료, 공식, 표 따위
- 컴퓨터 프로그램의 소스 코드
- 통계 자료(선거 결과 따위)

한국어 위키문헌은 여러모로 발전 가능성이 많은 프로젝트이다. 앞으로 독일이나 미국처럼 공공도서관, 정부, 단체 등에서 저작권이 소멸된 문서를 일괄 기부한다면 높은 성장을 기대해볼 수 있다. 위키문헌의 주소는 https://ko.wikisource.org이다.

기타 프로젝트

앞서 소개한 것 이외에도 위키미디어의 자매 프로젝트에는 교과서를 공동으로 집필하는 위키책, 공동으로 학습을 진행하는 위키배움터, 공동으로 여행가이드를 제작하는 위키여행, 유명인의 발언이나 저명한 저작의 문구 등을 모은 위키인용집, 사용자들이 뉴스를 직접 제작하는 위키뉴스, 동물과 식물뿐만 아니라 균계, 세균, 원형생물 등 모든 생명체를 다루는 위키생물종 같은 여러 프로젝트가 있다.

이 가운데 위키여행이나 위키인용집은 영어권을 기준으로 할 때 어느 정도 성공을 거두었고, 위키책도 이를 이용해 외국어 교과서가 집필되는 등 소소한 성과가 있었다. 그러나 위키뉴스와 같이 성과가 좋지 않은 프로젝트도 있다. 위키프로젝트는 다양한 실험이 가능하고, 다른 상업적 서비스와 달리 실패의 리스크가 매우 적기 때문에 앞으로도 계속 다채로운 프로젝트가 선보일 것이다. 그 가운데서 지금까지 미처 생각지 못한 의미 있고 성공적인 프로젝트가 출현할 수도 있다.

위키백과 사용자: 21세기의 사관

조선은 기록의 나라였다. 나라를 세운 직후부터 사관들은 임금의 일거수일투족을 기록했다. 사관은 왕이 원치 않는 일도 가감 없이 기록하는 것을 사명으로 여겼다. 『태종실록』 7권 태종 4년 2월 8일의 기록을 보자.

親御弓矢, 馳馬射獐, 因馬仆而墜, 不傷。 顧左右曰: "勿令史官知之."
임금께서 친히 활과 화살을 들고 말에 올라 노루를 쏘다가 말이 거꾸러져 떨어졌으나 다치지는 않았다. 좌우를 둘러보며 말하길 "사관이 모르도록 하라"고 하였다.

태종은 창피한 일이 기록에 남지 않길 원했지만, 사관은 기어이 이것을 기록에 남겼다. 사관이 모르도록 하라고 했으니 사냥에 사관이 동행하지는 않았을 것이다. 그러나 사관은 직접 보지는 않았어도 알게 된 일을 기록하지 않을 수는 없었다.

오늘날 우리 사회에서는 하루에도 수십 건씩 크고 작은 사건이 발생한다. 어떤 일은 사람들의 관심을 끌지 못한 채 지나가고, 어떤 일은 사회의 변화에 큰 영향을 미치기도 한다. 사회에 큰 영향을 미친 사건들은 뉴스를 통해 보도되지만, 지나간 뉴스를 다시 들춰 사건의 맥락을 파악하기란 몹시 어려운 일이다.

2016년 10월 대한민국에서는 당시 대통령 박근혜가 민간인 최순실과 함께 국정을 농단한 사실이 밝혀졌다. 사람들은 민주주의의 기본 원칙이 무너졌다는 사실에 격분했다. 위키백과에서는 2016년 10월 28일 [[박근혜 대통령 퇴진 운동]] 문서가 생성되었다. 당시 문서의 크기는 그리 크다고 할 수 없는 4185바이트였다. 주요 내용은 박근혜 대통령의 퇴진을 위한 서명 운동이 시작되었다는 것이었다. 그다음 날인 2016년 10월 29일 최초의 촛불 집회가 열렸다. 그로부터 역사의 시계는 유례없이 빨리 돌기 시작했다. 주말마다 수십만의 인파가 광화문을 메웠다. 2017년 3월 10일 헌법재판소는 박근혜 대통령에 대한 탄핵을 인용했다. 이 과정에서 [[박근혜 대통령 퇴진 운동]] 문서는 여러 파생 문서로 분기하여 [[박근혜-최순실 게이트]], [[2016년 11월 12일 대한민국 민중총궐기]], [[박근혜 대통령 탄핵]]과 같은 문서가 작성되었다.

이 책에서 여러 번 밝힌 것처럼, 위키백과는 개인의 주관적 서술을 배제하기 때문에 사용자들은 뉴스를 출처로 하여 사건을 정리했다. 그 결과, 각각의 문서에는 그간 이 사건을 보도한 뉴스들이 링크와 함께 포함되었다. 일반적인 텍스트에서 각주는 읽어도 그만 안 읽어도 그만이기 쉽지만, 위키백과의 각주는 신뢰성 확보라는 기본적인 역할과 함께 기록의 취합이라는 부수적인 역할도 하게 된다.

사람들은 어디서건 재미를 찾는다. 그것이 비록 허탈한 사건 때문이었어도 탄핵 촛불 시위 과정에서도 많은 유행어가 쏟아졌다. 박근혜의 유명한 발언 [[내가 이러려고 대통령을 했나]]는 인용문을 표제어로 삼는 일이 드문 위키백과에서 이례적으로 하나의 문서로 등재되었다. 당시 소셜미디어에서 유행한 해시태그인 #[[그런데 최순실은?]] 역시 문서로 등재되었다. 현재 [[분류:박근혜-최순실 게이트]]에는 2개의 분류와 2개의 틀, 그리고

28개의 문서가 포함되어 있다.

촛불 집회 이후로 2년이 지난 2018년 9월 현재 인터넷에 박근혜 대통령 퇴진 운동을 검색했을 때 최상위에 노출되는 것은 위키백과를 필두로 한 위키 기반 웹사이트의 정보들이다. 지난 뉴스들을 검색해서 보는 것만으로는 사건의 전모를 알기 어렵다. 위키백과 사용자들은 사회적인 여파가 큰 사건이 발생할 때 이것을 위키백과에 기록한다. 시간이 지나면서 여러 출처에서 온 서술이 축적되어 맥락을 얻고, 뉴스가 담아내지 못하는 흐름을 기록하게 된다. 위키백과 편집자는 21세기의 사관인 셈이다.

2부

Q&A로
살펴보는
위키백과

1장

왜 어떤 것은 된다고 하고,
어떤 것은 안 된다고 하나요?

 제가 다니는 학교, 제가 일하는 회사, 또는 저희 부모님이
하시는 식당을 위키백과에 등재하고 싶은데 쉽지 않네요.
어떻게 하면 되나요?

위키백과 편집자들을 만나 처음 편집한 문서가 무엇인지
물어보면 상당수가 자신의 학교에 관한 문서라고 대답합니다. 자신
이 다니고 있거나 졸업한 학교가 위키백과에 등재되어 있지 않다면,
위키백과에 자신의 존재감을 드러낼 수 있는 좋은 기회입니다. 있을
만한 항목은 이미 다 있는 것처럼 보이는 위키백과에 여러분이 자신
있게 기술할 수 있는 주제이니까요. 또 부모님이 운영하는 식당을 위
키백과에 올려놓는다면, 유명한 블로거에게 협찬을 하거나 페이스북
혹은 네이버에 광고를 하는 것만큼 홍보 효과를 낼 거라 생각할 수도
있습니다. 방문자 수 기준 세계 5위의 웹사이트에 무료로 홍보를 할
수 있다니 이보다 더 좋은 기회가 어디 있겠습니까. 하지만 위키백과

에는 내가 하려는 모든 일을 사사건건 반대하는 까다로운 편집자들이 있습니다. 여러분의 생각이 현실이 되기는 결코 쉽지 않습니다. 그래도 한번 시도해보기로 하지요.

우선 현재 한국어 위키백과에 학교 문서가 얼마나 있는지 알아볼까요? 현재 한국의 초등학교는 6209개가 위키백과에 등록되어 있습니다. 이 숫자는 교육통계서비스에서 찾은 숫자 6064개보다 많습니다. 폐교되었거나 분교가 생겼거나 역사적 의미를 갖는 학교 등이 있어서 숫자에 차이가 있겠지요. 처음부터 이렇게 많은 초등학교가 등재되었던 것은 아닙니다. 한국어 위키백과의 지침이 모든 초등학교를 포함하기로 결정하기 전까지는 저명성을 기준으로 등재 여부를 결정했습니다. 한국어 위키백과 문서가 총 10만 개 정도였던 시절 모든 초등학교 문서를 포함했다면 초등학교 문서가 전체 문서의 6퍼센트를 차지하게 되었을 것입니다(현재의 42만 개 문서 가운데서도 6000개는 결코 적은 비중이 아닙니다). 당시에는 저명하지 않은 초등학교는 등재 대상이 아니었고, 이 '저명한 초등학교'에 포함되지 않은 학교의 학생들이 자기 학교 문서를 만들면 삭제되곤 했습니다. 물론 오래된 학교, 문화재가 있는 학교, 유명한 동문이 있는 학교 등이 저명성이 있다고 인정되어 추가로 등재되기도 했습니다. 이후 [[위키프로젝트:학교]]에서 모든 초중등학교의 문서를 허용하자는 논의가 있었습니다. 이 주장은 많은 편집자들의 동의를 얻어 현재는 한국의 모든 초등학교가 등재된 상태이지요. 따라서 질문하시는 분의 학교 문서는 이미 생성되었을 가능성이 매우 큽니다. 그러나 위키백과에서 초등학교 문서들을 살펴보면 정말로 백과사전적 정보를 포함하고 있는지 여전히 의문이 남습니다.

이번에는 부모님이 운영하시는 작은 식당을 생각해봅시다. '작은 식당도 위키백과에 등재되어야 모든 지식을 담은 백과사전이라고 할 수 있지 않나요?'라고 생각할 수도 있습니다. 더구나 종이에 인쇄를 해서 출판할 것도 아니니 저장과 전송에 드는 비용이 미미한 수준인데, 이 정도 정보는 충분히 허용해줄 수 있는 것 아닌가 싶기도 합니다. 여기서 바로 백과사전적인 정보란 무엇인가를 판단하는 기준이 필요하겠지요. 위키백과에는 문서 등재 기준이 있습니다. 그 항목이 백과사전에 올릴 만한 가치가 있을 만큼 중요하며 사소하지 않아야 합니다. [[위키백과:문서 등재 기준]]을 읽어보지요.

위키백과에 문서를 등재하려면 위키백과가 요구하는 일정의 등재 기준을 충족해야 합니다. 그 기준이란 일정한 기간에 걸쳐 세상으로부터 상당히 중요한 관심을 받은 주제이고, 다른 이유에 의해 제외되지 않는 것이어야 합니다. 우리는 이 관심도를 측정하기 위해 출판된 저널, 신문, 서적과 같은 신뢰할 수 있고 독립적인 출처가 있는 증거를 고려합니다. 문서 등재 기준은 직접적으로 문서의 내용에 영향을 미치지 않으며, 단지 어떤 주제가 독립된 문서가 될 수 있는지에만 영향을 미칩니다.

대중이 중요한 관심을 나타냈어야 하고, 그것이 출처를 통해서 입증되어야 한다는 말입니다. 부모님의 식당이 혹시 지역신문이나 맛집을 소개하는 잡지에 나온 적이 있다면 이 기준을 만족할 가능성이 있습니다. 예를 들면 [[이문설농탕]]과 [[사리원면옥]]은 역사가 오래된 식당으로 신문이나 잡지에서 여러 차례 주목을 받았기 때문에 위키백과에 등재될 수 있었습니다. 주의할 점은 신뢰할 만한 출처에 대해서도 위키백과에는 잘 정리된 기준이 있다는 것입니다. 홍보지나 돈을 주면 어떤 내용이든 실어주는 자비 출판 같은 출처는 신뢰할 만하지 않기 때문에 이런 곳에 아무리 여러 차례 나왔더라도 위키백과에 등재되기는 어려울 것입니다. 위키백과에서는 제3자가 객관적인 시각에서 쓴 신뢰할 만한 글만 출처로 인정합니다.

마지막으로 자신이 일하는 회사를 위키백과에 등재하려는 분들에게 답합니다. 홍보부서에서 일하는 분들이 이런 질문에 특히 관심이 많겠지요. 실제로 위키백과에는 많은 기업 문서가 등재되어 있습니다. 그러나 그 문서들 대부분은 기업의 홍보 담당자나 광고 대행업체가 아니라 일반 사용자들이 작성한 것입니다. 글로벌 기업의 문서는 말할 것도 없고, 국내 기업의 문서도 대부분 해당 기업과 무관한 일반 사용자들에 의해 작성되었습니다.

사람들은 자신이 사용하는 제품을 만든 기업을 기억합니다. 한국의 모바일 이용자들은 [[SK텔레콤]]이나 [[KT]], [[LG유플러스]] 같은 통신사들 가운데 하나를 쓰기 마련입니다. 모바일을 이용하는 사람치고 이들 기업을 모르는 사람은 없을 것입니다. 위키백과 사용자들은 자신이 알고 있는 기업의 문서에 자신이 알고 있는 사실을 편집하여 넣습니다. 기업의 연혁, 경영진, 핵심 상품, 상장 여부, 주가 등에 관한 내용이 차곡차곡 기록됩니다. 기업에 관한 정보는 위키백과가 다루는 지식 가운데 하나로 인정됩니다.

기업 관련 문서를 편집할 때 주의해야 할 점이 있습니다. 해당 기업과 이해관계가 있는 사람이 문서를 편집할 때는 엄격한 규제를 받는다는 것입니다. 아무래도 자신이 속한 회사에 대해 글을 쓰다 보면 그 내용이 긍정적이든 부정적이든 위키백과가 지향하는 바와 충돌을 일으킬 가능성이 높기 때문입니다. 이와 관련하여 위키백과의 편집 지침 가운데 하나인 [[위키백과:이해관계의 충돌]]에서는 다음과 같이 규정하고 있습니다.

> 이해관계의 충돌은 편집자가 자신 혹은 다른 개인, 회사, 단체의 이익을 위해 위키백과를 편집할 때 발생합니다. 위키백과의 목표를 위해 행동하는 것보다 위키백과 이외의 이익을 위해 행동하는 것을 더 중요하게 생각한다면, 그 편집자는 위키백과와 이해관계가 상충하고 있는 것입니다. 위키백과는 이해관계에 따른 편집을 강하게 지양합니다. 중립적 시각, 위키백과에 대한 오해, 저작권 준수 등의 정책을 위반함으로써 위키백과에 분란을 가져온다면, 그 계정은 차단될 것입니다. 이해관계에 따른 편집으로 인해 그 편집에서 홍보하는 개인 혹은 단체가 공개적으로 곤란하게 될 수 있습니다.

쉽게 말해 기업의 제품이나 서비스를 광고 및 홍보하려는 목적으로 행한 편집은 중립적이고 자유로운 지식이라는 위키백과의 목표와 충돌하기 때문에 금지됩니다. 더욱이 그 내용을 작성한 사람이 해당 기업의 임직원이나 광고 대행업체 직원이라면 다른 사용자들에게서 이해관계의 충돌 지침을 어겼다는 지적을 받을 가능성이 더 커집니다. 한번은 어떤 사용자가 모 기업의 문서에 아무런 출처도 없이 회장의 공적과 장점을 나열했다가 즉시 삭제된 일이 있었습니다.

다른 한편으로, 사람들은 기업에 대해 좋은 것만 기억하지 않습니다. [[대한항공]]은 오랫동안 한국의 대표적인 항공사로 기억되었으나 이른바 '땅콩 회항'이라 불리는 [[대한항공 086편 회항 사건]] 이후 경영진의 잘못된 행동을 먼저 떠올리는 사람들이 부쩍 늘었습니다. 위키백과의 기업 문서에는 해당 기업과 관련한 사회적 논란이나 사건 사고도 가감 없이 서술됩니다. 휴대폰 시장을 양분하고 있는 [[삼성전자]]나 [[애플]]도 이러한 서술에서 결코 자유로울 수 없습니다. 두 기업 사이의 지적재산권 분쟁은 아예 [[삼성전자와 애플의 소송 및 분쟁]]이라는 별도의 문서로 정리되어 있습니다.

기업을 홍보하려는 사람의 입장에서는 그리 유쾌하지 않겠지만, 위키백과는 명백한 사실을 서술한 문서를 윤색하거나 삭제하는 일을 금지합니다. 그러므로 위키백과에 자신이 다니는 회사가 등재된다고 해서 그게 정말 좋은 일인지 확신하기도 쉽지 않습니다. 위키백과는 누구나 편집할 수 있기 때문입니다. 회사의 홍보부서에서 그 내용과 논조를 결정할 수도 없고, 네이버나 다음 등 포털 사이트에서처럼 게시물을 내리거나 가려달라고 요청할 수도 없습니다.

위키백과 커뮤니티 안에는 광고나 홍보의 의도가 있는 서술이라도 의미 있는 정보를 충분히 담고 있다면 받아들이는 편이 좋다는 의견도 있습니다. 저도 그 의견에 동의합니다. 내용을 작성하고 토론하는 과정에서 해당 기업에 관한 내용이 보강되기 때문입니다. 홍보성 서술이 논란이 되어 여러 사람이 주목하고, 토론을 진행하며 교차 검증을 하다 보면 기존의 내용도 개선될 가능성이 높아집니다. 물론 그 내용이 최종적으로 기업의 홍보에 도움이 되는 형태로 남을지는 누구도 장담하기 어렵습니다. 그렇기 때문에 저라면 가급적 제가 다니는 회사에 대해서는 편집하지 않거나 최대한 건조하게 기본적인 내용만 작성하는 편을 택하겠습니다.

기업의 임직원이라고 해서 자기 회사 문서를 절대로 편집하지 말라는 것은 아닙니다. 다만 자신이 몸담고 있는 회사의 문서를 편집할 때는 스스로 그 회사 소속임을 공개하는 것이 바람직하고, 민감한 정보는 편집을 삼가는 편이 좋습니다. 회사에 불리한 내용을 수정하거나 삭제하려는 시도는 위험천만한 일입니다. 그랬다가는 위키백과 편집자들이 토론 중에 당신이 그 회사의 이해관계자라는 점을 지적할 것이고, 바로 그 점 때문에 오히려 불리한 결론을 얻게 될 수도 있습니다. 반면에 당신이 그 회사 소속이긴 하지만 신뢰할 만한 출처를 제시하며 중립적인 관점에서 편집한다면 오히려 다른 사용자들로부터 환영받을 것입니다. 당신은 그 회사와 관련 분야에 대해 가장 전문적인 지식을 가진 편집자이기 때문입니다.

 저는 우리 학교에서 정말 유명한 학생인데 왜 위키백과에 등재하면 안 되나요?

먼저 진지한 질문이기를 바랍니다. 가끔 위키백과에 개인 실명을 문서명으로 삼아 '××중학교 2학년 1반 아무개 짱 멋있다' 같은 내용이 실리기도 합니다. 그 문서를 작성하기 위해 아무개 님은 위키백과 문서를 새로 만들고 편집하는 방법을 배우는 데 꽤 많은 시간을 투자했을 것입니다. 위키백과에서는 그렇게 애써 만든 문서를 누구든지 단 5초 만에 삭제 신청을 할 수 있고, 관리자도 5초 정도면 이를 확인하고 실행에 옮길 수 있습니다. 그렇다고 이런 장난이 아무것도 아니라는 뜻은 아닙니다. 어쩌다 한 번 이런 일이 벌어진다면 위키백과 편집자들의 기분에 따라 그냥 넘어갈 수도 있겠지만, 이런 사람이 수천 명이나 된다면 상황은 달라지겠지요. 위키백과에서는 이런 편집을 찾아내는 인공지능 로봇 편집자(봇)를 개발하여 이용하고 있다는 것을 알아두시면 좋겠습니다.

그렇다면 적어도 자기 학교에서는 유명하다는 쪽으로 방향을 바꿔서 시도해봅시다. 질문자가 학교 백일장에서 장원을 했다고 가정해볼까요? 장원한 글이 교지에 실리고, 그 교지는 재학생들만이 아니라 졸업생들에게도 배포가 되고, 학교 도서관에도 비치가 되었습니다. 혹은 전국 규모의 학생체육대회, 경시대회, 경진대회 등에서 입상해 교내에 이름이 널리 알려지고, 학생들이 모두 모인 가운데 교장 선생님께 상장을 받고 그 사실이 학교 신문에도 실렸다고 칩시다. 이 정도로 유명해지면 위키백과에 수록될 수 있을까요?

위키백과에는 [[위키백과:문서 등재 기준]]이 있습니다. 이 기준에 의하면 '어떠한 주제가 신뢰할 수 있는 2차 출처에서 중요하게 다루어진 경우 위키백과에 등재될 수 있습니다'. 이는 당신이 재학 중인 학교뿐만 아니라 일반적으로도 널리 알려져 주목을 받는다면, 즉 신문이나 책, 방송 등에서 비중 있게 소개된다면 위키백과에 등재될 수 있다는 뜻입니다. 교내에서만 유명한 대부분의 학생은 이런 기준에 미달할 것입니다. 하지만 등재 가능성을 완전히 배제할 수는 없습니다. 고교 야구팀의 투수는 지역 일간신문, 나아가 전국 일간신문에 등장하기도 하며, 고교에 재학 중이면서 올림픽에 출전하는 국가대표는 보도가 많이 되기 때문에 위키백과 문서 등재 기준에 도달하기도 합니다. 즉 위키백과에 등재되려면 신뢰할 만한 출처가 있어야 합니다. [[위키백과:신뢰할 수 있는 출처]]에서는 출처를 평가하는 방법에 대해 더 자세히 설명하고 있습니다.

대체로 가장 신뢰할 수 있는 출처는 전문가 검토peer review를 거친 학술지, 대학 출판부에서 출간된 도서, 대학교 수준의 교과서, 그리고 평판 있는 출판사에서 출간된 잡지, 정기간행물, 도서입니다. 통상적으로 사실의 확인, 법적인 문제의 검토, 특정한 일에 대한 증거와 논의를 세밀하게 검토한 출처일수록 더욱 신뢰할 수 있습니다.

신뢰할 만한 출처는 고정적으로 정해져 있는 것이 아니고, 위키백과 편집자들의 판단에 따릅니다. 편집자들은 학교에서 발행하는 신문이 신뢰할 만한지, 또 해당 기사를 보도한 기자가 신뢰할 만한지를 판단해볼 것입니다. 한두 선생님의 지도 아래 학생 기자가 쓴 기사라면 신뢰할 만한 출처가 되기 곤란할 수도 있습니다. 그러나 대학교에서 발행하는 주간신문이라면 문서 등재 기준을 충족할 가능성이 높습니다. 널리 알려진 일간지라도 각각의 보도가 신뢰할 만한지 아닌지는 역시나 그때그때 따져봐야 할 문제입니다. 위키백과는 유명 일간지라고 해서 무조건 신뢰하지는 않습니다. 이런 면에서 위키백과에는 유연한 부분이 있다고 생각합니다. 하지만 보는 시각에 따라서 위키백과의 지침이 불완전하니 더 구체적인 기준을 제시해야 한다고 생각할 수도 있습니다. "신뢰할 수 있는 출처는 해당 주제와 관련된 믿을 수 있다고 여겨지거나 권위 있는 출판물을 말합니다. 신뢰성의 평가는 그 내용에 대한 고려와 함께 저자와 간행물의 신용에 의존합니다"라는 지침은 신뢰할 만한 출처를 분별해내는 기본적인 방법을 설명해주고 있습니다.

 백과사전에는 모든 정보가 들어갈 수 있는 것 아닌가요?
왜 이렇게 안 된다고 하는 게 많은가요?

아마도 질문자 분은 위키백과에서 뭔가 새로운 문서를 편집했는데 백과사전에 어울리지 않는다는 이유로 삭제된 경험이 있는 것 같습니다. 위키백과는 온라인 백과사전으로서 편집 항목에 특별한 제한은 없습니다만, 몇 가지 이유 때문에 문서 등재에는 최소한의 문턱이 있습니다. 백과사전을 읽는 사람의 입장에서 생각해보도록 합시다. 검색을 통해서 백과사전의 항목을 찾을 때 독자들이 기대하는 것은 무엇일까요? 단순한 낱말 풀이나 별다른 정보가 없는 한 줄짜리 문서는 아닐 것입니다. 독자는 자신이 검색한 문서가 종합적 지식으로서 다양한 정보를 제공하는 글이기를 바랍니다. 위키백과 역시 백과사전이기 때문에 독자의 이런 기대에 부응해야 합니다.

백과사전과 단어사전은 지향하는 바부터 다릅니다. 낱말의 뜻을 간단히 설명하는 것이라면 위키백과의 자매 프로젝트인 위키낱말사전이 따로 마련되어 있습니다. 백과사전은 지식의 총합입니다. 정보를 단순히 쌓아놓기만 하는 것이 아니라, 각각의 중요도를 반영하여 체계적으로 정렬하고 그것을 독자가 찾아보기 편리한 방법으로 제공하는 일까지 포함하고 있습니다. 따라서 어떤 것들은 편집에 제약이 따릅니다.

위에서 말씀드린 것처럼 낱말의 뜻풀이 이외에 별다른 내용이 없는 문서는 삭제될 수 있습니다. 물론 그것이 정보의 확장 가능성이 크다면 누군가 지식을 더 채워 넣어 삭제를 면할 수도 있습니다. 예를 들어 '위키백과', '문서', '백과사전', '경험' 같은 개념은 여러모로 전달할 정보가 많은 항목들입니다. 그러나 '아마도', '분명', '등재', '입장' 같은 개념은 간단한 뜻풀이 이상으로 덧붙일 정보가 거의 없습니다. 전자와 후자 중에서 어떤 것들이 백과사전 항목이 될 수 있는지 이해했으리라 믿습니다.

한편, 등재의 기준뿐 아니라 편집의 기준도 있습니다. "내가 어제 밤하늘을 보고 별들의 위치를 살피니 나라에 큰 일이 일어날 징조가 보였다" 같은 내용은 백과사전에 포함되기에 부적절합니다. 자신의 주관적 판단 이외에 아무런 근거가 없기 때문입니다. 확인할 수 있는 공표된 출처 없이 개인의 주관적인 관찰, 판단, 주장을 서술하는 것을 위키백과에서는 '독자 연구'라고 합니다. 'Original Research'를 번역한 용어인데 마땅히 달리 번역할 말이 없어 그냥 쓰고 있습니다(다른 용어로 바꾸자는 토론은 여러 차례 있었지만 결론이 나지 않았습니다). 위키백과는 독자 연구에 의한 서술을 엄격히 금지합니다. 이유는 분명합니다. 이를 허용하면 위키백과는 더 이상 백과사전이 아니라 개인들의 주관적 주장이 얽힌 일종의 칼럼 꾸러미가 되고 말 것입니다.

위에서 말씀드린 것처럼 독자 연구가 금지되어 있기 때문에 위키백과의 서술은 출처를 바탕으로 해야 합니다. 그런데 세상에 있는 여러 출처는 그 신뢰도와 전문성이 천차만별입니다. 예를 들면 스포츠 역학에 관한 책에서도 간략하게나마 물리학의 하위 분류인 동역학을 설명합니다. 그러나 스포츠를 위한 부분만을 간추려 목적에 맞게 설명하겠지요. 그렇다면 위키백과의 물리학 관련 문서에서 이것을 출처로 사용할 수 있을까요? 마땅한 다른 출처를 찾기 어렵다면 부득이 쓸 수도 있겠지만, 위키백과 사용자들은 분명 더 전문성 있는 출처로 교체해달라고 요청할 것입니다. 세상엔 물리학 서적과 논문이 수없이 많기 때문이죠.

편집의 또 다른 기준은 여러 차례 말씀드린 중립성입니다. 중립성의 일반적 의미에 대해서는 반복해서 설명하지 않겠습니다. 다만 출처와 관련한 편집 제한만 덧붙여 설명합니다. 지구가 둥글다는 것은 과학적으로 증명된 사실이지만, 어떤 사람들은 여전히 지구가 평평하다고 주장합니다. 미국에서 나름 유명한 단체인 '평평한지구협회'가 대표적입니다. 뛰어난 농구 선수인 샤킬 오닐이 이 협회를 지지하고 나선 이야기도 유명합니다. 그렇다면 지구 항목에 이들의 주장을 사실로서 기재할 수 있을까요? 당연히 아닙니다. 샤킬 오닐은 뛰어난 농구 선수이고 교육학 박사이기는 하지만, 지구과학에 대해서만큼은 문외한이기 때문입니다. 이런 경우에는 전 세계의 지구과학 연구자들이 지지하는 '지구는 둥글다'를 객관적 사실로서 서술하면서, 그 반대의 주장은 그에 따르는 사회적 현상을 서술할 때만 제한적으로 언급할 수 있습니다. 진화 역시 일부 기독교 신자들에게 끊임없이 공격받는 항목입니다. 그들이 독실한 기독교 신자일지는 몰라도 생물학에는 문외한이기 때문에 이들의 주장을 가감 없이 사실로 서술하는 것은 금지됩니다.

위키백과에서 편집이 금지되는 사례를 살펴보면 하나하나 다 나름의 이유와 근거가 있습니다. 이것들을 모으면 제법 많은 양이 됩니다. 그렇다고 해도 걱정할 필요는 없습니다. 원칙은 간단합니다. 여러분이 쓰고자 하는 내용이 1) 백과사전에 등재할 만한 종합적 지식이고, 2) 독자적인 주장이 아니라 충분하고 객관적인 출처가 있으며 3) 그 출처가 해당 분야의 전문가들이 대부분 동의하는 신뢰할 만한 곳이라면 과감하게 편집해도 됩니다.

 제 블로그에 있는 글을 위키백과에 가져와 문서를 보강했는데, 저작권 침해라고 내용이 삭제되고 저는 저작권 침해로 계정을 차단당했습니다. 도대체 왜 그러는 겁니까?

위키백과에 입문하신 것을 축하드립니다. 이제부터 위키백과가 어떻게 작동하는지 실제 경험으로 알게 될 것입니다. 위키백과는 저작권을 매우 중요하게 여기며, 타인의 저작권을 침해하지 않기 위해 많은 노력을 기울이고 있습니다. 저작자의 허락 없이 웹상의 글을 복사해 다른 사이트에 옮겨다 붙이는 일을 정보의 유통을 돕는 미덕이라 생각하는 사람들이 있습니다. 이런 사람들은 자신이 불법을 행하고 있다는 것을 알고 있다는 뜻으로 글에 '불펌'이라는 제목을 달기도 합니다.

한국에서는 글은 글쓴이의 재산이라는 인식이 부족한 편입니다.

왜 어떤 것은 된다고 하고, 어떤 것은 안 된다고 하나요?

출판사나 신문사와 같이 글을 통해 경제적 이익을 취하는 직간접적 저작권자들만이 이 문제에 매우 예민하지요. 이들과는 별개로, 어떤 사람들은 자신의 글이 경제적 이익을 가져오지 않아도 되니 많은 사람에게 읽히고 유익한 영향력을 미칠 수 있기를 바랍니다. 그러나 그런 바람은 복잡한 저작권 제도하에서 적절하게 실현되는 데 어려움을 겪기도 합니다. 누가 어떤 목적으로 사용해도 되는지를 밝히는 이용 허락 안내가 불명확한 경우 대체로 저작권자가 자유로운 이용을 허락하지 않았다고 가정하기 때문입니다.

어떤 방식으로든 글을 쓰는 모든 사람을 놓고 본다면, 자신의 글을 통해 경제적인 이익을 얻고 싶어 하는 사람보다는 자신의 글이 자유롭게 유통되어 많은 이들이 읽기를 바라는 사람이 더 많지 않을까요? 이런 의지를 실현하기 위해서는 글을 쓰는 데서 그칠 것이 아니라, 글의 저작권을 명확하게 하는 일이 필요합니다. 즉 글과 자신의 이용 허락을 함께 배포하는 것입니다. 블로그에 글을 올릴 때 그 옆에 누구든 어떤 목적으로든 마음껏 사용하라는 뜻을 밝힌다면, 위키백과에 그 글을 가져다 쓰는 것은 아주 쉽고 자연스러운 일이 됩니다. 이와 같은 이용 허락을 간편하게 하기 위해 1부에서 설명한 '크리에이티브 커먼즈 라이선스'가 고안된 것입니다. 즉 질문자 분께서 블로그에 CC BY-SA라고 저작물 이용 허락을 명시해놓았다면 위키백과에서 저작권 침해로 계정을 차단당하는 일은 벌어지지 않았을 것입니다. 위키백과의 입장도 이와 동일합니다. 위키백과의 모든 글은 CC BY-SA라고 이용 허락 조건을 밝혀놓았기 때문에 어떤 목적으로든 자유롭게 사용할 수 있습니다.

자유롭게 사용한다는 말에는 이런 것까지 포함됩니다. 출판사에서 위키백과의 좋은 글을 모아 책을 만들어 돈을 받고 판매할 수 있습니다. 예를 들면 위키백과의 별자리, 태양과 달, 망원경에 대한 문서를 모아 아마추어 천문학을 주제로 하는 책을 만들어 팔 수 있습니다. 인터넷 접속이 원활하지 않은 저개발 국가에 위키백과의 내용을 담은 USB 메모리나 CD롬을 배포할 수도 있습니다. 이런 일이 가능한 것은 위키백과에 저작권 침해 가능성이 있는 저작물이 없기 때문입니다.

아무리 그렇더라도 저작권 침해가 아니라는 증명을 모든 편집자에게 요구하는 것은 좀 지나치다는 생각이 듭니다. 좋은 뜻으로 자기 글을 기부하겠다는데 저작권 침해라는 오해를 사고, 그렇지 않다는 걸 증명까지 하라니요. 위키백과의 [[위키백과:자신의 저작물 기부하기]]는 이렇게 오해를 사는 경우에 도움을 줍니다. 가장 쉬운 방법은 자신의 블로그에 CC BY-SA 혹은 퍼블릭 도메인으로 한다는 등의 이용 허락 문구를 추가하는 것입니다. 일반적으로 '카피레프트'라고 알려진 방식입니다. 이렇게 하면 저작자가 자신이고, 해당 저작물이 위키백과에서 사용되는 것을 허락했다는 의사를 따로 표시하지 않아도 됩니다. 이때 기억해두어야 할 것은 한번 기부한 저작물은 위키백과 공동체에 의해 지속적으로 편집되고, 수정되며, 다른 언어로 번역될 수도 있다는 점입니다. 이러한 수정과 변경은 당연히 원저작자의 기대를 벗어날 수도 있습니다.

끝으로, 계정이 차단을 당했어도 자신의 토론 문서는 편집이 가능합니다. 그곳에서 관리자와 오해를 풀고 편집에 복귀할 수 있기를 바랍니다.

저는 비교적 잘 알려진 유명인사로 위키백과에 등재되어 있습니다. 그런데 이전에 성추행 관련하여 재판을 받은 사실과 그 판결 내용이 위키백과에 올라와 있어 사회생활에 어려움이 많습니다. 지금은 반성하고 새로운 삶을 살고 있는데, 그 내용을 지워주실 수는 없나요?

우선 과거를 반성하고 새로운 삶을 살고 있다니 다행입니다. 부디 같은 잘못을 되풀이하지 않기를 바랍니다. 사람은 누구나 잘못을 저지르고 실수도 합니다. 그 가운데 법에 어긋나는 행동은 판결을 통해 처벌을 받기도 하지요. 근대 사법제도는 사람의 생각과 행동이 언제든 변할 수 있다는 생각을 바탕으로 잘못한 일에 대해 법이 정한 만큼만 처벌하도록 하고 있습니다. 죄의 경중을 가리지 않고 엄단하는 것은 부당한 일일 것입니다. 그렇지만 과거의 일을 주워 담을 수는 없습니다. 한 번 일어난 일은 없었던 일이 되지 않지요. 법적인 처벌과는 별개로 자신의 행동으로 인한 사회적 평가는 감수하고 사는 수밖에 없습니다.

비교적 잘 알려진 유명인사라면 그렇게 알려지기까지 대중의 호응이 있었을 것입니다. 연예인이라면 팬들의 성원이 있었을 것이고, 정치인이었다면 지지자들의 후원이 있었겠지요. 당신은 잘못된 행동으로 피해자에게 해를 입혔을 뿐 아니라 성원과 후원을 아끼지 않았던 대중을 배신한 것입니다. 자신의 잘못뿐 아니라 대중의 실망에 대한 책임도 통감했기를 바랍니다.

위키백과에 등재되었다는 것은 긍정적이든 부정적이든 당신이 이미 충분히 대중에게 알려진 사람이란 뜻입니다. 위키백과는 근거 없

Q&A로 살펴보는 위키백과

이 인물을 등재하지 않습니다. 위키백과에는 특히 살아 있는 사람에 대한 문서를 작성할 때 더 엄격하고 중립적이며 사실에 근거한 서술을 해야 한다는 규칙이 있습니다. 없었던 일을 허위로 기록하는 것도 금지되지만, 있었던 일을 자의적으로 삭제하는 것도 금지됩니다. 유명인사가 성추행으로 재판을 받아 처벌되었다는 사실은 해당 인물을 설명할 때 매우 중대한 사실로 취급됩니다.

혹시나 사실과 다른 내용이 적혀 있다면 물론 항의할 수 있습니다. 해당 문서의 토론란에 그것이 허위 사실이라는 근거를 제시하면 위키백과 커뮤니티는 그 근거를 검토해 잘못된 부분을 수정할 것입니다. 만약 특별히 잘못된 부분이 없다면 위키백과 커뮤니티는 그 내용이 계속해서 세상에 알려질 필요가 있다는 판단으로 본래 모습 그대로 둘 것입니다. 그로 인해 발생하는 사회생활에서의 불편은 질문자 분께서 감내하셔야 하는 부분입니다.

흥미롭게도 위키백과 내에서 이런 '과거 세탁' 시도 가운데 가장 유명한 사례는 바로 위키백과의 설립자인 지미 웨일스입니다. 그는 과거에 성인 정보 검색 사이트인 보미스를 통해 번 돈으로 위키백과를 운영했습니다. 그런데 자신의 그 과거가 별로 마음에 들지 않았던 모양입니다. 그는 은근슬쩍 관련 내용을 지우려 시도했지만 사용자들이 이를 발견하고 강력하게 반발했습니다. 안타깝게도 웨일스는 보미스 관련 내용도 지우지 못했을 뿐 아니라 그것을 지우려는 부도덕한 시도를 했다는 사실까지 문서에 남기게 되었습니다. 설립자조차 함부로 건드리기 어려운 시스템이 바로 위키백과입니다. 아래는 한국어 위키백과 '지미 웨일스' 문서의 일부입니다.

그는 2005년에 영어 위키백과의 항목을 편집했다. 자신이 설립한 보미스가 성적인 콘텐츠를 다뤘다는 사실과 위키백과의 설립이 단독인가 공동인가라는 논쟁 부분을 자신에게 유리하도록 수정했던 것이다. 그 수위가 완곡했다 할지라도 위키백과는 이해 당사자의 직접적인 편집을 지향하지 않으므로 이것은 이후 문제가 되었다. 위키백과의 설립자인 웨일스조차도 자신에 대한 편집을 마음대로 하지 못해, 그저 항목에 자신이 그러한 시도를 했다가 문제가 되었다는 내용만 한 줄 더 보탤 수 있었던 것이다.

…… 2010년 4월 폭스 뉴스의 보도를 통해 '아동 성도착증', '롤리타 콤플렉스' 등 위키백과의 일부 게시물에 불법 포르노 사진이 실려 있다는 비판이 제기되자 웨일스는 재빨리 이 사진들과 포르노 논란 가능성이 있는 사진들을 위키백과에서 삭제했다. 그러자 관리자들이 "위키백과는 웨일스 개인의 소유가 아니다"라며 집단적으로 반발했다. 반발이 커지면서 웨일스가 관리자 권한을 포기했다는 기사가 폭스 뉴스 채널을 통해 발표되었으나 곧이어 다른 언론사가 그의 권한에 어떤 문제도 없음을 보도했다.

범죄자의 갱생을 위해 일정 기간이 지난 과거의 범죄 사실은 온라인상의 게시를 삭제할 수 있다는 이른바 '잊힐 권리'는 아직 사회적으로도 논란이 많은 주장입니다. 대한민국과 미국에서는 잊힐 권리가 기본권에 해당하지 않으며, 그보다는 오히려 다중의 표현의 자유를 침해할 소지가 있다고 판단하고 있습니다. 즉 범법 사실을 남에게 알리는 것은 표현의 자유에 해당하고, 전과가 있는 사람이 범죄 사실의 공표 때문에 불이익을 당하더라도 그에 항의할 수 없다는 입장을 취하고 있습니다.

일본에서는 아동 포르노 소지죄로 기소된 사람이 5년이 지난 후에도 자신의 범죄 사실을 검색 결과로 제시하는 포털 사이트를 상대로 재판을 벌인 일이 있습니다. 1심에서는 삭제를 요청하는 그의 주장이 받아들여졌지만, 이는 곧 사회적 문제로 떠올랐고 고등법원과 대법원에서는 잊힐 권리를 정당한 권리로 인정할 수 없다는 판결을 내렸습니다. 한편 2014년 유럽연합의 유럽사법재판소는 스페인에서 세금 미납으로 부동산이 경매에 넘어간 마리오 코스테하 곤잘레스가 정보 삭제 요청을 제기했을 때 해당 보도 자체는 표현의 자유 영역이므로 삭제할 수 없지만, 구글과 같은 검색 업체가 이를 검색 결과에 표시하는 것은 금지한다는 판결을 내렸습니다. 다시 말해서 언론 보도 자체는 남아 있더라도 그것이 해당 언론사의 홈페이지에서만 검색이 될 뿐 외부 포털 사이트에서는 노출되지 않도록 한 것입니다. 이는 잊힐 권리를 부분적으로 인정한 대표적 사례입니다. 아이러니하게도 이 소송 역시 큰 사회적 이슈가 되어 이제 포털에서 잊힐 권리를 검색하면 마리오 코스테하 곤잘레스라는 이름이 최상위에 올라오는 상황이 되었습니다. 잊힐 권리를 주장했다가 사회적 이슈로 떠오르는 것이 과연 본인에게 좋은 결과인지 잘 모르겠습니다.

유럽연합의 판례를 비롯해 세계 어디에서든 언론이나 인터넷 매체가 특정인의 과거 범죄 사실을 공표하는 것은 표현의 자유로서 보호받습니다. 위키백과 역시 하나의 인터넷 매체로서 이러한 자유를 보장받고 있습니다. 다시 한 번 말씀드리자면, 현재 위키백과에 수록된 유명인사의 과거 범죄 경력은 삭제할 수 없습니다.

Q 위키백과에는 왜 유튜브 동영상을 삽입하면 안 되죠?

유튜브는 이제 대표적인 동영상 플랫폼으로 자리 잡았습니다. 수많은 동영상이 매일 업로드되고 유통됩니다. 잠깐의 광고를 참을 수 있다면 무료로 즐길 수 있고, 참기 어렵다면 정액제 유료 결재로 이용할 수도 있습니다.

한국에서는 가수 싸이의 〈강남스타일〉이 유튜브를 통해 세계적으로 유행한 이후 "두 유 노 강남스타일?" 같은 약간은 자조적인 밈이 유행하기도 했습니다. 한국인은 외국인을 만나면 통성명하기가 무섭게 다짜고짜 그가 한국에 대해 얼마나 알고 있는지를 확인하려 든다는 것을 풍자하는 밈이었습니다. 이런 내용을 위키백과에서 편집한다고 해봅시다. 가수 싸이의 동영상은 그가 전속 계약을 맺고 있는 YG 엔터테인먼트에 저작권이 있습니다. 이것을 허락 없이 무단으로 재배포하는 것은 불법입니다. 그러나 위키백과의 항목을 서술하기 위해 동영상의 한 장면을 낮은 해상도의 이미지로 사용하는 것은 비자유 저작권에 대한 공정 이용에 해당합니다. 현재 위키백과의 [[강남스타일]] 문서에는 동영상 앞부분의 타이틀 이미지가 사용되었습니다.

이왕 소개할 거라면 동영상을 문서에 집어넣을 수는 없는 걸까요? 이미 많은 인터넷 매체가 유튜브 링크를 가져와 동영상을 공유하고 있는데 왜 안 되는 걸까요? 이는 유튜브의 저작권 표준 약관과 위키백과의 저작권이 불일치하기 때문입니다. 위키백과의 저작권은 문서에 포함된 콘텐츠가 동일 조건에서 배포되고, 변경이 허락되며, 상업적 비상업적 용도를 불문하고 사용될 수 있어야 합니다. 그런데 유튜브의 동영상들은 상업적으로 재사용하는 것에 제약이 있고, 원저작물을 변경하고자 할 때는 저작권자로부터 별도의 허락이 필요합니다. 물론 패러디의 소재 같은 경우는 예외입니다만, 동영상의 일부만 잘라내 허락 없이 다른 콘텐츠에 포함하는 것 같은 행동은 도둑질로 취급됩니다. 위키백과에서 자유롭게 유통될 수 있는 것은 URL 주소와 그것을 포함하는 링크까지입니다. 현재 위키백과의 [[강남스타일]] 문서에서는 유튜브의 강남 스타일 동영상으로 연결해주는 링크를 소개하고 있습니다.

다른 한편으로 동영상 같은 콘텐츠는 그 내용뿐만 아니라, 그것을 저장하고 재생하는 포맷에도 저작권이 존재합니다. mp3, mp4, avx 같은 것들이 그 예입니다. 이들 동영상 포맷에는 독점적 저작권이 있기 때문에 위키백과의 저작권라이선스와 호환이 되지 않습니다. 유튜브 등 다른 곳에 있는 동영상을 문서에 단지 삽입만 한 것이라 해도 마찬가지입니다. 위키백과에서 사용되는 음향과 동영상은 자유저작물라이선스를 가져야 합니다. 현재 위키백과의 표준 동영상 포맷은 ogg입니다. 음향만을 지원하는 mp3는 2017년 포맷 저작권이 소멸되었습니다만, 동영상 포맷인 mp4는 여전히 독점적 저작권이 존재합니다.

 종현 오빠가 세상에 없어도 여전히 5HINee는 5명인데 왜 위키백과는 이전 멤버로 분류하나요? 너무 노매너 아닌가요?

먼저 종현 님이 좋은 곳으로 가셨기를 바랍니다. 많은 분들이 이렇게 그의 죽음을 애석해하는 것을 보면 그는 분명 멋진 사람이었을 것입니다. 현재 위키백과 샤이니 항목의 정보상자에는 구성원 4인, 이전 구성원 1인으로 멤버가 구분되어 적혀 있습니다. 사실 이유는 단순합니다. 구성원의 정의가 아래와 같기 때문입니다. 위키백과는 유사한 범주의 항목들을 일정한 틀 안에 넣어서 서술하고 있습니다. 그 서술에는 이유가 필요하기 때문에 아래와 같은 정의를 따르고 있습니다.

> 구성원 | 현재 활동하고 있는 음악 그룹에만 해당하는 변수입니다. 현재 음악 그룹의 구성원을 입력합니다. 구성원의 이름 이외에 다른 표기를 입력해서는 안 됩니다.
>
> 전 구성원 | 현재 활동이 끝났거나 해체된 음악 그룹에만 해당하는 변수입니다. 음악 그룹의 활동이 끝났다면 모든 멤버는 전 구성원에 입력해야 합니다.

종현은 분명 팬들의 마음속에서는 영원히 살고 있겠지만 더 이상 물리적으로 살아 있지 않기 때문에 이전 구성원에 넣을 수밖에 없었습니다. 아무리 소중한 사람이라도 죽고 나면, 살아 있는 사람으로서는 장례를 치르고 그를 추모하는 것 이상 할 수 있는 일이 없습니다. 종현이 여전히 샤이니의 구성원이라고 이야기하는 팬들은 나름의 방식으로 그를 추모하는 것이라 생각합니다.

위키백과는 언어별로 각기 운영되지만, 기본적인 구조는 다 유사합니다. 다시 말해 위키백과의 구조는 보편적인 기준을 따른다는 얘기입니다. 보편적인 기준을 따르지 않으면 사람마다 생각이 달라 백과사전이 갖는 객관성을 깰 수밖에 없습니다. 이는 백과사전이 가장 경계하는 것 중 하나이지요.

샤이니와 유사한 사례로 록 밴드 퀸을 살펴봅시다. 퀸은 초기 멤버들이 상당히 오래 함께한 밴드로 리드 싱어인 프레디 머큐리가 사망한 이후에도 나머지 멤버들은 같이 활동했습니다. 그래서 그들은 구성원에, 지금은 활동하지 않는 존 디콘과 프레디 머큐리는 이전 구성원에 포함되어 있습니다. 그러나 하단에 있는 [[틀:퀸]] 부분을 살펴보면 전성기 오리지널 멤버들인 존 디콘, 브라이언 메이, 프레디 머큐리, 로저 테일러 이렇게 4명의 이름만 적혀 있습니다. 프레디 머큐리가 죽었어도, 존 디콘이 활동을 하지 않아도 퀸은 저 4명일 수밖에 없음을 위키백과식으로 표현한 것입니다.

[[틀:퀸]]　　　　　　　　　　　　　　　　　　　　　　　　　　　－ ☐ ✕

V·D·E	퀸		[접기]
	존 디콘 · 브라이언 메이 · 프레디 머큐리 · 로저 테일러		
정규 음반	Queen · Queen II · Sheer Heart Attack · A Night at the Opera · A Day at the Races · News of the World · Jazz · The Game · Flash Gordon · Hot Space · The Works · A Kind of Magic · The Miracle · Innuendo · Made in Heaven		
라이브 음반	Live Killers · Live Magic · Live at Wembley '86 · Queen on Fire – Live at the Bowl · Return of the Champions · Queen Rock Montreal · Hungarian Rhapsody: Queen Live In Budapest · Live at The Rainbow '74 · A Night At The Odeon		
컴필레이션	Greatest Hits · At the Beeb · Greatest Hits II · Classic Queen · Queen Rocks · Greatest Hits III · Stone Cold Classics · The A-Z of Queen, Volume 1 · Absolute Greatest · Queen Forever		
DVD	We Will Rock You · The Freddie Mercury Tribute Concert · Greatest Video Hits 1 · Live at Wembley Stadium · Greatest Video Hits 2 · We Are the Champions: Final Live in Japan · Queen on Fire – Live at the Bowl · Return of the Champions · Super Live in Japan · Queen Rock Montreal · Hungarian Rhapsody: Queen Live In Budapest · Live at The Rainbow '74 · A Night At The Odeon		
관련 문서	아이백스 · 래리 루렉스 · 스마일 · 더 크로스 · 퀸 + 폴 로저스 · 뮤지컬 – We Will Rock You · 아담 램버트 · 보헤미안 랩소디 (영화)		

종현이 위키백과에서 이전 구성원에 들어가 있는 것은 피할 수 없는 일입니다. 자연인 김종현이 물리적으로 사망했기 때문입니다. 하지만 종현이 샤이니에서 어떤 존재였는지를 위키백과 내에서 드러내

는 일은 얼마든지 가능합니다. 여러분이 알고 있는 수많은 종현 관련 일화나 사례들을 근거와 함께 적어주기만 하면 되니까요. 위키백과에서는 위키백과식 추모를 해야 그것이 오래 유지될 수 있습니다. 위키백과식으로 편집을 잘해두었다면 20년, 30년 뒤에도 당신의 추모가 위키백과에 남아 있는 것을 볼 수 있을 것입니다. 어쩌면 다른 어떤 방식보다도 더 오래 갈 수 있는 추모가 바로 위키백과 편집일지도 모릅니다. 다시 한 번 고인의 명복을 빕니다.

영원히 사는 위키백과

위키백과는 전 세계적으로 인류 지식의 가장 강력한 기둥 역할을 하고 있고, 앞으로도 할 것으로 예상된다. 한 가지 우려되는 점은 경쟁자가 없다는 것이다. 불특정 다수의 비전문가가 만드는 사전이 있다면, 소수의 전문가가 만드는 사전도 있어야 한다. 비전문가들이 파고들기 어려운 지점을 다루는 전문가들의 사전이 위키백과와 선의의 경쟁을 해야 한다. 하지만 전문가들은 돈도 시간도 많이 드는 이런 일에 아무도 뛰어들려 하지 않는다. 지금까지는 전문가들이 만든 전통적인 백과사전이 위키백과에 완패한 상황이다.

위키위키 방식으로 위키백과의 대안 역할을 시도했던 사례들이 있다. 미국에서는 위키백과의 시각이 좌편향이라며 '보수백과http://www.conservapedia.com'가 등장했다. 애석하게도 보수백과는 어떤 호응도 얻지 못하고 좌초하고 있는데, 주요 원인은 읽을 게 없기 때문이다. 그들의 표현대로 위키백과가 좌편향이라면 위키위키라는 방식 자체도 좌편향일지 모르겠다. 아무런 보상 없이 불특정 다수를 위해 타인들과 함께 일하는 방식이니 공산주의가 아니고 무엇이겠는가.

한국에는 '엔하위키'라는 것이 있었다. 엔하위키는 흔히 '오타쿠(혹은 오덕)'라고 불리는 B급 문화 마니아들이 모여 그들이 좋아하는 것들을 정리하고 편집하며 성장했다. 그 과정에서 한국 사회의 사건 사고나 대중문화 전반을 가장 잘 편집하는 곳으로 자리 잡았다. 연예인들에 대한 가십, 인터넷의 패러디 문화, 사회적 이슈의 기승전결 등 사람들이 호기심을 느낄 만한 문서들이 빠르게 보강되었다. 위키백과에 비해 시스템적으로는 불안정했지만 참여자들의 열정이 워낙 강했기 때문에 수많은 문제를 만들면서도 말 그대로 폭발적으로 성장했다.

엔하위키는 2015년에 발생한 저작권 관련 분쟁으로 참여자들이 모두 이탈하는 상황을 맞았다. 처음부터 불분명한 저작권 정책을 가지고 있었고 시스템도 불안정했는데, 엔하위키 이상으로 속도를 개선한 일종의 복사본 '엔하위키 미러'의 활용도가 증가하면서 엔하위키와 미러 간의 저작권 분쟁이 발생한 것이다. 이후에도 엔하위키의 서비스 안정성이 제대로 확보되지 않아 새로운 곳에서 그 내용을 가져가 다른 위키를 만들었는데, 그중 가장 성공한 것이 나무위키이다. 나무위키는 엔하위키의 실패를 거울삼아 안정감 있는 정책을 펴나가고 있다.

이런 일련의 과정을 통해 '편집 저작물'이라는 사전의 특성이 매체의 변화에 따라 함께 변화하고 있음을 알 수 있다. 본래 사전에는 '저술'이 아니라 '편찬'이라는 표현을 쓴다. 선행 사전들을 참고할 뿐 아니라 여러 견해를 편집해서 만들기 때문이다. 이때 개인의 견해는 최대한 배제하는 것이 기본이다. 앞선 작업들을 자유롭게 참고하고 편집하는 게 허락된다 해도 너무 노골적으로 베껴서는 안 된다. 종종 그 불문율을 깨고 마구잡이로 베낀 사전들이 있었는데, 일부는 소송으로 이어지기도 했다. 따라서 사전이 편집 저작물이라고는 해도 선행 사전에 노력을 조금 보태는 방식보다는 다른 주체가 만든다면 바닥부터 새로 만드는 것이 정도正道라 할 수 있다.

하지만 웹상의 공동 저작물은 소유 주체가 없어야 장기적으로 분쟁이 발생하지 않기 때문에 위키백과를 비롯한 다수의 위키가 CC BY-SA라는 저작권 원칙을 채택하고 있다. 즉 엔하위키 내용을 그대로 옮겨와 나무위키를 만들 수도 있고, 영어 위키백과의 내용을 보수백과로 옮긴 뒤 그 내용을 편집해서 새로운 위키를 만드는 것도 가능하다. 그것을 더 좋게 만들어낼 이유와 에너지가 있느냐 없느냐의 문제일 뿐이다. 이제는 예전에 나온 사전과 내용이 너무 겹치는 게 아닐까 조심하며 편집할 필요가 없다. 그냥 기존 사전에서 부족하거나 잘못된 내용을 고쳐버리면 된다. 이는 사전 편찬의 가장 근본적인 변화 중 하나다. 웹의 시대가 되면서 사전은 저작권이라는 기존의 질서에서도 탈출하기 시작했다. 위키백과라는 시스템이 붕괴되어도 그 내용은 거의 영원히 진화해나갈 것이다. 사전의 생명 유지 방식이 근본적으로 달라진 것이다.

위키백과 편집자들은 관심사가 넓고 모르는 게 없는 천재들인 것 같습니다. 그들은 어떤 사람들인가요?

청찬 감사드립니다. 개개인에 대한 청찬보다는 그들이 모여서 만들어낸 위키백과라는 지적 집합체를 청찬해주신 것이라 생각합니다. 그 결과물은 확실히 천재적이며 경이롭기까지 합니다만, 개인들은 그에 비하면 매우 소박합니다.

위키백과의 공동체 구성원 조사Community Engagement Insights의 2017년 보고에 따르면 여성의 비율은 영어권 16퍼센트, 서유럽어권 10퍼센트, 스페인어권 10퍼센트, 동유럽어권 9퍼센트, 아시아권 9퍼센트, 중동 및 아프리카권 17퍼센트입니다. 여성이 아주 적진 않지만 충분하지도 않은 비율입니다. 5 대 5를 지향해야 하며, 못해도 남녀 2 대 1의 비율은 유지해야 합니다.

위키백과 편집자들을 거주지별로 보면 서유럽 45퍼센트, 동유럽

15퍼센트, 남미 12퍼센트, 북미 6퍼센트, 아시아가 15퍼센트 등입니다. 현대 문명이 아무래도 서구 문명에 기반하다 보니 많은 면에서 여전히 유럽이 강세를 보이는데 위키백과도 예외는 아닙니다. 편집자들의 평균 연령을 보면 서유럽어 사용자는 40대 중반, 영어/동유럽어 사용자는 30대 중반, 아시아와 중동/아프리카권, 스페인어권 사용자는 20대 중반입니다.

이 모든 수치를 종합해 하나의 캐릭터로 표상해본다면 위키백과 편집자는 영어를 사용하는, 경제적으로 비교적 풍족한 유럽의 40대 남성이라고 할 수 있을 것입니다. 한국어 위키백과의 경우는 30대 초반의 독서와 IT에 호기심이 많은 남성이라고 볼 수 있습니다. 그들은 자기 앞에 흘러가는 지식의 조각을 붙잡아 그것을 이해하려 노력하고, 이해한 바를 항상 위키 형식으로 정리합니다. 누군가는 오래 봐야 예쁘고 사랑스럽다고 하지만, 그들은 정리된 지식이어야 사랑스럽다고 생각합니다. 또한 이들은 학습과 정리를 위해 언어 공부를 열심히 하는 편이라 영어를 기본으로 불어나 독어, 스페인어를 구사하거나 한국어를 기본으로 영어나 일본어를 웬만큼 독해합니다.

위키백과 편집자들에게는 또 어떤 특징이 있을까요? 자기가 좋아하는 것에 대해서라면 밥 한 끼 정도는 쉽게 건너뛰고 침을 튀겨가면서 설명할 수 있는 열정이 있습니다. 또 자신의 지식과 젊음으로 다른 사람을 도와주는 걸 좋아합니다. 그렇기 때문에 지식은 모두가 쉽게 공유할 수 있어야 한다고 생각하고, 타인의 저작권을 침해하는 것을 극도로 싫어합니다. 자신이 모르는 것을 누군가 알려주었을 때는 열심히 배워 위키백과에 내용을 추가합니다. 이해가 잘 되지 않는다면 격렬한 토론도 마다하지 않습니다. 그런 토론은 더 광범위한 공유를 위한 과정이라고 생각합니다. 어찌 보면 그는 이상주의자라고 할 수 있습니다.

위키백과 집필진을 한 사람의 인물로 묘사해봤습니다만, 사실 그 내막은 훨씬 다양합니다. 나이만 봐도 10대부터 60대까지 다양한 배경을 가진 사람들이 편집하니까요. 그들 개개인은 생각보다 쑥스러움이 많아서 남들에게 자신을 잘 드러내지 않는 편입니다. 지식의 범위도 넓고 얕기보다는 한 가지를 깊게 파고드는 사람들이지요. 온라인에서 글을 쓰는 스타일만 보다가 오프라인에서 실제로 만나면 예상했던 모습과 전혀 다른 사람들이 많습니다. 한 가지 예상했던 그대로인 점이 있다면, 다들 참 욕심이 없고 소박한 사람들이라는 것입니다. 그들이 하루에도 몇 번씩 위키백과에 들어와 헌신하는 시간을 다 더하면 아르바이트 한두 개는 충분히 할 수 있는 시간이 나올 것입니다. 그만큼 자신의 노력과 시간을 들이는데도 아무런 대가를 바라지 않으니 소박하다는 말 이외에는 달리 표현할 길이 없네요.

여기서 한 가지 제안을 하고 싶습니다. 제가 위키백과 편집자 캐릭터를 남성으로 묘사한 건 9 대 1 정도로 남성이 많기 때문입니다. 이는 위키백과의 내용이 9 대 1 정도로 편향되어 있을 수도 있다는 뜻입니다. 더 많은 여성들이 참여해야 그런 한계를 극복할 수 있습니다. 우리 일상에서 타인에게 무엇을 나눠주거나 도움을 주는 사람 중에는 여성이 더 많아 보입니다. 지식을 나누는 일에도 여성들이 좀 더 적극적으로 나서주면 좋겠습니다. 그 방법은 당연히 위키백과겠지요. 위키백과는 지식을 나누기에 가장 편리한 도구니까요.

Q **위키백과를 의도적으로 망치려고 들어오는 사람들이 있습니다. 위키백과가 이런 사람들에 의해 엉망이 되지 않는 것이 신기합니다. 비결이 뭔가요?**

사실입니다. 위키백과를 발전시키기 위해서가 아니라 엉망으로 만들기 위해서 오는 사람들이 있습니다. 단순히 장난을 치려는 이유도 있지만, 위키백과 공동체에서 어떤 이유로 퇴출을 당해 그 원한을 풀기 위해 오는 이들도 있는 것 같습니다. 이런 사람들이 작심을 하고 위키백과를 망치려고 한다면, 누구에게나 편집 권한을 부여하는 위키백과가 어떻게 이를 막아낼 수 있을지 의문이 생길 만도 합니다.

위키백과에서는 다른 사람들의 행동을 투명하게 볼 수 있습니다. 더 정확하게 말하자면 이 안에서 누가 무슨 일을 하는지 정말 자세하게 다 들여다볼 수 있습니다. 문서에서 공백 하나를 지우는 것까지 전부 다요. 그래서 간혹 초보 편집자들은 자신이 편집하는 문서들에 이러쿵저러쿵 잔소리(?)를 늘어놓는 다른 편집자에게 왜 나를 스토킹하느냐고 따져 묻기도 합니다. 위키백과에서는 당신이 다른 편집자가 어떤 일을 하는지 계속 주시하다가 특정 주제에 관해 토론을 시도하는 것을 금하지 않습니다. 오히려 그것을 더 쉽게 할 수 있는 방법을 제공하고 있습니다. 당연히 그런 행동을 스토킹이라고 하지도 않지요. 다시 말해서 모두가 모두를 감시하고 있는 셈입니다.

이런 상호 관찰을 더 쉽게 할 수 있는 몇 가지 방법을 소개하겠습니다. 위키백과에서 지금 이 순간 무슨 일이 벌어지고 있는지 알고 싶다면 [[특수:최근 바뀜]] 문서를 확인하면 됩니다. 여기에는 최근 몇 분

혹은 몇 시간 동안 다른 사용자가 편집한 모든 문서의 목록이 열거되어 있습니다. 또한 새로운 사용자가 계정을 만들었다면 그 이름이 표시됩니다. 관리자에게 사용자 차단을 당한 계정도 확인할 수 있습니다. 위키백과에는 이 '최근 바뀜' 문서를 시간이 날 때마다 들여다보는 편집자들이 있습니다. 그들은 계속 지켜보고 있다가 도움이 필요한 편집자를 도울 기회를 포착하기도 하고, 장난으로 훼손한 문서를 곧바로 원래대로 되돌려놓기도 합니다.

개인이 일부 문서에 한해서 이런 일을 할 수도 있습니다. 특정 문서들을 '주시 목록'으로 설정해놓으면 그 문서들의 변경사항을 최근 내역부터 일목요연하게 볼 수 있습니다. 주시 목록은 로그인한 편집자들만 가질 수 있는데, 여기에는 다른 편집자들의 문서뿐만 아니라 자신이 편집한 문서들도 포함시킬 수 있습니다. 문서를 작성하고 저장할 때 주시 여부를 표시하는 박스에 체크해두면 됩니다. 나중에 더 이상 주시하고 싶지 않을 때는 그 표시를 해제하면 됩니다. 위키백과는 이렇게 사용자들이 자신이 관심 있는 문서들에 적극적으로 의견을 개진하고 편집에 참여할 수 있도록 돕고 있습니다.

위키백과의 모든 문서는 처음 만들어질 때부터의 이력을 다 가지고 있습니다. 단 하나의 편집 역사도 잃어버리지 않고 다 가지고 있기 때문에 해당 문서에 무슨 일이 일어났는지 놓칠 수가 없습니다. 또 이전의 상태로 돌아가는 것도 아주 손쉬운 일입니다. 장난으로 훼손한 문서를 한 번의 클릭만으로 직전 상태로 되돌릴 수 있습니다. 이것이 바로 위키위키의 가장 커다란 장점이고, 위키백과도 이 큰 장점을 그대로 가지고 있습니다. 뿐만 아니라 편집 내용을 분석해 이전

문서와 어느 부분이 달라졌는지를 표시해주는 기능도 있기 때문에 잘못된 편집을 찾아내는 데 아주 효율적입니다.

위키백과 편집자들은 백과사전을 만드는 데 필요한 권한은 모두 다 가지고 있지만 그렇지 않은 권한도 있습니다. 바로 문서를 삭제하는 권한입니다. 이 권한은 위키백과 공동체에서 선출한 관리자들만 가지고 있습니다. 즉 위키백과를 망가뜨리려고 하는 이들이라도 문서를 삭제하는 것은 불가능하다는 뜻입니다. 대신 이들은 이상한 문서를 계속 새로 만들어냅니다. 이런 문서들을 삭제할 때는 관리자에게 삭제 요청을 해야 합니다.

한두 번 악의적인 장난을 되돌려놓고 경고를 했는데도 불구하고 계속 똑같은 장난을 한다면, 이제 남은 일은 관리자에게 그 사람의 편집 권한을 일시 중지하라고 요청하는 것입니다. 관리자는 [[위키백과:사용자 관리 요청]]에 올라오는 차단 신청을 검토하고 그 이유를 확인한 후 일정 기간 동안 해당 편집자의 편집 권한을 정지시킬 수 있습니다. 악의적인 행위가 지속되고 부작용이 심각하다면 그 사람의 계정을 무기한 차단할 수도 있습니다.

이와 같이 위키백과는 스스로 시스템을 방어할 수 있는 여러 가지 방법을 가지고 있습니다. 그러나 훼손의 방법도 발전하고 있어 방어하는 방법도 더 발전해야 하는 상황입니다. 위키백과는 콘텐츠의 발전에 더 집중할 수 있도록 훼손 행위를 찾아내 처리하는 자동화 도구를 개발하기 위한 투자를 계속하고 있습니다.

위키백과에 기여는 안 하면서 다른 사람의 편집에 시비를 거는 편집자가 있습니다. 이런 사람은 추방하는 것이 좋지 않나요?

정말 그런 편집자도 있습니다. 그들은 직접 문서를 편집하지는 않으면서 다른 편집자들이 하는 일에 참견만 하는 것처럼 보입니다. 그런 사람을 보면 화가 나는 것이 당연합니다. 나에게 지적할 시간이 있으면 가서 문서 편집을 더 하라고 말하고 싶지요. 하지만 어떤 지적을 받았을 때 근거를 가지고 답변하는 연습도 필요하니 너무 나쁘게만 보지는 말도록 하죠. 어쩌면 내가 별다른 근거 없이 어떤 문서를 편집했는지도 모를 일입니다.

저는 예전에 어떤 악기에 관한 문서를 편집하다가 그 악기로 연주한 대표곡의 순서를 바꾼 적이 있습니다. 이때 한 편집자가 토론 문서에서 제게 말을 걸어왔습니다. 왜 곡의 순서를 바꾸었느냐고 점잖게 묻더군요. '순서를 바꾸는 작은 변화까지 주시하고 있다니, 좀 무섭군'이란 생각이 들 정도였습니다. 곰곰이 생각해보니 객관적인 근거를 제시할 자신이 없어서 그냥 주관적인 판단이었다고 답했습니다.

위키백과는 다양한 방식으로 기여할 수 있는 곳입니다. 나는 문서 편집으로, 그 사람은 참견으로 기여한 것이지요. 그런 참견은 조금 다른 시각에서 보면 관심으로 해석할 수도 있습니다. 물론 관심으로 해석한다고 해서 기분이 좋아지지는 않을 것입니다. 아무래도 내가 쓴 글을 누군가 고치거나 지적하면 화가 나는 것이 인지상정이니까요. 하지만 위키백과에서는 끼어들고 참견하고 주제넘게 의견을 제시하는 것을 권장합니다. 혼자 쓰려면 작가가 되어야죠. 그런데 작가조차도 알고 보면 결코 혼자 쓰는 게 아닙니다. 독자를 의식해야 하고, 그에 앞서 출판사 편집자를 의식해야 합니다. 자기 글이지만 여러 사람의 의지가 개입되는 것입니다.

위키백과는 조용히 글을 쓰는 서재 같은 곳이 아닙니다. 그보다는 왁자지껄한 시장과 같습니다. 사고파는 과정에서 물건 값이 정해지듯이 편집에 대해 서로 의견을 나누면서 더 나은 서술을 찾아가는 것이 위키백과의 방식입니다. 편집도 안 하면서 다른 사람이 쓴 글에 너무 어렵다느니, 출처를 믿을 수 없다느니 불평만 늘어놓는 사람도 분명 있습니다. 그들은 그들 나름대로 기여를 하고 있는 것입니다. 그런 공격을 막아낸 편집자라면 이후 다른 공격도 수월하게 막아낼 수 있는 내성을 기르게 될 것입니다.

그러니 나의 편집에 문제를 제기하는 이가 있다면, 피하거나 무시하지 말고 용기를 내서 대화해봅시다. 상대가 시비를 건다고만 생각하면 대화를 이어가기 어렵습니다. 대부분의 경우 상대는 분명한 이유를 가지고 있습니다. 그 이유가 억지일 수도 있고, 타당할 수도 있죠. 그것 역시 내가 이겨나가야 할 장벽입니다. 도가 지나친 경우는 다른 편집자나 관리자에게 도움을 요청하기도 하지만, 대체로는 내가 겪고 넘어가야 할 보약 같은 장벽입니다. 물론 이 과정에서 짜증이 나는 것은 아주 인간적인 반응이니 여러분은 자책할 필요가 없습니다.

이런 이야기가 머리로는 다 이해가 되어도 직접 맞닥뜨리고 싶지는 않다면, 많은 사람이 관심을 갖는 문서는 작성하지 않는 편이 좋습니다. 문서 작성 자체보다 토론에 시간을 더 많이 빼앗길 수도 있으니까요. 프로그레시브 록이라든가 아방가르드 록 같은 주제는 아주 극소수만이 관심을 가지고 있어 편집 충돌이 적습니다. 거의 혼자서 아주 편안하게 놀 수 있지요. 일종의 노하우입니다. 혼자서 놀다 지치면 누군가의 관심과 참견이 그리울지도 모릅니다.

위키백과 시스템에 의한 자정 작용에도 불구하고 도저히 통제되지 않는 싸움꾼이나 참견쟁이가 있다면 사유를 간략히 적어 관리자 요청에 올리면 됩니다. 그러면 그 사람에게 관리자의 권고가 전해집니다. 관리자의 권고를 따르지 않는 사용자에겐 절차에 따라 제재가 들어갑니다. 그만큼 관리자에게는 공정함이 요구되지요. 관리자의 제재는 가능하면 적은 게 좋습니다. 관리자는 소중하기 때문에 그를 힘들게 하면 안 되거든요. 위키백과가 잘 돌아가는 건 시스템이 훌륭하기 때문이기도 하지만 관리자들이 말없이 봉사하고 있기 때문입니다.

 위키백과를 읽어보면 이게 한국말인가 싶을 때가 있습니다. 편집자들의 수준에 문제가 있다는 느낌도 듭니다만, 개선할 여지가 있을까요?

위키백과의 특징 중 하나는 비균질적 성장입니다. 없어도 될 만한 것이 있는가 하면 꼭 필요한 것인데 없기도 하고, 중요한 항목은 짧고 별로 중요하지 않은 것이 엄청 길기도 하죠. 문체도 들쭉날쭉하며 하나의 문서에서 앞부분과 뒷부분의 문체가 완전히 다른 것도 있습니다. 이는 불특정 다수가 참여하기 때문에 벌어지는 현상입니다.

전통적인 백과사전은 일관성과 균형을 갖추기 위해 많은 노력을 기울였습니다. 표제어의 할당, 항목의 길이, 표기법, 문체 등을 전체적으로 맞추려고 했죠. 백과사전은 세상과 학문의 정리이자 축소판이라는 의미가 있기 때문입니다. 또 한정된 지면에 서술해야 했으므로 적절한 삭제가 필요했지요. 따라서 무엇이 더 중요한가에 대한 가치 판단을 꾸준히 해야 했습니다. 이런 노력에 백과사전 제작비용의 상당 부분이 사용되었습니다.

반면에 위키백과는 불특정 다수가 참여하고, 지면의 제한이 없으며, 따로 확보된 예산이나 인력이 있는 것도 아닙니다. 그래서 일관성이나 균형 감각이 떨어지지요. 뛰어난 전문성을 갖춘 누군가가 자신의 관심사에 대해 편집한다면 갑자기 그 부분의 수준이 올라갑니다. 어떤 분야에, 어떤 수준의 참여자가 등장할지는 예측할 수 없습니다.

또 위키백과 문서의 상당 부분은 다른 언어판의 항목을 번역한 것입니다. 내용이 누락될까 걱정되어 직역을 하다 보면 한국어답지 않은 문장이 나오는 경우가 종종 있습니다. 흔히 이를 번역어투라고 하죠. 편집자들이 많이 참조하는 것이 영어판과 일본어판이라 영어, 일본어의 직역투가 남아 있는 문장들이 꽤 많이 눈에 띕니다. 언론, 출판계에서는 문장만 다듬는 공정이 따로 있습니다. 바로 교정 혹은 윤문이라고 부르는 일이지요. 용어 표기의 일관성을 맞추거나 비문을 자연스러운 문장으로 고치는 과정입니다. 그런 과정 없이 자연스러운 문장을 쓰는 것은 결코 쉽지 않습니다. 여러분이 읽는 책과 그 책의 초고는 매우 차이가 큽니다. 편집자, 교정자들이 고쳐주지 않으면 저자들의 원고 상당수는 엉망인 상태로 독자와 만날 것입니다. 위키백과에는 전체를 보는 시야로 각 항목을 읽고 일관된 문체나 어조로 다듬는 교정 작업을 하는 사람이 극히 적습니다. 거슬리는 문장이 많을 수밖에 없습니다.

그래서 반대로 부탁드리고 싶습니다. 위키백과를 읽고 문장이 엉터리라는 생각을 하셨다면 당신은 이미 훌륭한 교정자가 될 자질을 가진 분입니다. 상당한 독서 훈련이 없다면 엉터리라고 판단할 수조차 없거든요. 그러니 당신의 능력을 기부해주세요. 위키백과의 문서들을 몇 편 읽어본 다음 소감을 남겨주시는 겁니다. 출력한 뒤 손으로 교정해서 사진으로 보내주셔도 좋고, 워드나 한글 문서에 다시 편집해서 보내주셔도 좋습니다. 제일 좋은 건 위키백과에 들어와 직접 편집해주시는 겁니다. 그저 돕고 싶다는 의사표현도 좋겠네요. 여기 한국위키미디어협회 사무국의 이메일 주소가 있습니다. office@wikimedia.kr 이쪽으로 연락 주시면 어떻게 도울 수 있는지 방법을 알려드리겠습니다.

북한이라고 해야 할 곳에 '조선민주주의인민공화국'이라는 명칭이 사용된 것을 보고 충격을 받았습니다. 위키백과는 좌편향된 사람들이 점령한 것인가요?

2011년 뉴라이트 계열의 단체인 공정언론시민연대와 청년지식인포럼 story K는 위키백과가 북한을 조선민주주의인민공화국이라고 쓴 것을 대표적인 사례로 들면서 위키백과가 좌편향된 사람들에 의해 점령되었다고 주장했습니다. 그 외에도 박정희와 같은 특정 인물의 문서 내용도 좌편향이라고 주장했습니다. 뉴라이트 운동 자체는 극우적 성향을 보인다는 평가를 받습니다만, 그와 별개로 위키백과는 왜 북한을 조선민주주의인민공화국이라고 표기할까요?

위키백과 사용자들의 정치적 지향은 매우 다양하여 어느 한쪽이 우세하다고 말하기 어렵습니다. 위키백과에서 중요하게 여기는 것은 사용자 각자의 정치적 성향 차이에도 불구하고 협업을 통해 지식을 키워나가는 것입니다. 위키백과는 국경을 넘은 보편적 지식을 목표로 합니다. 한국어 위키백과 역시 한국어를 사용할 수 있다면 국적에 관계없이 편집하고 수정할 수 있습니다. 물론 대부분은 한국인이 편집하기 마련이지만, 꼭 한국인만 읽는 것은 아니죠. 그렇기 때문에 한국어 위키백과에서는 국가의 공식 명칭을 사용합니다. 한국보다는 대한민국이라는 공식 명칭을 사용하는 것이 위키백과 커뮤니티의 토론에 의해 정해진 규칙입니다. 한국에서는 조선민주주의인민공화국이라는 길고 익숙하지 않은 명칭 대신 북한이라는 말이 더 많이 쓰이

고 있지만, 한국어 위키백과를 읽는 다른 나라 사람들에게는 북한이라는 표현이 오히려 더 편향된 것으로 비칠 수 있습니다. 북한이라는 용어는 위키백과의 기본 정신 가운데 하나인 중립성에 어긋납니다. 국가의 공식 명칭을 사용하는 것은 위키백과의 기본 정신을 따른 것이지 사용자의 이념적 편향과는 관계가 없습니다.

대한민국에서 조선민주주의인민공화국을 북한이라고 지칭하는 것과 마찬가지로 북한에서는 대한민국을 흔히 남조선이라고 부릅니다. 북한과 남한, 북조선과 남조선은 모두 냉전 시대를 거치며 형성된 낱말이고 매우 정치적인 언어입니다. 대한민국에서 북측을 북한이라고 부르는 것의 바탕에는 북측 정부 수립의 정당성을 배제하는 인식이 깔려 있습니다. 조선민주주의인민공화국에서 쓰이는 남조선이라는 말 역시 대한민국 정부를 부정하는 인식을 바탕으로 하고 있습니다. 한국전쟁의 상처가 아직도 아물지 않은 채 남아 있는 것입니다.

2011년 노르웨이에서는 인종차별을 주장하는 극우 성향의 인물이 총기 테러를 일으켰습니다. 77명이 사망한 이 사건 이후, 노르웨이 정부는 테러 방지를 위한 추가적인 시민권 규제는 없을 거라며 더 많은 자유와 관용만이 테러범의 주장이 틀렸음을 실증할 것이라고 천명했습니다. 교도소에 수감된 테러범은 2016년 자신이 교도소에서 이유 없이 수색을 당하고 수갑에 묶였다는 이유로 노르웨이 국가를 상대로 소송을 벌였습니다. 노르웨이 법원은 그가 행한 범죄가 어떤 것이든 부당한 인권 침해를 받아서는 안 된다고 판결했습니다.

이는 민주주의의 작동 방식을 아주 잘 보여주는 사례입니다. 한국의 일부 극우적 성향의 사람들은 북한을 전체주의 국가라 비판하면서도 자신과 다른 견해에 대해서는 종북으로 단정 짓고 때로는 '빨갱이'라는 섬뜩한 이름으로 부르기도 합니다. 이러한 행동은 그들이 열렬하게 주장하는 바와 다르게 결과적으로 자유와 민주주의를 훼손합니다. 위키백과에 서술된 항목을 이념적 편향을 기준으로 판단하는 일 역시 마찬가지입니다. 진정으로 북한 공산주의에 대립하는 체제는 투철한 반공 이념으로 무장한 국가주의가 아니라 개개인의 자유를 최대한 보장하고 다양성이 공존하는 민주주의 체제입니다.

남북한 모두 공식적인 외교 무대에서는 상대를 정식 명칭으로 부릅니다. 대한민국과 조선민주주의인민공화국은 1990년 UN에 동시 가입했습니다. 서로 다른 정부를 구성한 이래 남북은 각기 단독으로 UN에 가입하려 했지만 모두 실패했습니다. 대한민국의 가입 신청은 공산 진영에 의해 번번이 거부되었고, 거꾸로 조선민주주의인민공화국의 가입 신청은 서방 진영에 의해 거부되었습니다. 남북이 UN에 가입할 수 있는 유일한 길은 동시 가입뿐이었습니다. 1990년 UN 총회는 남북한의 동시 가입을 승인했고, 이로써 남북 당사자들의 의사와 상관없이 국제적으로는 대한민국과 조선민주주의인민공화국이 별개의 두 국가로 인정받게 되었습니다. UN은 북한의 핵개발에 대해 여러 가지 제재 조치를 결의했지만, 북한은 여전히 UN 가입국이고 UN 총회에 자국 대사를 파견하고 있습니다. 대한민국 국민의 절대다수가 북한의 핵개발을 비판하고 있고 이는 위키백과 사용자들도 마찬가지입니다. 그렇다고 위키백과에서 UN이 인정하는 공식 국가 명칭을 변경할 수는 없습니다.

대한민국은 약칭으로 '한국'을 채택하고 있습니다. 대한민국 국민은 한국인이라 칭하고, 언어는 한국어, 여러 가지 문화 자원에 관해서는 한복, 한옥, 한류 등의 명칭을 쓰고 있습니다. 한편 조선민주주의인민공화국은 '조선'이라는 약칭을 사용하고 있습니다. 북한의 표준어인 문화어에서는 한반도를 조선반도, 한국어를 조선어, 한국인을 조선인이라고 칭합니다. 그러나 한국어 위키백과에서 '조선'은 태조이성계가 세운 옛 나라의 이름으로 이미 쓰고 있기 때문에 북한을 가리키는 말로는 쓰지 않습니다. 때문에 북한 사람은 조선인이 아니라 한국인, 지명은 조선반도가 아니라 한반도와 같이 다수의 인터넷 사용자가 주로 사용하는 낱말을 표제어로 채택하고, 문화어 표기는 괄호 안에 제시해두었습니다. 한반도를 예로 들면 다음과 같습니다.

한반도(韓半島, 문화어: 조선반도(朝鮮半島))는 정치지리학적으로 동아시아에 위치해 있으며, 지형학적으로 유라시아 대륙의 동북쪽 끝에 있는 반도이다.

위의 예시에 대해서도 왜 굳이 문화어를 표시하는가 하는 질문이 있겠습니다만, 위키백과는 모든 지식을 담는 공간이니까 한국어의 한 형식인 문화어의 정보도 담을 가치가 있기 때문이라는 답변을 드립니다. 다시 질문으로 돌아가 볼까요? 왜 조선민주주의인민공화국이라는 명칭을 사용하느냐는 물음에 대한 위키백과 커뮤니티의 공식입장은 '중립성 확보를 위해 모든 국가는 공식 명칭으로 표기한다'까지입니다. 그 밖에 위에서 이야기한 내용에는 답변자 개인의 의견이일정 부분 포함되어 있습니다. 물론 이에 대해 위키백과 사용자의 다수가 동의할 것이라 생각하지만, 공식적인 총의로서 확립된 주장은 아니니 커뮤니티 전체의 의견이라 오해하지는 말아주시기 바랍니다.

 위키백과를 편집하면 대학 진학이나 취업에 도움이 될까요? 그러니까, 제 스펙으로 써 먹을 수 있을까요?

제가 면접관인 상황에서 위키백과 편집자를 만났다면 저는 그의 성실성, 근거를 찾는 능력, 토론 및 정리 능력을 인정할 것입니다. 하지만 보통의 면접관은 위키백과 편집의 의미를 잘 모릅니다. 당신이 위키백과 편집이 의미 있다고 느낀다면, 그 의미에 대해 면접관에게 설명할 수 있어야 합니다. 즉 스스로 설명할 수 있다면 사회에서 말하는 스펙의 하나가 될 수 있습니다.

당신은 아마도 면접관에게 위키백과 편집이 내 성장에 어떤 도움이 되었는지 충분히 설명할 수 있을 것입니다. 위키백과에 참여하는 사람들은 기본적으로 위키백과의 이상과 정교한 시스템에 매력을 느껴 자신의 시간과 노력을 들이니까요. 불특정 다수가 모여서 지식을 쌓아나가는 체계라니 생각만 해도 멋진 일이죠.

위키백과는 무상의 체계입니다. 당신이 들인 시간과 노력에 대해 별다른 보상이 없습니다. 대신 성취감, 지식의 증대, 함께 만드는 즐거움 등 돈으로 환산되지 않는 보상을 얻을 수 있습니다. 위키백과 편집자들은 문서를 작성하고 토론에 참여하면서 자신의 지식과 논리가 얼마나 허술한지 깨닫게 됩니다. 자연스럽게 더 많은 책을 읽게 되고 검색 능력도 좋아지지요. 학습 능력과 글쓰기 실력이 일취월장할 것입니다. 다시 말해서 간접적인 스펙은 확실히 좋아집니다. 위키백과는 논리적 글쓰기를 배울 수 있는 최고의 학습장입니다. 누군가와 논쟁이라도 붙으면, 그 능력이 순식간에 쭉쭉 올라갈 겁니다. '계급장 떼고' 하는 진검승부이기 때문에 학교나 회사에서 하는 토론보다 훨씬 치열하고 흥미진진합니다.

스펙과 관련하여 한 가지 특이한 사례를 말씀드리고 싶네요. 위키백과 사용자로 지내다가 한국위키미디어협회에서 일하게 된 사람들이 있습니다. 한국위키미디어협회의 사무국장이 그렇고, 글로벌 위키미디어재단에서 일하는 300여 명 중의 다수가 그럴 것입니다. 물론 이는 일반적인 사례로 보기는 어렵습니다. 여러분이 기업 면접에 가서 위키백과 편집이 취미라고 밝힐 수는 있을 것 같습니다. 하지만 자신의 계정을 밝힐지 말지는 신중하게 고려해야 합니다. 페이스북이나 트위터를 이용해 입사 지원자의 성향을 파악하는 회사들이 있고, 미국에서는 외국인이 입국할 때 SNS 계정을 밝히라고 한다지요. 모든 기록이 영원히 남는 위키백과인 만큼 계정이 알려지면 자신의 성향이 드러날 수도 있으니 익명성을 유지하는 게 좋습니다.

위키백과를 편집할 때 다른 사람들과 협업하라고 하는데 저는 그게 너무 힘이 듭니다. 그냥 혼자 편집하게 놔두시면 안 되나요?

위키백과에서 다른 사용자와의 협업은 결코 쉽지 않은 일입니다. 사실 위키를 떠나 어디에서도 쉽지 않은 일이죠. 그러니 사람들의 관심이 적은 분야를 골라서 혼자 편집하셔도 됩니다. 실제로 그렇게 하는 분들이 많습니다. 그분들은 그 안에서 평화를 유지하며 나름대로 열심히 위키백과에 기여하고 있습니다.

학교에서 조별 과제를 할 때면 늘 하는 사람은 하고, 안 하는 사람은 안 하게 되지요. 선생님이 강구할 수 있는 대책은 조를 이루어 과제를 하되 누가 어느 부분을 작성했는지 밝히도록 하는 것입니다. 그러면 점수 때문에라도 모든 구성원이 참여하기는 합니다. 이렇게 번거로운 조별 과제를 도대체 왜 하는 걸까요? 무엇보다 중요한 두 가지 이유는 다른 사람과 소통하는 능력을 기르는 기회가 된다는 것, 그리고 짧은 시간에 비교적 넓은 범위의 지식을 습득할 수 있다는 것입니다. 물론 현실에서는 이게 생각처럼 잘 되지 않을 수 있습니다.

위키백과 편집은 어떤 면에서 조별 과제와 비슷합니다. 누가 시켜서 하는 게 아니라는 점만 빼고요. 조별 과제처럼 위키백과 편집도 누군가는 이 부분을 이렇게, 다른 사람은 저 부분을 저렇게 편집합니다. 당연히 서로 의견이 갈리겠지요. 위키백과 편집자들은 저마다 다른 사회적, 문화적, 계급적 배경을 가지고 있습니다. 종교, 정치적 성향, 성별, 나이, 거주지, 직업, 소득 수준 등 모든 면에서 공통점보다는 차이점이 클 것입니다. 이렇게 다른데 똑같은 편집을 기대하는 게 오히려 더 이상하죠. 그렇기 때문에 위키백과는 커뮤니티의 토론으로 유지됩니다. 서로 다른 점을 인정하고, 합의할 수 있는 내용과 형식을 찾는 것이죠. 위키백과에 있는 모든 규칙은 이런 과정을 통해 만들어졌습니다. 규칙이 이상하다 싶으면 바꾸면 됩니다. 물론 그렇게 바꾸는 데도 다른 사람과의 협업이 필요하지요.

위키백과 편집자들은 저마다 개성을 가지고 있지만, 그래도 같은 점이 하나 있습니다. 바로 위키백과를 편집한다는 것이죠. 이는 특히나 한국의 상황에서는 매우 드문 공통점입니다. 주변을 둘러보면 위키백과를 편집하는 사람은 오직 당신뿐일 수도 있어요. 위키백과 커뮤니티는 바로 그런 희소한 공통점을 가진 사람들이 모여 있는 곳입니다. 인터넷이 없다면 불가능한 일이죠. 위키백과 편집자라는 정체성은 정말 흔치 않은 개성입니다. 그러니 편집자들 사이의 동지적 우애, 상호 존중의 마음이 필요합니다. 밖에서는 외롭잖아요. 안에서라도 따뜻해야죠. 사사건건 내 편집에 문제를 제기하는 사람이라도 그역시 밖에서는 위키백과를 주제로 대화할 상대를 찾아다니는 외로운 사람이라는 걸 알아주세요. 그도 분명 위키백과에 기여하려는 열의에 차서 당신에게 딴지를 걸었을 겁니다. 나와 생각이 다른 이들도 나와 마찬가지로 선의를 가지고 활동한다는 것을 언제나 기억해주세요. 위키백과 커뮤니티는 일단은 상대가 좋은 뜻에서 편집에 참여했다고 생각하고, 상대의 편집 결과를 존중해주기를 요청합니다.

그렇다고 하더라도 만약 집요한 방해꾼을 만난다면 어떻게 해야 할까요? 커뮤니티 안에서 해결책을 찾아야 합니다. 가장 좋은 방법은 다른 사용자들에게 의견을 구하는 것입니다. 둘이서만 토론하지 마세요. 의견을 너무 장황하게 제시하지도 마세요. 둘이서만 토론하면 다른 사람들이 끼어들기 어렵고 장황한 의견은 잘 읽히지 않습니다. 요점만 간단히 밝히고 다른 사용자의 의견을 구하면, 그들이 누가 더 합리적이고 어떤 방법이 더 좋은지 판단해줄 것입니다. 한 가지 당부하고 싶은 것은 위키백과 커뮤니티는 소셜미디어가 아니라는 것입니다. 의견을 구한다고 해서 바로 답변이 오지는 않습니다. 며칠이 걸릴 수도 있어요. 당장은 답답하겠지만 잠시 토론을 멈추고 다른 일을 하는 것도 좋습니다. 며칠 기다린다고 위키백과가 무너지지는 않습니다. 당신이 편집한 내용은 언제까지나 저장되어 있을 것입니다. 만일 커뮤니티가 당신이 옳다고 인정한다면 편집 내용을 복구하면 됩니다.

사람은 누구나 내 것을 소중히 여깁니다. 위키백과에서 편집한 내용도 내가 쓴 것이니 당연히 소중하지요. 그만큼 정성을 쏟았으니까요. 하지만 내가 정성을 쏟았다 해도 그것이 곧 나 자신은 아닙니다. 게다가 위키백과에 기여한 내용은 내가 저작권을 주장할 수도 없고, 그 내용이 변경되었다고 무작정 복구를 요청할 수도 없습니다.

편집 분쟁에 휘말린 사용자는 마치 자동차 사고를 당한 운전자 같은 심정이 됩니다. 뒤에서 누군가 내 차를 들이받아 접촉사고를 냈다면, 망가진 건 분명히 내 자동차지만 마치 누군가 나를 뒤에서 때린 것처럼 느껴집니다. 당연히 감정이 앞서게 되죠. 무엇보다 분노가 머릿속에 꽉 들어차게 될 겁니다. 편집 분쟁 역시 마찬가지입니다. 내가 편집한 내용이 바뀐 것을 나를 때린 것으로 받아들일 수도 있습니다. 하지만 문서가 곧 나 자신은 아니죠. 상대와 토론하는 것은 문서의 내용 때문이지, 내 자존심 때문은 아니라는 생각을 늘 해야 합니다. 상대가 감정적으로 나오더라도 나는 그러지 말아야 합니다.

위키백과는 혼자서 모든 것을 다 할 수 있는 곳이 아닙니다. 범위가 정해져 있지 않은 무한한 지식을 불특정 다수가 함께 만들어가는 곳이기 때문입니다. 내가 존중받는 만큼 다른 사용자의 의견도 존중받아야 합니다. 따라서 그냥 혼자 편집하게 두기는 어려울 것 같습니다.

위키백과 편집자 인터뷰

인터뷰 1: trainholic

1. 본인 소개를 관심 분야 위주로 간단하게 부탁합니다.

안녕하세요? 저는 위키백과에서 trainholic이라는 아이디로 활동하고 있습니다. 2018년 현재 대학생이고, 여러 매체에 글을 쓰고 있습니다. 열차에 빠져 있다는 뜻의 제 아이디처럼 한국어 위키백과에서는 철도 및 교통과 관련된 문서를 주로 편집하고 있습니다.

2. 위키백과를 처음 접한 시기가 언제인가요? 아마도 10대 초반 때가 아니었나 싶은데 위키백과의 어떤 점이 재미있었나요?

초등학교 5학년 때 포털 사이트 검색을 통해 처음 위키백과를 접했습니다. 처음에는 웹페이지의 모습이 한국의 다른 인터넷 사이트와 달라서 무서워했던 것으로 기억합니다. 하지만 포털 사이트에서 제공하는 백과사전들과 달리 최신 정보도 쉽게 얻을 수 있다는 점, 드라마나 전철역, 그 밖에 여러 사회현상까지 다양한 주제의 문서를 접할 수 있다는 것이 매력적이었습니다. 조금씩 드나들다가 여기에 '편집' 버튼이 있다는 사실도 알게 되었고요. 이 버튼을 클릭하고 무엇인가를 적으면, 제가 쓴 내용이 보기 좋게 정리된다는 사실도 알았습니다. 이렇게 어찌어찌 하다 보니 위키백과에 참여하게 되었고, 지금도 (자주 눈에 띄지는 않겠지만) 다양한 문서를 고쳐 나가고 있습니다.

3. 위키백과 활동 중에서 가장 인상적이었던 경험은 무엇입니까?

여러 명이 하나의 목표를 위해 하나 또는 여러 개의 문서를 동시에 편집하는 '에디터톤'이라는 이벤트가 있습니다. 위키백과 커뮤니티가 점점 커지면서 형성된 좋은 문화라고 할 수 있는데요, 여럿이 하나의 주제를 놓고 같이 토론하고, 문서를 모으고, 분과를 정해서 편집하는 일입니다. 오프라인으로 진행되는 경우가 많은데요, 늘 온라인에서 만나던 사람들을 오프라인에서 만나 온라인으로 구현되는 공동 작업을 수행한다는 면에서 대단히 인상적인 활동입니다. 그 밖에 직접 편집한 것은 아니고, 편집을 관람(?)한 경험 중에서 가장 좋았던 것은 이천의 양정여고에서 에디터톤을 할 때였습니다. 위키백과를 통해 선생님과 학생이 하나가 되어 고교생의 시각에서 문서들을 편집하는 모습이 감동적이기까지 했습니다.

4. 규정 위반으로 차단당한 경험이 있는데 그 이유는 무엇이었나요? 차단이 좀 가혹하다는 느낌을 받았나요? 그 경험에서 무엇을 배웠나요?

차단, 그중에서도 무기한 차단은 초등학생 때의 일이라 말하기가 조심스러운데요, 그때는 어려서 그랬다는 생각이 듭니다. 위키백과가 완전한 자유의 장이라고 착각했기 때문이죠. 위키백과도 하나의 사회이고, 그 사회를 이끌어가기 위해서는 모두가 정해진 규범을 지켜야 하는데 그러지 못했습니다. 8년 전에 문제 사용자가 되어서 위키백과를 떠났다가, 다시 돌아와 지금까지 활동하고 있습니다. 하나 이야기를 하자면 위키백과는 다른 인터넷 사이트와 다르게 한 번 떠난 사람이라도 어쩌다 한 번씩 들어오게 됩니다. 떠나게 된 이유가 한 번의 실수였거나 어린 나이에 잘못된 생각을 했기 때문이라면 적극적으로 새 출발을 지원해주고 잘될 수 있게 도와주는 것이 좋다고 생각합니다. 위키백과가 그간 악의적 사용자들로 인해 일종의 '멘붕 상황'을 여러 번 겪었기 때문에 그들의 복귀가 탐탁지 않은 사람도 있겠지만, 과거를 반성하고 다시 자신의 시간과 노력을 들여 참여하려는 사람에게는 이해와 관용이 필요하지 않을까 싶습니다.

5. 위키백과의 토론 문화에 대해 어떻게 생각하시나요?

어찌 보면 숙련자들에게는 가장 확실한 직접민주주의 실현의 장이 아닐까 생각합니다. 위키백과에서는 정책의 결정과 변경, 권한의 부여, 특정 문서의 편집 방향, 그리고 맞춤법 및 표기법에 이르기까지 모든 사안이 토론 혹은 투표로 결정됩니다. 여기에도 물론 몇 가지 문제가 있긴 합니다. 숙련자들의 발언에 더 비중을 두게 된다든지, 토론이 격해져 애초에 토론을 시작하게 된 이유를 잊게 된다든지 하는 문제들이요. 하지만 이런 문제들은 더 많은 사용자들이 위키백과에 들어와 더 많은 문서를 편집해보고, 더 많은 토론에 참여해본다면 자연스럽게 해결되지 않을까 생각합니다.

6. 본인이 철도 오타쿠(철도 덕후), 그러니까 소위 '철덕'이라고 하셨는데요, 위키백과 철덕들의 성향이나 특징을 간단히 들려주신다면요?

대단한 분들이 많습니다. 위키백과 사용자들의 특징이 '관심사에 따라 각자 자기 분야별로 파고든다'인데, 철도의 경우 보통 사람이 상상하기 어려울 정도로 특이한 분야로 파고드는 이들이 많습니다. 철도 노선이나 차량 스펙 등은 아주 평범한 수준이고, 어떤 차량의 몇 번 열차가 어느 시점 이후로 어떻게 되었는지, 열차별로 세부 사양이 어떻게 다른지 따위를 추적하는 이들도 있고, 관보에 올라온 철도 관련 고시 등을 꾸준히 업데이트하는 사람들도 있습니다. 다들 머릿속에 굴 하나를 만들어 그 안에 정보들을 채워 넣고 있다는 느낌이 들 정도입니다.

7. 어느덧 대학생이 되었습니다. 그동안 오마이뉴스 등 이런저런 매체에 글을 쓰신 걸로 알고 있는데, 위키백과 편집 경험이 영향을 주었나요?

그렇습니다. 위키백과를 통해 많은 자신감을 얻었습니다. 밖에서는 어리다고 의견을 내는 것에 많은 제약을 받았는데, 위키백과에서는 나이를 드러내지 않고 활동할 수 있고 10대부터 80대까지 모두가 동등한 인간으로 평가되니까요. 위키백과의 문서가 언론사나 다른 사람의 책, 블로그 등에 인용되는 모습을 보면서 뿌듯하다는 느낌을 받기도 했습니다. 그렇게 얻은 자신감으로 다른 일을 할 때도 일단 부딪쳐보고 도전해보는 쪽으로 움직일 수 있었습니다. 위키백과 특유의 문화, 즉 나이에 상관없이 모두가 동등한 입장에서 문서를 편집하고 정책에 대한 의견을 제시할 수 있는 문화가 지금의 저를 만들었다고 해도 과언이 아닙니다.

위키백과는 누가 만드나요?

8. 중고등학생 후배들에게 위키백과를 권한다면 어떤 이유에서인가요?

자기만의 취미를 가진 친구들이 위키백과를 이용하면 좋을 것 같아요. 그때는 누구나 '내가 무엇을 얼마나 많이 알고 있는지' 자랑하고 싶은 때이니까요. 그리고 중고등학교 시기가 의외로 시간이 많이 납니다. 잠시 짬을 내서 편집에 나설 수도 있고, 직접 오프라인 모임에 나가 문서에 대한 이야기를 나눌 수도 있고요. 앞서 말했듯 이 세계에 어느 정도 익숙해지면 위키백과의 정책 결정 과정에 참여할 수도 있습니다. 최근 청소년 참정권이 큰 이슈가 되었는데, 위키백과는 초등학생부터 노인까지 모든 사람이 원하는 만큼 의사표현을 할 수 있기 때문에 청소년 참정권이 구현하려는 가치를 이미 실현하고 있다고 볼 수도 있습니다. 위키백과는 사회에서 발언의 기회가 차단되기 쉬운 청소년들이 정치가 무엇인지를 생생하게 배우는 현장이 될 수 있습니다.

9. 본인이 만든 문서 중에 가장 애착이 가는 것은 무엇인가요?

몇 년 전에 번역했던 문서가 있습니다. 남아프리카공화국에 '블루 트레인'이라는 호화 열차가 있습니다. 한국에는 호화 열차의 교본으로 많이 소개되었죠. 그런데 당시 한국어 위키백과에서는 일본의 블루 트레인만을 소개하고 있었습니다. 그래서 영어 위키백과의 해당 문서를 직접 번역해야겠다는 마음을 먹고, 한 단어씩 영어사전을 검색해가며 어렵사리 번역을 했습니다. 잘 안 될 때는 기계 번역의 힘을 빌리기도 했고요. 지금 그 문서는 다른 편집자들의 도움으로 번역 어투가 많이 사라졌고, 시각적으로도 훨씬 보기 좋게 다듬어진 상태입니다. 누군가 씨를 뿌리면, 다른 사람들이 와서 물도 주고 햇볕도 쬐어주며 더 나은 문서로 발전시켜가는 모습에서 위키위키의 정신을 느꼈다고나 할까요.

마지막으로 하고 싶은 말이 있는데요, 위키백과에서는 다양한 문서를 직접 고쳐볼 수 있습니다. 자기가 관심 있는 어떤 주제라도 좋고, 다른 사람들은 못 가봤을 만한 여행지, 유적지에 대한 소개도 좋고 뭐든지 직접 써볼 수 있습니다. 위키백과를 통해 많은 사람들이 자신의 지식, 남들이 알았으면 하는 것들을 '자랑'할 수 있었으면 좋겠습니다. 그럼, 위키백과에서 만나요!

인터뷰 2: -revi

1. 본인 소개를 관심 분야 위주로 간단하게 부탁합니다.

저는 -revi입니다. 처음에는 무슨 문서를 편집해야겠다는 목적의식은 없었고, 훼손된 문서를 되돌리는 작업을 시작으로 관리 일을 많이 했습니다. 하다 보니 자꾸 빠져들어 여기까지 왔네요.

2. 위키백과를 처음 접한 시기가 언제인가요? 위키백과의 어떤 점이 재미있었나요?

고1 때였던 걸로 기억합니다. 리그베다위키 커뮤니티와는 또 다른 위키백과만의 건조한 재미가 그런대로 재미있어서 정착한 것 같습니다.

3. 위키백과 활동 중에서 가장 인상적이었던 경험은 무엇입니까?

저랑 비슷한 시기에 위키백과를 시작한 이른바 '트롤(함부로 문서를 훼손하거나 악의적으로 위키백과를 망치려는 사람)'이 있었습니다. 아무래도 트롤의 활동은 예의 주시하게 되거든요. 그가 훼손한 문서가 있으면 복구하면서 쭉 지켜보다가 저는 1년 이상 편집을 쉬었는데, 이 트롤은 제가 쉬던 기간에도 꾸준히 위키백과에 들렀더라고요. 그 집념이 대단하다 생각했습니다.

4. 현재 미국의 위키미디어재단 측과 직접 일을 하는 유일한 한국인이죠? 어떤 계기로 그렇게 되었는지, 또 구체적으로 어떤 기여를 하고 있는지 들려주실 수 있나요?

그쪽도 과제들은 늘 열려 있는 편이라 그중 한 프로젝트를 짬짬이 도와주다가 계속하게 되었습니다. 지금은 글로벌 프로젝트와 관련해서 한국어 위키문헌이나 위키백과 쪽에 필요한 게 있을 때 중간에서 소통하는 역할을 주로 하고, 간간히 한국어 번역도 도와주고 있습니다. 위키미디어재단 쪽에서 개발하는 모듈을 한국어 위키백과 커뮤니티로 가져오는 일도 종종 하고 있네요.

5. 업무로 혹은 업무 이외에도 해외의 위키백과인들과 교류하며 위키마니아에도 종종 참석하신다고 들었습니다. 해외의 젊은 위키백과인들은 어떤 느낌인가요?

사실 10대, 20대 위키백과인을 본 경험은 별로 없습니다. 컨퍼런스에 오는 사람들은 대부분 경제적, 시간적 여유가 있는 30대 이상인 것 같아요. 이들은 상당히 사교적입니다. 영어가 조금 부족하더라도 말이 많은 편이었어요. 그리고 목적의식이 뚜렷합니다. 자신이 무엇을 하는지 확실히 알고 그것을 어필하곤 했습니다.

6. 그렇게 해외와의 접점을 만들기 위해서는 무엇이 필요할까요?

기본적으로 영어가 되어야 하죠. 한국어 위키백과만 하지 말고 영어 위키백과나 다른 데서도 놀아보면 좋습니다. 위키미디어재단이 운영하는 프로젝트는 꽤 여러 가지가 있으니 그 안에서 활동하다 보면 운신의 폭이 넓어질 거예요. 저는 특히 위키데이터 쪽이 흥미롭더라고요.

7. 위키백과 활동을 하면서 가장 크게 배운 점이 있다면 어떤 것일까요?

세상에는 내가 만나보지 못한 이런저런 이상한 사람들이 많다는 것? 다양한 것에 관심을 가지고 그 안에서 뭔가 해보려는 이상한 사람들과 교류하는 것은 꽤 자극적인 일입니다. 그 밖에 저작권 침해를 극도로 피하는 공간이므로 저작권에 대해서는 확실히 배울 수 있습니다.

8. 위키백과로 친구를 만드는 일이 가능한가요? 위키백과 공동체 사람들을 친구라고 할 수 있나요?

위키백과 공동체는 사적인 관계를 지향하지 않습니다. 아무래도 소위 '친목질'에 집중하게 되면 객관성을 잃을 여지가 있으니까요. 그래서 위키백과에서 만난 사람들과 안면을 트는 정도야 가능하겠지만, 친구 같은 느낌이 되는 것은 쉽지 않습니다. 물론 만나면 할 말은 많습니다. 공통의 관심사가 있으니까요. 위키백과 사람들은 어디에서 어떻게 활동하든 저작권 얘기만 하면 대동단결한다는 농담이 있습니다. 저작권은 모두의 관심이 쏠리는 문제거든요. 이렇게 본다면 친구보다는 동종업계 종사자나 동업자 같은 느낌이 더 드네요. 친하게 느끼는 사람들이 있지만, 그들도 저를 친하다고 생각하는지는 모르겠습니다.

9. 중고등학생 후배들에게 위키백과를 권한다면 어떤 이유에서인가요?

위키백과에서 문서를 편집해보면 대학 과제를 예행 연습하는 느낌이 납니다. 형식이나 문체, 지식을 대하는 태도 등이 많이 유사하거든요. 위키백과 공동체나 작동 방식 등에 관심을 갖다 보면 시간을 너무 많이 뺏길 수는 있습니다, 하하. 입시에 직접적으로 도움이 되는 공간은 확실히 아닙니다.

나무위키와는 뭐가 다른가요? 나무위키에 지고 있는 것 아닌가요?

불특정 다수가 어떤 주제를 가지고 공동 편집을 한다는 면에서 나무위키와 위키백과는 분명 유사한 부분이 있습니다. 그러나 근본적인 차이는 백과사전을 지향하는가, 그렇지 않은가입니다. 위키백과는 백과사전을 지향하고 있기 때문에 신뢰할 수 있는 출처를 강조하고, 저작권 침해를 걱정하며, 중립적 서술을 추구합니다. 또한 위키백과는 각 언어판들이 서로를 보완하며 지탱해주기 때문에 전 지구적 규모의 거대한 지식 체계를 유지하고 있습니다.

그에 비해 나무위키는 이런 기준이 전반적으로 느슨합니다. 그 대신 유머나 장난 등이 숨어 있어 읽기가 한결 수월합니다. 위키백과의 서술이 사실 위주로 건조하게 쓰였다면, 나무위키에는 비유와 감정이 들어가 있기 때문에 이해가 더 잘 되지요. 그래서 최근에 벌어진 일들이나 취미 생활에 관한 항목들을 간단하게 훑어볼 때는 나무위키에서 좀 더 손쉽게 전모를 파악할 수 있습니다.

위키백과는 저작권 정책을 지키면서 '우리 모두의 백과사전'을 지향하고 있습니다. 누구나 가져가서 내용을 재편집해 활용할 수 있고, 영리 출판을 해도 됩니다. 실제로 언론, 출판계에서는 위키백과의 내용을 이용해 콘텐츠를 재생산하는 경우가 꽤 있습니다. 부분적인 인용은 수도 없이 많고요. 이런 지식 아카이브로서의 성격은 텍스트뿐만 아니라 멀티미디어(위키소스wikisource), 데이터베이스(위키데이터) 등으로 확대되고 있습니다. 다시 말해서 위키백과는 천천히 성장하더라도 콘텐츠의 범용성과 지속 가능성을 염두에 두고 나아가는 프로젝트입니다.

"나무위키에 지고 있는 것 아닌가요?"라고 물어보셨는데 그렇다고도 아니라고도 할 수 있습니다. 얼마나 많은 열성적인 사용자들이 편집에 참여하고 있는가라는 편집의 활성도라는 측면에서 보자면, 분명 나무위키가 한국어 위키백과보다 강합니다. 그러나 체계를 세우고 지속 가능한 지식 인프라를 구축해간다는 면에서는 위키백과 쪽이 더 단단합니다. 나무위키의 내용은 온라인에서만 유통되지만, 위키백과는 다른 형태의 지식으로 바뀌어 온오프라인을 넘나들며 다방면에서 활용됩니다. 지식의 인프라를 지향한다는 측면에서 위키백과는 지금까지 인간이 만들어온 어떤 지식 체계보다 견고합니다. 대학에서 생산하는 학술 논문이라는 형식과 함께 인간 지식의 가장 보편적인 형태라고 해도 좋을 체계가 위키백과입니다.

나무위키는 위키백과에 여러 가지 자극을 주고 있습니다. 위키 편집은 웬만한 사람은 사용법을 익히기 어려울 만큼 난이도가 있다는 것이 통념이었는데, 나무위키는 적당한 자극이 있다면 누구라도 적극적으로 참여할 수 있음을 증명해 보이고 있거든요. 또한 지식을 전하기 위해서는 조금 더 쉽고 친근해질 필요가 있는데, 어떻게 그 목표를 이룰 것인가의 한 방향을 나무위키가 보여주고 있습니다. 결국 나무위키와 위키백과는 서로 적당한 자극을 주는 경쟁자라고 할 수 있습니다.

Q 페이스북이 위키백과보다 훨씬 재미있지 않나요?

페이스북과 위키백과는 너무 다른 서비스여서 같이 놓고 비교하기에는 무리가 있습니다. 페이스북은 실명에 기반하며, 친구의 소식을 빠르게 전달해주는 서비스죠. 반면에 위키백과는 익명성을 기반으로 하고 있고, 자신이 알고 있는 지식을 누구나 사용 가능한 형태로 편집해서 제공하는 서비스입니다. 둘 사이의 차이를 아주 단순하게 말한다면, 페이스북은 놀고 잡담하는 곳이고 위키백과는 공부하는 곳입니다. 그러니 어쩌면 가장 멀리 떨어져 있는 서비스들인지도 모릅니다.

물론 공통점도 있습니다. 바로 열성 사용자가 보이는 중독 증상입니다. 긍정적으로 표현하면 재미라고도 말할 수 있겠습니다. 페이스북의 중독 요소는 친구의 반응입니다. 친구의 댓글, '좋아요'에 일희일비하게 되고, 친구의 활동 내역이나 친구의 친구를 친구로 등록해 그 일상을 보는 재미에 빠지기도 합니다. 좀 센 표현을 쓰자면 '만인에 의한 만인의 스토킹 서비스'랄까요. 이런 특성이 낳는 문제들이 점차 심각해지고 있지만, 어쨌거나 페이스북이 주는 재미는 이미 세계적으로 검증이 끝났다고 볼 수 있습니다.

그렇다면 위키백과 편집자들은 어떤 부분에 중독 증상을 보일까요? 바로 함께 기여한다는 느낌입니다. 간밤에 어떤 문서를 조금 편집해놓고 잤는데, 아침에 일어나 보니 누군가 그 문서를 한층 풍성하게 만들어놓은 것이죠. 그건 아주 신선한 경험입니다. 이 모니터 건너편에 나와 같은 관심사를 공유하는 사람이 있구나, 이름 모를 그 누군가가 나를 도와주기 위해 자기 시간을 빼서 문서를 보충해주었구나. 이런 느낌은 마치 유토피아 같은 곳에 들어가 불특정 다수의 호의와 선의를 받으며 느끼는 감동과 비슷하리라 생각합니다. 하지만 당연히 이런 기쁨만 있지는 않겠지요?

어느 날 그런 기쁨을 타인과 공유하기 위해 어떤 문서를 애써 편집해놓고 잤는데, 다음 날 일어나 보니 내 편집이 원상태로 싹 되돌려져 있고 내 사용자 토론 페이지에 뭔가를 지적하는 내용이 적혀 있다면 순식간에 극도의 분노가 치솟을 것입니다. 아니, 내가 뭐 특별히 잘못한 게 있나? 그냥 자상하게 설명해주거나 내용을 조금 개선해주면 될 것이지, 내 시간과 노력의 결정체를 자기 마음대로 되돌려버리다니! 이런 경우 상대방이 나를 무시했다는 느낌이 들기 때문에 분노가 매우 커집니다. 사실 알고 보면 그 사람은 그냥 편집에 문제가 있다는 지적을 했을 뿐 나를 무시한 것은 아니죠. 하지만 그 순간에는 그렇게 관대하고 이성적인 판단을 하기가 쉽지 않습니다. '네가 감히 내 귀한 편집을 날려버려?'라는 분노의 감정이 훨씬 크지요.

이렇게 기쁨과 분노를 오가는 경험을 몇 번 하고 나면 위키백과가 움직이는 원리를 어느 정도 익히게 됩니다. 그런 다음에는 위키백과가 나아가는 길이 타인의 노력을 소중히 하며, 인간의 지식을 최대한 보기 좋게 다듬어 축적해가려는 노력임을 몸소 느끼게 됩니다. 그때부터는 누구라도 자신의 시간과 노력을 아낌없이 내놓게 되지요. 중독을 걱정해야 할 정도로요. 저는 중독까지 가본 적은 없습니다만, 위키백과를 편집하면서 저 건너편에 사람이 있다는 생각을 자주 합니다. 그는 저를 잘 이해하기도 하고, 전혀 이해하지 못하기도 하지요. 그를 설득하기 위해서는 이런저런 근거를 찾아와야 해서 아주 번거로울 때도 있습니다. 그럼에도 불구하고 이 느리게만 보이는 길이 실은 가장 빨리 가는 길임을 믿고 편집에 참여하고 있습니다. 쓰고 나니 뭔가 간증하는 느낌이 드네요. 위키백과는 종교가 아닙니다만, 사실 어떤 종교보다도 이상적인 목표를 가졌다는 생각도 가끔 합니다.

Q 위키백과는 네이버 지식백과보다 믿을 만한가요?

　이렇게 답하면 무성의하다고 하실지 모르겠지만, 그럴 수도 있고 그렇지 않을 수도 있습니다. 우선 몇 가지 사례를 들어보겠습니다. 대한민국의 등록 문화재 가운데 하나인 철원 노동당사의 경우를 보면 2018년 9월 1일 현재 위키백과에서는 340자 정도의 간략한 설명만을 제시하고 있습니다. 반면에 네이버 지식백과에서는 700여 자의 『두산백과』이외에도 한국관광공사, 문화재청 등 여러 출처에서 제공하는 정보를 함께 보여주고 있습니다.

잠깐 곁말을 해야 하는데, 네이버 지식백과는 검색 시스템입니다. 검색 시스템은 그 자체로 백과사전은 아닙니다. 말 그대로 다양한 정보를 검색해서 결과를 보여주는 시스템인 것이죠. 검색 결과만을 보는 사용자 입장에서는 위키백과나 네이버 지식백과나 그게 그것 같아서 별 차이를 느끼지 못할 수도 있습니다만.

예를 들어 네이버 지식백과에는 '이순신'을 표제어로 하는 수십 개의 항목이 존재하지만 그 내용은 대동소이합니다. 이순신에 대해

위키백과 '이순신' 항목

_ □ ×

위키백과
우리 모두의 백과사전

문서 토론   읽기 편집 역사 보기   위키백과 검색 🔍

대문
사용자 모임
요즘 화제
최근 바뀜
모든 문서 보기
임의 문서로
도움말
기부

도구
여기를 가리키는 문서
가리키는 글의 최근 바뀜
파일 올리기
특수 문서 목록
고유 링크
문서 정보
위키데이터 항목
이 문서 인용하기

인쇄/내보내기
책 만들기
PDF로 다운로드
인쇄용 판

다른 프로젝트
위키미디어 공용
위키인용집
위키문헌

다른 언어 ⚙
العربية
English
Español
हिन्दी
Bahasa Indonesia
Bahasa Melayu

이순신

위키백과, 우리 모두의 백과사전.

🐾 다른 뜻에 대해서는 이순신 (동음이의) 문서를 참조하십시오.

🐾 비슷한 이름의 이순신에 관해서는 해당 문서를 참조하십시오.

이순신(李舜臣, 1545년 4월 28일 ~ 1598년 12월 16
일 (음력 11월 19일))은 조선 중기의 무신이다. 본관은
덕수(德水), 자는 여해(汝諧), 시호는 충무(忠武)이며,
한성 출신이다. 문반 가문 출신으로 1576년(선조 9
년) 무과(武科)에 급제[2]하여 그 관직이 동구비보 권
관, 훈련원 봉사, 발포진 수군만호, 조산보 만호, 전라
좌도 수군절도사를 거쳐 정헌대부 삼도수군통제사에
이르렀다.

본인 스스로에게 엄격하고 청렴한 생활을 하고 깊은
효심을 지닌 선비의 모범으로 평가된다. 장수로서는
임진왜란 때 조선의 삼도수군통제사가 되어 부하들
을 통솔하는 지도력, 뛰어난 지략, 그리고 탁월한 전
략과 능수능란한 전술로 일본 수군과의 해전에서 연
전연승하여 나라를 구한 성웅(聖雄)으로 추앙받고 있
다. 노량 해전에서 전사한 뒤 선무공신 1등관에 추록
되고 증 의정부우의정에 추증되고 덕풍군에 추봉되
었다가, 광해군 때 다시 증 의정부좌의정에 추증되고
덕풍부원군에 추봉되었고, 정조 때에는 증 의정부영
의정으로 가증(加贈)되었다.

고려 때 정5품 중랑장(中郞將)을 지낸 덕수 이씨의
시조 이돈수(李敦守)의 12대손이며, 조선 초 영중추
부사(領中樞府事)를 지낸 이변(李邊)[3]의 후손이다.
외가는 초계 변씨(卞氏), 처가는 온양 방씨(方氏, 당
시에는 상주 방씨)이다. 그의 묘는 충청남도 아산시
에 있다.

목차 [숨기기]

1 인생
  1.1 어린 시절

이순신

전(傳) 충무공 이순신 상
(부산 동아대학교 박물관 소장)

조선의 삼도수군통제사 겸 전라좌도 수군절도사	
임기	1597년 9월 3일~1598년 12월 16일
군주	선조
전임	원균
후임	이시언
조선의 삼도수군통제사	

어떤 관점을 가지고 자신의 주장을 펼친다면 모를까, 사전적 정의에
해당하는 짧은 서술은 크게 달라지기 어렵기 때문이지요. 다 비슷비
슷하다고는 해도 일단 항목의 개수가 많아지면 검색이 더 잘 되기 마
련입니다. 어떻게 하든 걸려나올 수밖에 없으니까요. 또한 조금씩이
나마 다르게 서술되었다는 것, 다른 사람이 썼다는 것은 해당 내용의
비교 검증 가능성이 열려 있다는 뜻이기도 합니다. 같은 항목에 대한
몇 가지 서술을 비교하면서 오류나 왜곡을 발견해낼 수 있으니까요.

위키백과의 안과 밖

225

반면에 위키백과는 중복을 배제합니다. '이순신'을 표제어로 하는 항목은 단 하나뿐입니다. 자연히 위키백과에는 겹치는 정보가 적고, 시간이 흐를수록 내용의 질적 수준이 올라가지요. 대신 위키백과는 자신이 옳다는 걸 스스로 검증할 수 없습니다. 위키백과 밖에서 다른 무엇인가를 가져와서 확인해야 오류를 줄일 수 있습니다. 그렇다고 해서 위키백과가 네이버 지식백과보다 신뢰도가 낮다고 볼 수는 없습니다. 둘은 서로 다른 체계를 가지고 있기 때문에, 서로 다른 종류의 오류에 빠질 수 있습니다. 따라서 무엇이 더 믿을 만한가를 단순 비교하기는 어렵습니다. 단, 위키백과가 네이버 지식백과보다 더 부지런히 갱신되고 있는 것은 분명합니다.

그렇다면 네이버 지식백과에서 검색한 것을 적당히 쓰면 될 것 같은데 왜 굳이 위키백과를 사용해야 하느냐고 질문할 수도 있겠네요. 이번엔 독일의 프리드리히 3세 항목을 보기로 하죠. 위키백과의 정보량은 2018년 9월 현재 약 6만 1000바이트입니다. 반면에 네이버 지식백과를 검색했을 때 가장 상단에 보이는 것은 김동원 교수가 집필한 네이버의 자체 카테고리 문서로 약 1만 6000바이트의 분량입니다. 김동원 교수는 합스부르크 왕가를 연구하여 학위를 받은 그 분야의 전문가이므로 그만큼 신뢰도가 높다고 할 수 있습니다. 하지만 해당 문서의 맨 아래를 보면 참고문헌 가운데 영어 위키백과와 독일어 위키백과가 제시되어 있고, 문서의 내용 역시 위키백과의 서술에서 크게 벗어나지 않습니다. 그렇다면 무엇이 더 믿을 만할까요? 여기서 중요한 것은 갱신 가능성입니다. 김동원 교수의 글보다는 위키백과 문서가 갱신 가능성이 높지요. 시간이 갈수록 위키백과의 신뢰도가

독일·오스트리아 왕가

프리드리히 3세

가장 오래 살아 승리자가 된 군주

[Frederick III]

요약 프리드리히 3세는 53년의 재임 기간이 말하듯 질긴 생명력으로 모든 정적보다 더 오래 살아남아 최후의 승자가 되었다. 평소 곧잘 사용했던 'AEIOU'라는 이상야릇한 서명을 남겨 후세인들의 온갖 해석을 낳게 만들어 더욱 유명해졌다. 그 자신은 나약하고 무능하여 주변의 경쟁자들이 얕잡아보는 군주였으나, 그의 아들과 손자들은 강력한 통치자로 성장하여 오히려 주변 세력들로부터 두려움과 견제의 대상이 되었다. 결국 그는 현실 정치에서는 강한 자가 승리자가 되는 것이 아니라 오래 살아남는 자가 진짜 승리자가 된다는 것을 입증한 통치자의 전형이라고 할 수 있다. 1453년 황제가 된 뒤 공국 오스트리아를 대공국으로 승격하였다. 그리하여 그 이후 모든 오스트리아의 공작은 대공의 칭호를 사용하게 되었다.

참고문헌

· 이종완(편저), 『유럽의 합스부르크 왕가』, (공주: 공주대학교 출판부, 2003년).
· 기쿠치 요시오, 『신성로마제국』, 이경덕 옮김, (다른세상, 2010년)
· Philip J. Potter, *Monarchs of the Renaissance: The Lives and Reigns of 42 European Kings and Queens* (North Carolina: McFarland, 2012년).
· Andrew Wheatcraft, *The Habsburgs: Embodying Empire* (London: Viking, 1995년).
· Jean Bérenger, *A History of the Habsburg Empire 1273-1700* (London.New York: Longman, 1994년).
· http://en.wikipedia.org/wiki/Frederick_III,_Holy_Roman_Emperor
· http://de.wikipedia.org/wiki/Friedrich_III._(HRR)
· http://www.habsburger.net/en/persons/habsburg-emperor/frederick-iii
· http://epicworldhistory.blogspot.kr/2013/07/early-holy-roman-empire.html

각주

1) 현재 엔스 강 위의 지역인 오버외스트라이히와 달리 이 당시는 티롤 지방과 옛 슈바벤 공국령을 지칭하였다.

올라갈 것입니다.

이번엔 이탈리아 요리 항목을 봅시다. 한국어 위키백과의 정보량은 2018년 9월 현재 약 7만 5000바이트인 데 반해 네이버 지식백과가 가장 먼저 보여주는 『두산백과』의 정보량은 1439바이트에 불과합니다. 네이버 지식백과에서 『두산백과』 바로 다음에 보여주는 검색 결과는 한국어 위키백과입니다. 한국어 위키백과는 문서 하단에 124개의 출처와 10개의 참고문헌을 밝히고 있습니다. 『두산백과』의 해당 문서에는 별도의 참고문헌이 달려 있지 않고요. 이런 경우에는 문서 자체의 내용이 비슷하더라도 한국어 위키백과의 신뢰도가 높다고 할 수 있습니다.

위키백과는 여러 사용자의 공동 작업으로 이루어지기 때문에 사용자들의 관심이 모이는 분야는 빠르게 성장하고, 그렇지 못한 분야는 성장이 더디다는 한계가 있습니다. 하지만 많은 사람이 검색하는 정보는 대체로 정보를 생산하는 사람들의 관심도 높기 마련입니다. 따라서 한국어 위키백과의 일반적인 항목들은 일정 수준 이상의 깊이와 신뢰도를 확보하고 있다고 볼 수 있습니다.

조금 더 전문적인 내용을 살펴보기로 하죠. MOSFET은 현대 전자기기의 모양을 바꾼 혁신적인 트랜지스터입니다. 네이버 지식백과에서 해당 항목을 찾아보면, 2010년에 출간된 책 『죽기 전에 꼭 알아야 할 세상을 바꾼 발명품 1001』의 내용을 그대로 싣고 있습니다. 1578바이트의 정보량으로 간략한 동작 원리만을 설명합니다. 반면, 한국어 위키백과에서는 4만 6000여 바이트의 정보량으로 10개의 출처를 제시하고 있습니다. 기술 분야의 전문적 내용에 대해서도 위키백과의 신뢰도는 높다고 평가할 수 있습니다.

한편 네이버 지식iN 같은 질문-답변 시스템은 백과사전과는 전혀 다른 정보 유통 방식입니다. 앞서 예로 든 독일의 프리드리히 3세에 대해 네이버 지식iN에서 검색해보면 2008년에 올라온 "위키백과에 없어서 묻는데 철십자 훈장을 재정한 것 말고 또 어떤 공적이 있습니까?"라는 질문이 가장 먼저 노출됩니다. 2008년 당시 한국어 위키백과에서 프리드리히 3세의 정보량은 2000바이트에 불과했기 때문이죠. 그 이후로 10년의 시간이 흐른 지금 위키백과의 정보량은 대폭 성장했지만, 네이버 지식iN의 질문과 답변은 그대로 남아 있습니다.

한편 MOSFET에 대해 네이버 지식iN에 올라온 질문에는 '작동 전압'과 같은 실제 사용에 관한 질문이 대부분입니다. 이런 내용은 제조사마다 차이가 있어 백과사전에 등재하기에는 마땅치 않은 정보죠. 이것이 바로 네이버 지식iN에서 다루는 정보를 백과사전의 내용과 1대 1 비교하기 어려운 이유입니다. 사람들이 백과사전에서 MOSFET을 검색할 때는 좀 더 원리적인 내용을 찾기 위해서일 것입니다. 반면에 당장 내가 써야 하는 제품이 왜 3.5볼트의 전압에 작동하지 않는지를 알고 싶다면 그것을 해결해줄 수 있는 사람(혹은 그 사람이 작성한 네이버 지식iN의 답변)을 찾아야 할 것입니다.

따라서 어떤 상황에서든 위키백과가 무조건 우월한 것은 아닙니다. 검색한 결과를 신뢰할지 말지를 판단하는 것은 결국 독자의 몫이기도 하고요. 위키백과에서는 등재된 모든 정보가 다 믿을 만하다고 말하지 않습니다. 오히려 문서 하단에 면책조항을 링크해놓습니다. 면책조항의 핵심은 "위키백과는 정확성을 보증하지 않습니다"입니다. 위키백과에는 당연히 잘못되거나 부족한 정보들이 있지만 사용자들의 부단한 노력으로 그 문서들은 나날이 개선되고 있고, 더불어 위키백과의 신뢰도 역시 높아지고 있습니다.

Q 영어판, 일본어판에 비해 한글판은 좀 구린 것 아닌가요?

먼저 정정할 것이 있습니다. 한국어 위키백과는 한글판 위키백과가 아닙니다. 영어 위키백과가 알파벳 위키백과Alphabet Wikipedia일 수 없고, 일본어 위키백과가 가나 위키백과인 것은 아니니까요. 한글과 한국어는 종종 혼동되기도 합니다만, 위키백과에서는 한국어판이라는 표현으로 합의되어 있습니다.

영어는 세계어의 지위를 가진 언어이며, 일본어와 독일어는 OECD 국가의 언어이면서 사용 인구 1억이 넘는 언어입니다. 이들 각 언어판은 해당 언어 사용 국가의 경제력, 기술력에 걸맞은 문서량을 자랑하고 있습니다. 한국어도 사용 인구가 세계적으로는 8000만 명 가까이 되지만 대한민국에 한정짓는다면 5000만이 안 됩니다. 경제력, 기술력에서도 영어, 일본어, 독일어권에 비하면 결코 강하다고 보기 어렵지요. 그러니 일단 그 언어판의 항목들에 비해 한국어판은 약할 수밖에 없습니다.

그런데 그 약하다는 말은 생각보다 모호합니다. 항목별로 비교해보면 결과가 달라지는 경우도 많고, 한국어 위키백과에만 있는 항목도 꽤 있습니다. 2018년 9월 현재 한국어 위키백과의 항목 수는 42만이 넘습니다. DVD로 출시되었던 『브리태니커』 영어판이 10만여 항목이었음을 감안하면 단순 비교만으로도 4배가 됩니다. 항목당 평균 문서 길이 등을 고려해보면 그 차이는 훨씬 커집니다. 물론 영어 위키백과는 이미 570만 항목을 넘어서 한국어 위키백과의 10배가 넘는 규모를 자랑합니다. 그렇다고 해서 한국어 위키백과를 '약한' 백과사전이라 볼 수는 없습니다.

대학교수들 중에는 영어판이나 일본어판 위키백과는 칭찬하면서 한국어판은 볼 게 없다, 믿을 만하지 않다고 이야기하는 이들이 있습니다. 그 말에는 다음과 같은 의미가 포함되어 있겠죠.

- 위키백과는 분명 의미 있는 지식 창고이며, 학문 연구에도 도움이 되고 있다는 인정
- 자신은 영어판, 일본어판을 읽는 데 별 문제가 없다는 과시
- 자신의 전공 분야에 대한 외국어 문서보다는 아무래도 모국어인 한국어 문서에서 단점이 더 잘 보이는 상황

위키백과를 얘기하면서 한국어판만을 따로 떼어내 생각할 수는 없습니다. 위키백과는 여러 언어판이 유기적으로 묶여 있으며, 기계 번역의 성능이 좋아질수록 더욱 단단하게 묶일 것입니다. 한 가지 덧붙이자면, 전공자가 자기 분야의 위키백과 문서가 충실하지 못한 것을 보고 그냥 넘어간 것 자체가 이미 부끄러운 일입니다. 해당 문서는 아마 비전공자들이 작성한 결과물일 것입니다. 비전공자들이 그렇게 열심히 공부해서 빈 곳을 채우고 있는데, 전공자들이 대안 없는 비판만 하고 있다면 그는 더 이상 지식인이라고 말할 수 없겠지요.

'알찬글'로 선정된 문서들은 말할 것도 없고, 마니아가 관심을 가지고 편집한 한국어판 문서들의 상당수가 압도적인 품질을 보여주고 있습니다. 이런 모범 사례는 위키백과 내에서 꾸준히 확산되고 있습니다. 지식이 생산되는 시스템 자체는 영어판이든 한국어판이든 전 세계 어디나 동일합니다. 이 시스템이 얼마나 빨리 움직이는가, 얼마나 큰 규모로 움직이는가의 차이는 있겠으나, 그 시스템 자체의 확산성은 모든 언어판에서 훌륭하게 작동하고 있습니다. 그러니 세상 모든 지식이 위키백과 안에 정리되는 것은 시간 문제입니다. 당연히 한국어 위키백과도 그에 충실히 동참하고 있습니다.

Q 한국 위키, 한글 위키, 국어 위키가 아닌 이유는 뭔가요?

　1부에서 설명한 것처럼 위키백과는 언어에 따라 커뮤니티를 형성하고 있습니다. 영어를 사용하는 사람들은 영어 위키백과에 커뮤니티를 형성하고 자신들의 독자적인 운영 규칙과 문화를 만들었습니다. 다른 언어들도 마찬가지죠. 한국어 위키백과 역시 한국어를 사용하는 사람들의 커뮤니티입니다. 인터넷 커뮤니티의 가장 큰 장점 가운데 하나는 언어만 통한다면 국적이나 거주지는 그리 큰 장애가 아니라는 것입니다. 많은 수는 아니지만, 한국어 위키백과에도 분명 한국인이 아닌 사용자들이 활동하고 있습니다.

　'국어'란 한국 안에서만 한국어와 동일한 의미로 통용되는 말입니다. 베트남에선 당연히 베트남어가 꾸옥응으Quốc Ngữ(국어)이고, 일본에선 일본어가 고쿠고國語(국어)이겠지요. 세계라는 시야에서 볼 때 '국어 위키백과'란 이름은 혼동을 주기 쉽습니다. 따라서 한국어로 쓰이는 위키백과는 '국어 위키백과'가 아니라 '한국어 위키백과'라는 이름을 갖게 되었습니다.

일상에서뿐만 아니라 글쓰기에서도 한국어와 한글을 혼동하는 일이 많습니다. 해외의 인터넷 매체에서는 종종 한국어를 한글이라고 부르기도 합니다. 한글은 주로 한국어를 표기하긴 하지만, 문자 체계이지 언어 그 자체가 아닙니다. 한글은 과학적이고 배우기 쉬운 '문자'이지만, 한국어는 외국인이 배우기 어려운 '언어'로 악명이 높습니다. 또한 동아시아의 여러 언어 가운데 독자적인 문자가 가장 늦게 만들어진 언어이기도 합니다.

미국의 해외 파견 공무원을 위한 연수원Foreign Service Institute(FSI)에서는 영어를 모국어로 하는 화자가 외국어를 배울 때 어떤 언어가 쉽고 어떤 언어가 어려운지를 단계별로 구분하고 있습니다. 1단계인 프랑스어나 네덜란드어는 22~23주 정도 학습하면 실무에 투입될 수 있다고 판단합니다. 2단계인 독일어는 30주입니다. 한국어는 가장 어려운 단계인 5단계에 속하며 88주를 학습해야 실무에 투입될 수 있습니다. 거의 2년 가까이를 배워야 하는 것이죠(FSI가 가장 배우기 어려운 언어로 꼽은 것은 일본어입니다. 아무래도 한자를 따로 배워야 하니까요).

FSI의 언어 난이도는 물론 영어 화자를 기준으로 한 것이지만, 인도 유럽어 계통을 모국어로 하는 화자들은 대체로 한국어나 일본어를 배우기 어려워합니다. 그러니 K-POP에 심취해 한국어를 배운 남미나 유럽 팬들은 충분히 칭찬받을 만합니다. 높은 연봉을 보장하는 미국의 공무원들이 작심하고 배워도 힘든 언어를 이들은 오로지 팬심으로 극복한 것이니까요. '덕력'이 이렇게 무섭습니다.

한국어 위키백과는 한국어를 표기하는 표준 문자인 한글을 사용하지만, 어디까지나 문자가 아닌 언어를 기준으로 편집되는 '한국어' 위키백과입니다. 대한민국 안에서는 이 둘이 늘 함께 붙어 있기 때문에 따로 인식하기가 어렵지만, 언어와 표기 문자 사이의 관계는 아주 다양한 형태가 존재합니다. 몽골어를 예로 들어 봅시다. 몽골은 단일한 언어를 사용하는 독립적인 문화를 가지고 있습니다. 그러나 원나라 멸망 이후 독립적인 정치 주권을 갖지 못했습니다. 몽골어는 처음에는 별도의 문자가 없었으나, 칭기스 칸 시대에 이르러 위구르 문자를 바탕으로 새로운 문자를 만들어 사용했습니다. 이 몽골 문자는 훗날 만주어에도 전해져 만주 문자의 기초가 됩니다. 그런데 청나라 강희제 시기에 내몽골과 외몽골이 분리되면서 몽골어의 표기에도 변화가 생겼습니다. 한자를 이용해 몽골어를 표기하는 일이 많아진 것입니다. 청나라가 망하고 중화민국이 세워질 즈음 외몽골 역시 독립하여 몽골국을 세웠습니다. 이후 소련을 중심으로 한 사회주의권에 편입되면서 이번에는 몽골어가 키릴 문자로 표기되기 시작했습니다. 오늘날 몽골어는 몽골 문자와 함께 키릴 문자와 한자로도 표기됩니다. 몽골어 위키백과는 대표 표기 문자로 키릴 문자를 선택했습니다.

한국어 위키백과도 초기에는 중세 한국어 위키백과나 국한문 혼용 한국어 위키백과를 별도로 만들자는 논의가 진행된 적이 있습니다. 하지만 그런 일에 관심을 갖는 사용자가 적어서 무산되었습니다. 위키백과에서 어떤 일의 실행 가능 여부는 참여자가 얼마나 되는가에 달린 일이기 때문입니다.

'독도' 문서의 분류 가운데 '영토 분쟁 중인 섬'이 있습니다. 독도는 엄연히 한국령입니다. 이렇게 기술하면 일본의 영토 야욕에 편승하는 것 아닌가요? 영토 분쟁 지역이 아니라는 한국 정부의 공식 입장이 이 분류에도 적용되어야 하는 것 아닌가요?

거듭 말씀드리지만 위키백과의 가장 기본적인 정신 가운데 하나는 중립성입니다. 중립적 편집이 단순히 기계적인 중립을 말하는 것은 아닙니다만, 서로 양립할 수 없는 주장이 대치하고 있을 때 어느 한쪽의 입장만을 설명한다면 중립성을 훼손하는 것입니다.

독도는 분명 대립하는 양쪽의 주장이 명확하게 존재하는 항목입니다. 독도를 대한민국이 실효적으로 지배하고 있다고 해도 어차피 문서에는 일본이 이를 인정하지 않고 있다는 설명이 들어갈 수밖에 없습니다. 이런 상황에서 분쟁이 없다고 하는 것은 정확한 사실 관계를 기술한 것이 아니죠. 일본의 입장에서는 특히나 받아들이기 어려울 것이고요.

위키백과에서는 사용자가 기존의 공인된 설명을 넘어서는 새로운 주장을 집어넣는 것을 독자적 연구 행위로 판단해 금지하고 있습니다. 학술 분야에서는 독자적 연구가 필수불가결한 요소이지만, 위키백과는 새로운 지식을 발명하는 곳이 아니라 기존의 지식을 종합하는 곳입니다. 기존의 지식을 적당히 짜깁기하여 자신이 주장하는 바를 교묘히 집어넣는 것도 금지됩니다. 특정 입장에 대해 출처를 표시하고, 충분하고 자세하게 설명하는 것은 가능하지만 그것을 핑계로 반대쪽 입장을 완전히 무시하는 것은 중립성 위반입니다. 위키백과는 맞고 틀림, 옳고 그름을 판단하는 재판소가 아닙니다.

독도뿐만 아니라 세계에는 많은 영토 분쟁 지역이 존재합니다. 일본과 중국이 오랫동안 분쟁을 이어온 일본명 센카쿠 열도尖閣列島, 중국명 댜오위다오釣魚島도 그 가운데 하나입니다. 일본이 실효적으로 지배하고 있긴 하지만, 이곳 역시 분쟁 지역으로 표기됩니다. 실효 지배만으로는 상대의 영토권 주장을 완전히 잠재울 수 없습니다. 일본과 중국의 분쟁에 대해 대다수의 한국인이 중국의 입장에 동조하는 것만 봐도 그렇습니다.

대서양과 지중해를 잇는 교통의 요지 지브롤터는 스페인 안달루시아 지방에 있지만 영국의 영토입니다. 원래 스페인 영토였으나 1704년 스페인의 왕위 계승전쟁에서 영국과 네덜란드 연합군에 점령된 뒤 지금까지 영국의 해외 영토로 남아 있습니다. 스페인에서는 계속 자국의 영토권을 주장하며 반환을 요구합니다. 심지어 지난 2000년 지브롤터 지역의 주민 투표에서 압도적 다수가 영국령으로 잔존하기를 희망했지만, 스페인은 무려 300년이 넘도록 영토권을 주장하고 있습니다. 이런 경우에도 위키백과는 분쟁 지역으로 표기합니다.

영어나 스페인어와 달리 한국어, 일본어, 중국어는 사용자의 압도적 다수가 곧 해당 국가의 국민이기도 합니다. 때문에 서로 독립적으로 운영되는 언어별 위키백과의 내용도 미묘하게 그 영향을 받습니다. 독도의 경우 우선 표제어부터 한국어 위키백과는 [[독도]]를, 일본어 위키백과는 [[竹島(島根県)]], 즉 다케시마를 표제어로 택하고 있습니다. 이는 해당 언어에서 무엇이 더 많이 쓰이는가를 기준으로 선정된 것이지만, 사실상 각 국가의 입장이 반영되어 있는 셈입니다. 한국어를 모국어로 하는 사람 가운데 독도를 다케시마라고 부르는 경우는 없다고 보아도 무방하니까요.

한편, 영어판에서는 [[Liancourt Rocks]]를 표제어로 하여 한국에서는 독도, 일본에서는 다케시마라고 부른다고 설명합니다. 이렇게 각 문서마다 제공하는 다른 언어로의 링크, 즉 인터위키를 이용하면 어떤 언어에서 어떤 표제어를 채택하고 있는지 모두 살펴볼 수 있습니다. 인터위키 밑에 있는 '링크 편집' 버튼을 누르면 위키데이터로 연결되는데, 그곳에서는 아예 독도 문서가 있는 모든 언어별 위키백과와 표제어를 한눈에 확인할 수 있습니다. 2018년 9월 현재 42개 언어가 독도 문서를 가지고 있습니다. 한국어와 중국어, 체코어, 폴란드어 등 일부 위키백과가 '독도'를 표제어로 채택하고 있고, 일본어만이 '다케시마'를 표제어로 삼았으며, 나머지 언어는 모두 '리앙쿠르 암초'를 표제어로 하고 있습니다. 제3자의 입장에서 굳이 분쟁이 있는 어느 한쪽의 명칭을 사용하는 것은 피하고 싶기 때문일 것입니다. 다음은 독도에 대한 한국어, 일본어, 영어 위키백과의 개요를 옮긴 것입니다.

한국어 위키백과

독도(獨島)는 동해의 남서부, 울릉도와 오키 제도 사이에 있는 섬으로, 동도와 서도를 포함한 총 91개의 크고 작은 섬들로 이루어져 있다. 독도의 동도는 동경 131도 52분 10.4초, 북위 37도 14분 26.8초에 자리 잡고 있고, 서도는 동경 131도 51분 54.6초, 북위 37도 14분 30.6초에 위치해 있다. 일본에서는 다케시마(일본어: 竹島)라는 명칭으로 영유권을 주장하고 있으며, 제3

국에서는 중립의 입장을 보이는 리앙쿠르 암초(프랑스어: Rochers Liancourt, 영어: Liancourt Rocks) 등으로 불리고 있다.

현재 대한민국이 실효 지배하고 있으나, 일본에서는 이 섬을 대한민국이 불법으로 점거하고 있다고 항의하며 영유권을 주장하고 있다. 대한민국에서는 1952년 당시 이승만 전 대통령이 평화선을 선포하여 일본에 대해 강경하게 맞선 경우를 제외하고는 독도 문제에 대하여 대체적으로 '조용한 외교' 정책을 취하고 있다.

일본어 위키백과

竹島（たけしま）は、日本海の南西部に位置する島。主に2つの急峻な岩石でできた島からなる。1952年以降韓国が占領（実効支配）を継続しており、日本および北朝鮮がそれぞれ領有権を主張している。「竹島」は日本における呼称で、韓国・北朝鮮では「独島（獨島、トクト、독도、Dokdo）」、第三国では中立的立場から「リアンクール岩礁(Liancourt Rocks)」などと呼ばれている。本来は人の住める環境ではなく無人島であったが、1952年以降韓国が武力行使によって侵略・占拠、韓国の武装警察官が多数常駐し実効支配を続けている。日本はこれに対し「不法占拠」として抗議を続けている。しかし韓国側は、独島（竹島の韓国名）は歴史的・地理的・国際法的に韓国の固有領土であると主張し、独島問題に領土問題は存在しないという立場を取っている。

다케시마는 일본해 남서부에 위치한 섬이다. 주로 2개의 가파른 바위로 된 섬으로 구성된다. 1952년 이후 한국이 점령(실효 지배)을 계속하고 있으며, 일본과 북한이 각각 영유권을 주장하고 있다. '다케시마'는 일본의 호칭으로 한국과 북한에서는 '독도'라 부르고, 제3국은 중립적 입장에서 '리앙쿠르 암초(Liancourt Rocks)' 등으로 부르고 있다.

본래는 사람이 살 수 있는 환경이 아니라 무인도였으나, 1952년 이후 한국이 무력으로 침략 점거하여 한국의 무장 경찰이 다수 거주하며 실효 지배를 계속하고 있다. 일본은 이에 대해 '불법 점거'라며 항의를 계속하고 있다. 그러나 한국 측은 독도(다케시마의 한국 이름)는 역사적·지리적·국제법적으로 한국의 고유 영토라고 주장하며 독도 문제에 영토 문제는 존재하지 않는다는 입장을 취하고 있다.

영어 위키백과

The Liancourt Rocks, also known as Dokdo or Tokto(Korean pronunciation: [tok̚.t͈o]; Hangul: 독도; Hanja: 獨島, "solitary island") in Korean, and Takeshima(竹島, "bamboo island") in Japanese, are a group of small islets in the Sea of Japan. While South Korea controls the islets, its sovereignty over them is contested by Japan. South Korea classifies the islets as Dokdo-ri, Ulleung-eup, Ulleung County, North Gyeongsang Province. Japan classifies them as part of Okinoshima, Oki District, Shimane Prefecture.

The Franco-English name of the islets derives from Le Liancourt, the name of a French whaling ship that came close to being wrecked on the rocks in 1849.

리앙쿠르 암초는 한국에서는 독도獨島(외딴섬)라고 부르며, 일본에서는 다케시마竹島(대나무섬)라고 부르는 일본해에 있는 여러 작은 섬들이다. 한국이 실효 지배하고 있으나 일본이 그 주권 행사를 놓고 경쟁하고 있다. 한국에서는 경상북도 울릉군 울릉읍 독도리로 편입되어 있다. 일본에서는 시마네 현 오키군 오키노시마정으로 행정 구역을 정했다.

프랑스식 영어 이름인 리앙쿠르는 1849년 그 섬에 접근했던 프랑스 포경선의 이름에서 따온 것이다.

이와 같이 문서의 내용에는 각 언어를 사용하는 사람들의 일반적인 인식이 들어갈 수밖에 없습니다. 아무리 중립성을 강조한다고 해도 한국어 위키백과에는 한국의 실효 지배와 역사적 정당성에 대한 설명이 많을 수밖에 없고, 일본어 위키백과에는 일본 측 주장이 더 자세히 들어갑니다. 그렇다 하더라도 중립성의 기본적인 요소는 모두 갖추고 있습니다. 한국어 위키백과는 일본에서 부르는 명칭과 제3자의 명칭을 소개하고, 일본어 위키백과는 한국에서 부르는 명칭과 제3자의 명칭을 소개하고 있습니다. 뿐만 아니라 세 언어 모두 현재 한국이 실효 지배하고 있음을 서술하고 있습니다.

완전한 중립성은 유토피아적 이상일 뿐입니다. 현실은 이렇게 최대한 중립적 견지를 확보하려는 사용자들의 부단한 노력이 계속되는 모습입니다. 이제 납득이 좀 되셨나요? 지금껏 설명한 이유들로 한국어 위키백과와 일본어 위키백과 모두 독도를 영토 분쟁 지역으로 서술하고 있습니다.

스페인 VS 에스파냐

스페인과 에스파냐 중에서 무엇을 표제어로 선택할 것인가. 일견 원래의 이름인 에스파냐를 되찾아주는 것이 옳지 않을까 하는 생각이 든다. 사용 빈도로 보면 '코란'이 우세하지만 무슬림이 더 선호하는 '꾸란'이라는 표기를 유지한다거나, 조지아 측의 공식 요청으로 '그루지야'를 '조지아'라고 표기하는 등 빈도와는 별개로 원형에 가까운 표기를 선택하는 사례들이 있기 때문이다. 그렇다면 위키백과에서는 스페인과 에스파냐 중에서 무엇을 선택했을까? 결론부터 말하자면 스페인이다.

우선, 에스파냐를 지지하는 입장의 논리는 다음과 같다.

1. 스페인어 공식 명칭이 에스파냐 왕국이다.
2. 동경 대신 도쿄, 북경 대신 베이징을 쓰고 있다.
3. 교과서에서는 에스파냐로 쓰고 있다.

스페인을 지지하는 측은 이런 반론을 편다.

1. 통용 표기 빈도에서 스페인이 압도적이다.
2. 복합어 등에서 스페인과 조합된 경우가 더 많다(스페인 축구 국가대표팀/ 스페인어).
3. 스페인 대사관에서도 스페인이라는 표기를 쓰고 있다.
4. 입장을 바꿔 생각해봐도 'Korea'이지 'Han Guk'이 아니며 'Japan'

이지 'Nihon'이 아니다.

이런 논의가 끝없이 나오는 것은 양쪽 다 근거가 있기 때문이다. 에스파냐를 지지하는 측은 그것이 좀 더 원형에 가깝다고 생각하고, 스페인을 지지하는 측은 사회적 합의를 쉽게 바꿀 수 없다고 주장한다. 이에 더해 국립국어원이 제시하는 '표준어'의 존재가 논의를 더욱 복잡하게 만든다. 그러나 한국어 위키백과는 한국어 화자들의 공간이지 대한민국의 표준어와는 무관하기 때문에 표준어가 곧 정답의 역할을 하는 것은 아니다.

이 토론을 위해 참여자들은 스페인의 라틴어 어원까지 파고드는 등 여러 가지 근거를 가져왔을 뿐 아니라, 스페인 대사관과 대한민국 외교통상부에 전화해 공식 명칭이 무엇인지 문의하는 등 온갖 노력을 아끼지 않았다. 그리고 토론이 길어질수록 논지가 흐려지기 때문에 중간 중간 정리를 계속했다.

그런가 하면 이 토론 참여자들 중에 스페인 문서를 보강한 사람은 과연 몇이나 되는가라는 자조 섞인 반성이 나오기도 했다. 대표 표기 문제는 관점을 드러내는 데다가 결국 한 가지를 선택할 수밖에 없기 때문에 토론이 과열되는 경우가 많다. 종종 본문 내용보다 표제어 표기가 더 큰 관심을 끌기도 한다. 이런 소모적인 토론을 막기 위해 결국은 좀 더 보편적인 원칙인 [[위키백과:외래어의 한글 표기]]를 마련해야 했다.

그래도 몇 가지 합의 지점이 생겼다. 예를 들자면, 현지 발음을 존중하는 것은 어차피 어려운 일이고 외래어는 결국 우리가 사용하는 것이기 때문에 우리 방식의 표기가 더 중요하다는 점이다. 즉 '튀르키예'가 아닌 '터키'이고, '에스파냐'일 수도 있겠지만 '스페인'을 택하겠다는 것이다. 또한 국립국어원의 표기는 하나의 의견일 뿐 절대적이지 않다는 것에도 합의를 보았다. 국립국어원도 나름대로 고심해서 표기를 정하고 있겠지만, 위키백과의 관점에서는 그것이 충분히 보편적이지 않기 때문이다.

스페인 국명 토론은 참여자의 일부가 과열을 우려하여 토론을 며칠간 쉬자는 결정을 내리기도 하는 등 쉽사리 결론이 나지 않았다. 한 달 이상 계속된 토론에 지친 참여자들은 결국 투표를 통해 20 대 11로 스페인을 표제어로 채택했다. 이것이 끝이 아니었다. 이후 좀 더 심도 깊은 논의인 통용 표기에 대한 토론이 이어졌다.

위키백과의 안과 밖

243

4장 | 조금 기술적이거나 대답하기 난감한 질문들

Q 위키백과는 개인 블로그에 비해 설명도 딱딱하고 이미지가 너무 적지 않나요? 개선했으면 좋겠습니다.

모름지기 인터넷 매체라면 친절하고 쉬운 설명과 풍부한 멀티미디어 활용을 위해 노력하기 마련입니다. 유명 블로거들이 꾸민 블로그 페이지들은 그 꾸밈새가 정말 감탄하지 않을 수 없지요. 위키백과 역시 그런 모습을 지향하고 일부 문서는 참 잘 만들어져 있습니다. 하지만, 여전히 많은 문서가 간략한 개요뿐이거나 수식만 잔뜩 들어 있는 매력 없는 모습인 게 사실입니다. 혹시 위키백과 문서를 개선할 수 있는 좋은 아이디어가 있다면 토론 문서에 글을 남겨주세요. 적절한 아이디어를 제공하는 것은 문서 개선에 정말 큰 도움이 됩니다. 위키백과는 늘 지식의 개선을 환영합니다. 위키백과의 디자인이 보기 싫었던 어떤 회사에서는 위키백과의 콘텐츠를 더 나은 환경에서 읽을 수 있도록 wikiwand.com이라는 웹사이트를 만들기도

Q&A로 살펴보는 위키백과

했습니다. 이것도 일종의 기여이고 개선이지요.

『이상한 나라의 앨리스』의 첫 장면에서 앨리스는 언니와 함께 강둑에 앉아 있습니다. 언니는 그림도 대화도 나오지 않는 책을 읽고 있습니다. 앨리스는 그림도 대화도 없는 책이라니 도대체 이런 것을 어떻게 읽을 수 있는지 궁금해 합니다. 그 지루한 책을 말이죠. 위키백과 역시 그림이나 지도, 도표 없이 그저 글로만 이루어져 있다면 지루하기 짝이 없을 것입니다.

위키백과를 포함한 위키미디어재단의 여러 프로젝트는 다양한 멀티미디어를 확보하기 위해 노력하고 있습니다. 위키미디어 공용에 올라온 사진들은 위키백과에 실린 지식과 마찬가지로 자발적인 기여를 통해 축적된 것입니다. 위키미디어재단은 보다 좋은 품질의 이미지를 얻기 위해 콘테스트를 열기도 합니다. '위키는 문화유산을 사랑합니다Wiki Loves Monuments(WLM)'는 문화재와 관련한 사진 콘테스트이고, '위키는 지구를 사랑합니다Wiki Loves Earth(WLE)'는 자연보호 구역에 대한 콘테스트입니다. 여러분이 사진 촬영에 관심이 있다면 직접 찍은 사진으로 콘테스트에 참가하는 것도 좋습니다. 콘테스트에서 입상하면 소정의 상금도 받을 수 있습니다.

위키백과의 지식은 여러 프로젝트와 함께 발전하고 있습니다. 사진이나 동영상, 음향 등의 미디어 자료는 위키미디어 공용에 업로드되고, 위키문헌은 저작권이 소멸된 중요 저작들을 싣습니다. 이것들은 위키백과의 문서에서 직접 이용되거나 참고 자료로 링크됩니다. 위키백과 문서에는 종종 다음 그림과 같은 틀이 달려 있습니다. 이는 위키미디어 공용에 해당 주제와 관련하여 더 많은 미디어 정보가 있

위키미디어 공용 이미지　　　　　　　　　　　　　　　　　　　　　　　 － □ ×

- 윤동주 | 독립유공자(공훈록) ⮳ - 국가보훈처
- 연세대학교 윤동주 기념사업회 ⮳
- 〈윤동주〉⮳,《한국민족문화대백과》, 한국학중앙연구원
- 윤동주, 시인이란 슬픈 천명을 안고 간 청년 시인 ⮳ - 네이버캐스트
- 「北문학지 "윤동주는 반일 애국시인"」⮳, 매일경제, 2008.3.26.
- 윤동주의 신앙은 기독교 구국정신과 일치 ⮳
- 김기창과 윤동주 ⮳ - 조선일보
- 윤동주 사진 ⮳, 한국독립운동사정보시스템

 위키미디어 공용에 관련된 미디어 자료가 있습니다. 윤동주

 위키문헌에 이 사람이 저술한 작품이 있습니다. 윤동주

음을 알려줍니다.

　위키백과에서 사용되는 멀티미디어는 원칙적으로 위키미디어 공용의 데이터베이스에 업로드되고 위키백과는 그것을 가져와 사용합니다. 예를 들어 [[윤동주]] 문서에 있는 윤동주 시인의 초상은 위키미디어 공용에 [[File:Yun Dong-joo 01.jpg]]로 저장되어 있습니다. 위키백과에서 이 사진을 사용할 때는 다음과 같이 입력합니다.

[[파일:Yun Dong-joo 01.jpg|thumb|윤동주]]

Q&A로 살펴보는 위키백과

위키백과에는 아무 사진이나 동영상을 업로드해도 될까요? 당연히 그렇지 않습니다. 자신이 직접 찍은 사진이나 동영상, 직접 그린 그림은 위키미디어 공용이 제시하는 저작권에 동의만 한다면 대부분 제한 없이 기여할 수 있습니다. 다만 이 경우에도 인물의 초상권 같은 민감한 문제는 주의해야 합니다. 내가 동의하지 않았는데, 내 사진이 인터넷에 올라와 누구나 공유한다고 생각해보세요. 이는 끔찍한 일이 될 수 있습니다.

자신이 직접 제작한 것이 아니라면 원저자의 저작권을 잘 살펴봐야 합니다. 저자가 사망한 지 70년이 되지 않은 자료들은 저자나 유족 혹은 출판사 등의 법인에게 저작권이 있습니다. 저작권을 확인하기 어려운 경우도 있지요. 이런 자료들은 위키미디어 공용에 올릴 수 없습니다. 이런 비자유저작물 중에도 위키백과에 업로드해 사용할 수 있는 것들이 있는데, 이런 경우에는 까다로운 조건과 함께 합당한 목적을 위해서만 사용해야 한다는 규제가 따릅니다. 다른 사람의 저작권을 함부로 침해해서는 안 되니까요.

대부분의 블로거들은 다른 곳의 이미지를 별다른 고민 없이 가져오지만, 위키백과는 저작권 지침이 까다롭기 때문에 블로그만큼 자유롭지 않습니다. 위키백과에서 사용되는 이미지들이 개선되기 위해서는 더 많은 기여자가 필요합니다.

질문에서 위키백과의 설명이 너무 딱딱하다는 지적도 하셨죠? 실제로 위키백과의 문서는 매우 진지합니다. 아주 예외적인 경우가 아니라면 유머나 농담은 허용되지 않습니다. 이런 특성이 지니는 장점이 분명히 있지만, 그럼에도 불구하고 백과사전이 지나치게 딱딱하고 어렵게 서술되어 있는 것은 지식과 정보의 전달을 방해한다는 면에서 결코 바람직한 일이 아닙니다. 영어 위키백과에서는 일반인을 대상으로 하는 항목에 전문용어나 학술용어가 너무 많이 들어간다는 이유로 아예 '심플 잉글리시 위키백과Simple English Wikipedia'를 따로 운영하고 있습니다. 한국어 위키백과에서도 쉽고 자세한 설명을 권장하고 있습니다. 불필요하게 어려운 설명은 여러분이 직접 고쳐도 좋습니다.

이런 노력으로도 어쩔 수 없을 만큼 주제 자체가 본래 어려운 항목도 있습니다. 특히 수학이나 과학, 기술 관련 항목은 해당 분야에 일정한 지식이 없다면 문서에서 설명하고자 하는 바를 정확히 파악하기 어려운 경우가 많습니다. 이럴 때는 위키백과와 관련 주제를 다루는 교양서적 혹은

위키백과에서는 아주 간혹 유머나 농담이 허용됩니다. 사용자 스스로를 설명하는 [[위키백과:사용자]]가 그 예가 될 수 있습니다.

위키백과 사용자

보전 상태

멸종	멸종 위기	관심 필요
절멸　자생지절멸	위급　위기　취약	취약근접　관심필요

관심대상(LC), IUCN 3.1

생물 분류

계: 동물계
문: 척삭동물문
강: 포유강
목: 영장목
과: 사람과
속: 사람속 *Homo*
종: 호모 위키피디언스
　　H. wikipediens

학명

Homo wikipediens
Wales, 2001

아종

Homo wikipediens sysopous†
Homo wikipediens bureaucratous†
***Homo wikipediens userous*+**

교과서를 함께 보는 것이 좋습니다. 백과사전은 참조용 자료이지 교과서를 대신할 수 없으니까요.

 위키백과 문서의 본문이나 삽입된 사진, 음성, 동영상을 가져가 사용하고 싶습니다. 어떻게 하면 될까요?

위키백과와 위키미디어재단에서 관리 중인 모든 프로젝트는 CC BY-SA라는 저작권 정책을 따릅니다. 저작권과 관련해서는 이미 여러 차례 설명했으니 더 이상의 설명은 불필요하겠죠? 중요한 것은 위키백과에서 가져온 것임을 밝혀야 한다는 것과 위키백과의 콘텐츠를 이용해 만든 콘텐츠는 부분이든 전체든 CC BY-SA로 공개되어야 한다는 것입니다. 그래야 당신의 글이 또 다른 이들에게 편하게 공유될 수 있으니까요. 이런 '공유의 확산성'이 CC BY-SA의 주요 특징입니다.

저작권법 위반은 친고죄입니다. 즉 당신이 위키백과의 저작물을 CC BY-SA에 따르지 않고 사용하면 위법이지만, 위키백과가 그 책임을 묻기 위해 소송을 걸지 않는 이상 당신은 법적 처벌을 받지 않습니다. 물론 위키백과가 소송을 할 가능성은 극히 낮습니다. 위키백과는 소유 주체가 있는 지식이 아니기 때문에 소송을 진행하여 보상을 받을 당사자를 확정하기도 어렵고, 저작권 침해의 범위도 애매하기 때문이지요.

당신은 아마 선한 의도를 가지고 위키백과 저작물의 이용 방법을 물었을 것입니다. 당연히 위키백과의 규칙인 CC BY-SA를 지키며 저작물을 이용하고 싶을 것입니다. 그렇다면 앞서 말씀드린 대로 원저작물의 출처를 밝히고, CC BY-SA에 따라 저작물을 공개하는 것으로 당신의 의무는 끝납니다. 의무 이상의 한 가지를 더 제안하자면, 당신이 위키백과를 활용해 만들어낸 새로운 저작물과 지식을 정리해 다시 위키백과에 보태준다면 좋겠습니다. 이는 위키백과의 수혜자에게 자연스럽게 지워지는 윤리입니다. 불특정 다수의 도움을 받았으니 당신도 불특정 다수에게 도움을 주고 싶을 것입니다. 그 감사의 마음을 표현할 수 있는 방법은 여러 가지가 있습니다. 위키백과의 문서를 보강하는 일이 가장 대표적인 방법일 테고, 위키미디어재단에 소액을 기부하거나 위키백과를 친구들에게 소개할 수도 있습니다.

물론 위키백과는 당신의 감사를 바라지 않습니다. 당신이 감사 표시를 하지 않아도 위키백과는 언제나 그 자리에 있을 것입니다. 하지만 당신이 감사 표시를 한다면 위키백과는 더욱 강하고 충실한 모습이 되겠지요. 이것이 우리가 위키백과에 고마워해야 하는 이유입니다.

 위키백과는 전 세계에서 이용하는 사이트입니다. 막대한 트래픽은 어떻게 관리하나요?

맞습니다. 위키백과는 방문자 수 세계 5위의 웹사이트입니다. 그만큼 트래픽도 막대하지요. 위키백과는 데이터센터를 다섯 곳에 두고 있습니다. 이 중 세 곳에는 속도를 빠르게 하는 캐시 서버가 있고, 나머지 두 곳인 미국 텍사스와 버지니아에는 웹 서버와 데이터베이스가 있습니다. 위키백과가 처음 생겨났을 때 플로리다 탬

파 지역의 지미 웨일스 집 지하에 있던 서버가 버지니아의 애슈번과
텍사스의 캐럴턴으로 옮겨진 것입니다.

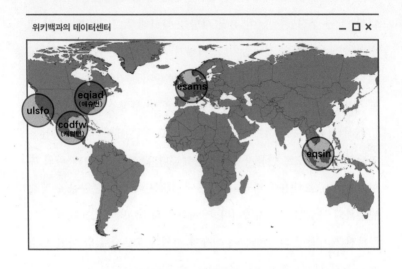

위키백과의 데이터센터   — □ ×

위의 그림에서 'eqiad'와 'codfw'라고 표시되어 있는 애슈번과 캐
럴턴 데이터센터는 위키미디어 프로젝트들의 웹 서버와 데이터베이
스를 운용하는 컴퓨터가 위치한 곳입니다. 나머지 세 곳인 'eqsin',
'esams', 'ulsfo' 데이터센터에는 캐시 서버만 존재합니다.

캐시 서버는 이용자에게 보다 빠른 응답을 하기 위해 운영하는 서
버입니다. 컴퓨터 공학에 익숙지 않은 독자를 위해 비유하여 설명하
면 이렇습니다. 학교에서 알림장을 통해 부모에게 전달할 내용이 있
다고 합시다. 전달할 내용을 맨 처음 작성한 사람은 교감 선생님입니
다. 이제 이것을 교실에 있는 선생님들에게 전달해야 합니다. "선생
님들은 모두 교무실로 오세요" 하고 전체에게 전달하는 방법이 있을

조금 기술적이거나 대답하기 난감한 질문들

것입니다. 그렇게 하면 당연히 모든 선생님이 교무실까지 이동하는 데 시간이 걸립니다. 복도가 이동하는 선생님들로 가득 차겠네요. 전달 속도를 높이기 위해 교감 선생님은 학년 부장 선생님만 따로 부릅니다. 학년 부장 선생님이 전달 사항을 복사해서 그것을 다시 각 교실의 선생님들에게 전달합니다. 이렇게 하면 복도를 오가는 선생님의 수도, 전달하는 데 걸리는 시간도 크게 줄어들 것입니다. 프로젝트 웹 서버는 교감 선생님이고, 캐시 서버는 학년 부장 선생님입니다.

캐시 서버는 프로젝트 웹 서버가 가지고 있는 데이터의 복사본을 만들어 독립적으로 이용자에게 전송해줍니다. 그런데 위키백과의 데이터는 수시로 내용이 바뀝니다. 캐시 서버는 이 바뀐 부분을 반영해 원본과의 동일성을 유지합니다. 전체를 새로 복사할 필요 없이 바뀐 부분만 복사하면 되기 때문에 이용자 전체가 프로젝트 웹 서버로 몰려드는 것보다는 훨씬 빠르게 대응할 수 있습니다.

위키미디어재단은 미국뿐만 아니라 아시아와 유럽에도 캐시 서버를 운용하고 있습니다. 이렇게 하면 한국에 있는 이용자가 어떤 문서를 찾아볼 때 웹브라우저가 굳이 미국에 있는 프로젝트 웹 서버와 신호를 주고받으며 시간을 허비할 필요 없이 아시아의 캐시 서버에서 내용을 가져와 신속하게 보여줄 수 있습니다. 또한 위키백과는 전용 네트워크를 구축해 어느 하나의 연결이 고장 난다고 해도 다른 두 개의 데이터센터가 백업하여 작동이 멈추는 일이 없도록 준비하고 있습니다.

네트워크에 연결된 모든 컴퓨터는 주소를 갖습니다. 모든 인터넷 정보들은 이 주소를 찾아서 오고 갑니다. 인터넷이 이용하는 주소를 IP 주소라고 합니다. IP 주소는 기계들이 알아볼 수 있어야 하기 때문에 숫자로 되어 있습니다. 예를 들어 웹브라우저 주소창에 125.209.222.141를 입력하면 웹브라우저는 네이버 홈페이지를 보여줄 것입니다. 그런데 사람은 숫자를 잘 기억하지 못합니다. 게다가 웹사이트는 그야말로 너무나 많아서 그걸 일일이 숫자로 찾아가야 한다면 사람들은 인터넷 사용을 포기할지도 모릅니다. 그래서 사람이 알기 쉬운 www.naver.com 같은 도메인 네임을 붙여주는 것입니다.

DNS(Domain Name Service)는 사람이 알기 쉬운 도메인 네임을 기계가 알 수 있는 IP 주소로 바꾸어줍니다. 실제로 정보를 주고받는 건 기계니까요. IP 주소는 지역마다 범위가 정해져 있어서 DNS는 주소를 보고 그곳이 미국인지 한국인지 구별할 수 있습니다. 위키미디어재단은 gdns라는 프로그램을 이용하여 접속한 이용자의 위치에서 가장 가까운 캐시 서버와 연결해줍니다. 한국어 위키백과의 원본은 미국에 있는 프로젝트 웹 서버가 가지고 있지만 이용자들은 자신과 가장 가까운 캐시 서버와 접속하게 되는 것이지요. 미국에서 한국어 위키백과에 접속하면 미국에 있는 캐시 서버와 연결되고, 한국에서라면 아시아의 캐시 서버인 싱가폴과 연결됩니다. 앞서 예로 든 학교 알림장에 비유하면 1학년은 1학년 부장 선생님께 보내고, 2학년은 2학년 부장 선생님께 보내는 식이지요. 모두가 교감 선생님에게 몰려갈 필요는 없으니까요.

조금 더 살펴봅시다. 1학년 1반 선생님이 출장을 가셨습니다. 어떻게 해야 할까요? 1학년 2반 선생님이 1반에도 전달해주면 됩니다. DNS는 라운드 로빈round robin 방식으로 이런 일을 합니다. 여러 개의 IP 주소가 같은 도메인 네임을 가리키고 있습니다. 1번 IP가 어떤 사정으로 접속이 안 되면 다음 IP로 넘어갑니다. 그래서 이용자는 속도는 다소 차이가 나더라도 계속해서 서비스를 이용할 수 있습니다.

하나의 IP 주소로 접속해도 그 안에서 또 여러 대의 서버가 함께 서비스를 하고 있다는 것을 알면 더 재미가 있습니다. 서버 한 대가 처리할 수 있는 트래픽엔 한계가 있습니다. IP 주소 하나로 접속해 들어오는 이용자의 수가 서버 한 대의 용량을 넘어서면 그 뒷사람은 이용할 수가 없겠죠. 인기 있는 게임에 사람이 몰리면 대기열이 생기듯이요. 그래서 여러 대의 서버를 연결하고 이것이 마치 한 대의 서버처럼 작동하게 하여 트래픽 처리 용량을 늘립니다. 리눅스의 서버 운용 소프트웨어인 LVS(Linux Virtual Server)가 이런 일을 해줍니다. 애슈번 데이터센터와 캐럴턴 데이터센터에는 각각 100개의 미디어위키 서버가 작동하고 있습니다. 따라서 200대의 미디어위키 서버가 전세계에서 위키백과에 접속하는 이용자들에게 마치 한 대의 서버처럼 서비스를 제공하고 있다고 볼 수 있습니다. 이들 서버는 서비스 제공을 위한 것이고, 데이터베이스를 저장하는 서버는 또 따로 있습니다. 데이터베이스를 위한 서버는 애슈번 데이터센터에 70여 대가 있고, 캐럴턴 데이터센터에도 비슷한 수의 서버가 작동하고 있습니다. 위키미디어재단의 프로젝트들은 데이터베이스를 관리하는 소프트웨어로 자유소프트웨어인 MariaDB를 사용하고 있습니다.

무슨 서버의 종류가 이렇게 많은가 복잡하다 느끼는 분들을 위해 간단히 정리하면, 위키백과 운용에 이용되는 서버는 데이터베이스 서버, 프로젝트 웹 서버, 캐시 서버 세 종류입니다. 데이터베이스는 정보가 저장되어 있는 곳이고, 프로젝트 웹 서버는 이걸 가져다 웹브라우저로 나타내는 일을 처리하는 곳, 캐시 서버는 빠른 서비스를 위해 프로젝트 웹 서버를 돕는 곳. 이렇게 이해하시면 되겠습니다.

흥미로운 사실이 몇 가지 있습니다. 첫째, 앞서 설명한 것처럼 위키백과는 전 인류를 위한 자유로운 지식 제공을 목표로 하고 있는 만큼 사용하는 소프트웨어도 대부분 자유소프트웨어입니다. 둘째, 기술적인 부분에도 재단의 직원들만이 아니라 전 세계의 자원봉사자들이 참여하고 있습니다. 셋째, 이런 자원봉사자들의 참여를 이끌어내기 위해 서버 관리도 외부에 투명하게 공개하고 있습니다. 예를 들어 어떤 컴퓨터가 고장이 났는지, 사용률은 얼마나 되는지, 네트워크 사용이 용량을 초과하지는 않았는지 누구나 관찰할 수 있습니다. 관심 있는 분들은 https://meta.wikimedia.org/wiki/Wikimedia_servers를 방문하여 'Status and monitoring' 문단의 링크들을 따라가면 현재 위키백과의 상황과 문제를 파악할 수 있습니다.

 위키백과 문서에는 여러 출처가 적혀 있는데, 그 출처들은 정말 믿을 만한가요?

대부분은 믿을 수 있습니다. 하지만 세상 모든 일이 그렇듯이 위키백과에도 100퍼센트라는 것은 없습니다. 이 책의 1부에서 이야기한 것처럼 모든 정보는 검증이 필요합니다. 그리고 검증 과정을 거쳐도 오류의 가능성은 늘 있기 마련입니다. 위키백과의 검증 방식은 누군가 잘못을 발견하면 고치고, 그래도 잘못이 있으면 또 고치

조금 기술적이거나 대답하기 난감한 질문들

는 과정의 반복입니다.

위키백과에는 어떤 것이 신뢰할 수 있는 출처이고, 그것은 어떻게 사용되어야 하는지에 관한 규칙이 있습니다. 이 규칙에 어긋나는 편집은 비교적 쉽게 수정될 수 있습니다. 누가 보아도 잘못된 편집이니까요. 반복된 검증을 거치다 보면, 대부분의 출처는 충분히 신뢰할 수 있는 수준이 됩니다. 많은 연구와 조사에서 위키백과가 포함한 오류는 일반 백과사전이나 전문가가 서술한 지식에 비해 특별히 크지 않다는 것이 확인되었습니다.

검증을 통한 오류의 수정은 결국 사후 처방일 수밖에 없습니다. 물론 사후 처방이 무의미한 것은 아닙니다. 국제표준화기구International Organization for Standardization(ISO)를 예로 들어보지요. 이곳은 각종 산업의 표준을 정의하는 국제기구입니다. ISO의 국제 표준은 저마다 번호를 가지고 있는데, 이 가운데 제조물의 품질 관리 표준은 ISO 9001로 규정되어 있습니다. 어느 제조업체가 ISO 9001 인증을 획득했다는 것은 그 규정에서 정의한 절차에 따라 제조물의 품질 관리를 실행하고 있다는 의미입니다. ISO 9001을 획득했다고 해도 제조 과정에서는 늘 불량이 발생하기 마련입니다. 설계부터 잘못되었을 수도 있고, 원자재가 불량이거나 공정 중에 실수가 나왔을 수도 있습니다. 심지어는 출하된 완제품에서도 결함이 나올 수 있지요. 생산 공정에서 ISO 9001을 적용하고 있는 자동차 회사들이 종종 리콜을 하는 이유는 그만큼 사전 예방이 어렵기 때문입니다. ISO 9001의 장점은 사전 예방이 아니라 사후 처리에 있습니다. 품질에 문제가 생긴 이유를 분석하고, 동일한 문제가 생기지 않도록 처리하는 과정을 세밀하게 규정합니다. 한 번 발생한 불량은 어쩔 수 없지만, 반복되는 불량은 경영 시스템에 문제가 있다고 판단하는 것이지요.

위키백과도 비슷합니다. 위키백과가 여러 가지 편집 규칙을 가지고 있다고 해도 오류가 유입되는 것을 막을 방법은 없습니다. 편집하려는 내용 자체가 위키백과에 맞지 않을 수도 있고, 참고한 출처가 잘못된 경우도 있고, 편집 중에 실수나 오류가 발생할 수도 있습니다. 이런 오류를 끊임없이 수정해가는 것이 바로 위키백과 시스템입니다. 새롭게 생성된 문서에서 오류가 나오는 것은 어쩔 수 없지만, 여러 차례의 수정을 거친 뒤에도 오류가 반복된다면 위키백과 커뮤니티에서는 뭔가 문제가 있다고 판단합니다. 누군가 문서를 계속 훼손하고 있을 수도 있고, 특정한 편견에 치우친 정보를 입력하고 있는지도 모릅니다. 커뮤니티는 원인을 파악하고, 문제를 바로잡기 위해 토론을 시작합니다.

ISO 9001과 위키백과 둘 다 품질의 향상을 사후 검증에 의존하지만, 결정적으로 다른 점은 위키백과는 특별한 권위를 가진 누군가가 아니라 사용자들이 자발적으로 참여하여 오류를 수정한다는 것입니다. 이 때문에 위키백과의 지식은 종종 신뢰성을 의심받습니다. 그러나 앞서 설명한 것처럼 위키백과가 걸어온 길을 살펴보면 늘 선의를 가진 사용자가 압도적으로 많았고, 그들의 기여로 문서의 품질은 꾸준히 향상되어왔습니다.

그렇다면 어떤 출처가 신뢰할 수 있는지 구체적으로 말씀드리겠습니다. 신뢰할 수 있는 출처란 그 분야에 대해 충분히 전문성을 갖추었다고 인정되는 저자가 작성한 것으로 집필진과 편집/감독진이 분명히 구분된 매체에 의해 발간된 것입니다. 아무리 유능한 물리학자라고 해도 생물학에 대해서는 무지할 수 있기 때문에 생물학에 대한 물리학자의 저술은 대학교나 학회 같은 다른 기관의 검토를 거친 것이어야 신뢰성을 인정받을 수 있습니다. 각 언론사는 해당 분야 전문기자의 취재와 글, 데스크의 감독을 거쳐 뉴스를 생산합니다만, 언론기사는 아무래도 학술 논문에 비해 신뢰성이 낮을 수밖에 없습니다. 또한 언론은 사실과 의견이 함께 실리는 매체입니다. 특히 칼럼이나 논평은 사실과 엄격히 구분되어 다루어져야 합니다. 그러니 위키백과에 언론 기사를 인용할 때는 좀 더 주의가 필요합니다.

아예 출처가 없는 악의적인 편집은 오히려 쉽게 대응할 수 있습니다. 대한민국의 제19대 대통령 선거 당시 한 악의적인 편집자가 [[문재인]] 문서에서 사실이 아닌 내용을 출처 없이 삽입하여 문재인이 북한 정치인인 것처럼 편집한 일이 있었습니다. 이는 곧바로 언론을 통해 알려지고 사회적 논란이 되었습니다만, 위키백과의 작동 시스템을 아는 사람이라면 이런 일은 별로 큰 문제로 여기지 않습니다. 훼손된 문서는 즉시 수정되었고 추가적인 훼손을 막기 위해 문서에는 보호 조치가 취해졌습니다. 위키백과는 누구나 편집할 수 있지만, 이처럼 악의적인 훼손이 반복되는 문서에 대해서는 일정 요건을 갖춘 사람만 편집할 수 있도록 사용을 제한하기도 합니다. 그 밖에도 입시학원의 스타 강사나 기업 등에서 자신 혹은 자신의 상품을 홍보하기 위해 위키백과에 접근하기도 하는데요, 등재 기준을 벗어난 이런 편집은 위키백과 커뮤니티에 의해 곧바로 발견되어 삭제됩니다. 삭제이후에도 계속해서 문서가 만들어진다면 문서의 생성 자체를 차단해

버릴 수도 있습니다.

대응이 어려운 건 가짜 출처를 만들어 교묘하게 위키백과를 악용하는 경우입니다. 발견 자체가 쉽지 않기 때문에 사용자들이 애를 먹습니다. 2004년 폴란드어 위키백과에는 헨리크 바루타라는 가상의 인물에 대한 10여 개의 문장으로 이루어진 가짜 문서가 생성되었습니다. 폴란드어 위키백과 사용자들이 특별한 문제점을 발견하지 못한 탓에 이 문서는 15개월 동안이나 방치되었습니다. 문서 내용에는 모두 출처가 달려 있었습니다. 그러나 이는 작성자가 악의적으로 만들어낸 가짜였지요. 후에 이를 확인한 폴란드의 언론과 영국의 잡지 〈옵서버〉는 위키백과의 신뢰성에 의문을 제기했습니다. 해당 문서는 즉시 삭제되었지만 15개월이나 아무도 눈치 채지 못했다는 것은 문제가 되었습니다. 이후 각 언어판의 위키백과 커뮤니티는 인물 문서에 대해 보다 엄격히 검증하는 시스템을 갖추었습니다. 그 밖에도 [[소칼 사건]](뉴욕대학교 물리학 교수인 앨런 소칼이 1996년에 유명 인문학 저널인 『소셜 텍스트』를 상대로 벌인 지적 사기극)이나 [[나무위키#성 평등주의 문서 날조 사건]](2016년 8월 2일 '페미니즘의 문제점을 비판하고 대안을 모색하는 사상인 성 평등주의 혹은 젠더 이퀄리즘을 따르는 이들이 1996년 서구권에서 등장하여 점점 늘어나고 있다'는 내용을 골자로 마치 성 평등주의라고 불리는 사상이 실제로 존재하는 것처럼 서술한 문서가 등장한 일) 등 지식 사회의 토대에 도전하는 일들이 종종 발생합니다. 이런 일들은 검증 시스템의 강화를 돕는 백신 역할을 합니다.

앞서 여러 차례 말씀드린 것처럼 위키백과는 다중이 계속해서 정보를 업데이트하는 곳입니다. 새로 올라온 내용에 대해 사용자들은 출처를 검증하고, 잘못된 것이 있다면 바로잡습니다. 새롭게 거짓말을 늘어놓는 사람도 있긴 하지만, 그보다는 훨씬 더 많은 사람이 잘못을 바로잡기 위해 노력합니다. 위키백과의 문서에는 '역사 보기'라는 탭이 있습니다. 이 기능은 문서의 편집 역사를 모두 보여줍니다. 문서의 변경 내역이 많다면 누군가 열심히 그 문서를 검토하고 수정한 것입니다. 이렇게 많이 수정된 문서라면 그에 달린 출처도 상당히 믿을 만하다고 판단할 수 있습니다.

『브리태니커』한국어판 편집자 장경식이 본 위키백과

 1. 선생님은 전통의 백과사전 강자인『브리태니커』한국어판의
편집 책임자이셨습니다. 위키백과가 처음 나왔을 때 어떤 느낌
이었는지, 그 느낌이 지금은 어떻게 바뀌었는지 궁금합니다.

솔직히 말해서 위키백과가 처음 나왔을 때 특별한 느낌은 없
었습니다. 인터넷을 기반으로 여러 사람이 자신이 알고 있는 지식을 모으
고, 누구나 찾아와 읽게 하는 방식에 대해 훨씬 오래전부터 생각해왔기 때
문입니다. 브리태니커는 1989년에 이미 백과사전의 디지털 버전을 개발했
습니다. 한국어판『브리태니커백과사전』을 개발하던 저도 1993년 무렵 CD
롬을 비롯한 백과사전의 디지털 모델에 대해 국내 전문가들과 의논하기 시
작했지요.

1995년 미국 시카고의 브리태니커 본사에서는 "디지털이다"를 선언하
면서 전 세계 각국 지사의 도서 판매 조직을 해체하고 실리콘밸리에 연구
소를 설립했습니다. 그곳에서는 당시 주류였던 디렉토리 기반의 검색엔진
야후의 상상력을 넘어서는 인터넷 기반의 백과사전과 그 확장 모델에 대
한 연구가 이루어졌습니다. 1998년부터 1999년까지『브리태니커』한국어
판을 디지털로 변환하는 과정에서도 기존의 백과 정보를 옮기는 것 이외에
관련 정보와 사용자 생산 정보를 연결하는 개념을 계속 고민했지요.

하지만 2001년 무렵 한 유명 백과사전이 네이버 등의 포털 사이트에 데
이터를 무료로 개방하면서 우리가 생각했던 다양한 확장 모델을 실현할 기
회를 놓치고 말았습니다. 영어판 위키백과가 급속하게 성장할 수 있었던

가장 큰 이유는 당시만 해도 영어권에서 읽을 만한 백과사전이 모두 유료였다는 사실입니다. 지식과 정보를 무료로 이용하고자 하는 욕구와, 그러한 플랫폼을 만들어 스스로 채워 나가려 했던 초기의 헌신적 참여자들이 영어판 위키백과를 키워나갔던 것입니다. 그에 반해 포털 사이트에서 백과사전을 무료로 볼 수 있는 한국의 상황은 위키백과의 성장에 걸림돌이 되었지요. 위키백과의 선한 의지가 정착하는 데 어려움을 겪고 있는 것에 대해서는 오히려 안타까움을 느끼고 있습니다.

2. 위키백과는 꽤 오랫동안 신뢰도를 의심받아왔습니다. 위키백과는 믿을 만한 정보라고 생각하시나요?

의심을 받았다기보다는 오해를 받았다고 생각합니다. 위키백과는 개인들이 백과사전적 지식이라고 생각하는 정보들을 모아놓은 곳이지, 그 각각의 정보가 백과사전적 지식임을 확인해주는 곳이 아닙니다. 달리 말해 위키백과는 '사전적 의미의 백과사전'이 아니라 '사람들이 백과사전적인 지식이라고 생각하는 것들'이 무엇인지를 보여주는 공간입니다.

그러니 '사전적 의미의 백과사전'임을 전제로 한 '신뢰도'라는 잣대를 굳이 들이댈 필요가 없는 공간인 셈입니다. 우리가 전통시장이나 벼룩시장을 소중히 여기고 즐겨 찾는 까닭은 다양한 사람들이 자유롭게 펼쳐놓은 난전에서 '두서없으나 다양한 상품들에 숨겨진 다채로운 문화적 속성을 찾는 즐거움' 때문이지, 그 개별 상품의 품질 기준에 대한 객관적 신뢰도가 확보되었기 때문은 아니지 않습니까.

3. 나무위키에 대한 의견도 궁금합니다. 나무위키가 오류에 대한 공격도 많이 받지만, 그만큼 성장한 것에는 이유도 있는 듯해서요.

나무위키는 참 재미있는 데이터입니다. 위키백과가 나름대로 다양하고 중층적인 집필 규제를 두어 집필자의 임의적인 글쓰기를 제한하고 있다면, 나무위키에서는 그런 제재의 벽이 보이지 않습니다. 그러다 보니 나무위키에서는 좀 더 자유로운 글쓰기를 볼 수 있고, 때로는 전하는 정보가 무엇인가보다는 그 자유로움 자체를 즐기는 듯한 글들이 많습니다. 어떤 대상에게 기존의 상식이 부여했던 본질적 가치는 나무위키의 표제어로 채택되는 순간 해체되며, 풀이는 상대적이고 다양한 관점과 상상력을 통해 재구성됩니다.

결과적으로, 또한 현재진행형으로 한 가지 표제어에 대한 다양한 관점의 서술이 중층적으로 혹은 병렬적으로 누적됩니다. 나무위키에 누적되는 데이터는 뜻밖에도 '텍스트의 두터움'이라는 즐거운 가치를 생성하게 됩니다. 나무위키가 오류에 대한 공격을 받았다면 기존의 백과사전에 익숙한 분들이 가진 공고한 기준 때문일 것입니다. 나무위키가 성장한 이유는 자유로움과 '텍스트의 두터움'이 주는 발랄한 상상력 때문입니다.

4. 『브리태니커』 영어판의 출간이 중단되자 많은 사람들이 그것을 상징적인 사건으로 받아들였습니다. 종이 사전의 종말처럼 읽은 거죠. 인류가 수백 년간 갈고 닦아온 백과사전 편찬 기술은 현재, 그리고 미래에 어떻게 쓰일 수 있을까요?

인쇄본 백과사전 편찬 기술의 정점이 『브리태니커백과사전』에 담겨 있다는 것은 공인된 사실인 것 같습니다. 인쇄본 백과사전의 전통적인 효용은 크게 보아 세 가지였습니다. 지식의 수집, 정보의 참조, 교육과 학습이었지요. 초기 백과사전은 지식을 수집하기 어려웠던 사회에서 지식을 한곳에 모으려는 다양한 요청을 반영한 결과물이었습니다. 그렇게 모아 놓은 백과사전의 지식은 대개 교육이나 학습의 목적으로 사용되었습니다. 그 사이에서 파생된 것이 모르는 것이 있을 때 백과사전을 찾아본다는 '참조'라는 효용이었지요.

백과사전의 편찬 과정은 단순하게 지식을 수집하는 일은 아니었습니다. 무엇이 수집할 만한 가치가 있는 지식인가를 판단하는 기준과 관점이 먼저 필요했지요. 또한 그렇게 수집한 지식을 누구에게 보여줄 것인가도 중요한 문제였습니다. 다시 말해서 누구에게 무엇을 어떻게 읽힐 것인가에 대한 깊은 통찰이 선행되어야 했습니다. 현재 인터넷 기반의 백과사전형 데이터, 즉 검색 포털과 위키 유형의 백과사전은 모두 '지식이나 정보를 한곳에 모은다'는 점에서는 전통적인 백과사전과 유사하지만, '기준, 관점, 통찰'이 결여되어 있다는 점에서는 차이가 있습니다. 최근 각광받고 있는 대형 잡화점에 가보신 적이 있을 것입니다. 유유자적 시간을 보내기에는 이런 잡화점만큼 즐거운 놀이터도 없을 것입니다. 그러나 한정된 시간에 필요한 상품을 효율적으로 찾기를 원하는 이들에게는 적절한 공간이 되기 어렵겠지요.

전통적 백과사전이 가진 숨은 가치들을 잘 활용할 수 있는 분야는 아마 교육, 학습 영역일 것입니다. 잘 설계된 동물원이라면 자라는 아이들에게 생태계의 전모를 균형감 있게 보여줄 수 있습니다. 자연을 있는 그대로 보여주겠다면서 아이들을 아프리카 케냐의 사바나에 데려다 놓을 수는 없는 일이지요. 사바나는 생태계의 일부를 보여줄 뿐이고, 게다가 친절하거나 우호적인 공간도 아닙니다. 전통적 백과사전의 지식을 보는 안목, 균형 잡힌 체계와 내용은 교육과 학습 분야에서 아이들에게 가장 적절한 지식을 제공해줄 것입니다.

3부

HELLO, WORLD!

위키백과
편집 매뉴얼

위키문법

이 책을 읽는 독자들 가운데 위키백과 편집에 참여하고 싶은 사람들을 위해 편집 방법을 간단히 소개하고자 한다. 위키백과에 들어와 뭔가를 해보고 싶은 사람들이 제일 처음 맞닥뜨리는 문제는 아무래도 무엇을 어떻게 해야 할지 모른다는 점일 것이다. 사실 위키백과 편집은 워드프로세서 프로그램을 사용하는 것만큼이나 쉽다. 어떤 내용을 추가하거나 수정할 것인지 같은 콘텐츠 구상이 어렵지, 기술적인 부분은 어느 정도 익숙해지면 그리 문제가 되지 않는다.

구체적인 방법을 설명하기에 앞서 위키시스템의 특징을 사용자 입장에서 간단히 요약하겠다. 우선, 위키시스템은 양방향 웹사이트로 읽기 모드와 편집 모드를 제공한다. 모든 위키 문서에는 편집 버튼이 달려 있다. 사용자가 편집 버튼을 누르면 웹페이지는 편집 모드로 전환된다. 여기서 새로운 내용을 입력하거나 기존의 내용을 수정한 뒤 저장하면 위키시스템은 즉각 이것을 반영하여 문서를 업데이트하고 편집 이력을 남긴다. 모든 이력은 시스템 안에 저장되어 언제든 확인할 수 있다.

위키백과 편집은 위키문법을 이용해 이루어진다. 앞서 간략히 설명한 것처럼 위키문법은 HTML 태그 대신 이에 상응하는 기능을 단순한 마크업 언어로 구현할 수 있다. 예를 들어 [[위키백과]]는 '위키백과'라는 문서로 연결하라는 뜻의 위키언어로 일반적인 HTML의 ⟨a href="/wiki/위키백과.html"⟩위키백과⟨/a⟩와 동일하게 작동한다.

위키백과는 사용자의 참여를 늘리기 위해 지속적으로 노력하고 있다. 위키백과의 편집 시스템은 애초에는 태그를 모두 텍스트로 입력하는 원본 편집 방식밖에 없었는데, 최근에 워드프로세서와 비슷한 방식으로 편집할 수 있는 위지위그 방식을 도입했다. 위지위그 방식의 편집 모드에서는 편집 결과를 확인해가며 편집할 수 있다.

자, 그럼 이제 실전에 들어가 보자. 지금부터 설명하는 내용은 위키백과 페이지에 접속해 하나하나 실행해보며 읽으면 더욱 좋다. 위키백과에 기여할 수 있는 방법은 생각보다 많다. 오타를 바로잡거나 비문을 고치는 일, 문서의 새로 바뀐 내용이 적절한지 검토하는 일, 토론에 참여하여 의견을 개진하는 일, 그림이나 사진을 업로드하는 일, 직접 문서의 내용을 추가하거나 수정하는 일. 위키백과에서는 이 모든 일이 다 필요하다.

일단, 다른 건 생각하지 말고 위키백과 홈페이지에 들어가서 뭐라도 써보자. 회원가입, 로그인 같은 건 나중에 생각하자. 위키백과의 모든 문서는 편집이 가능하다. 문서의 위쪽에 달려 있는 여러 개의

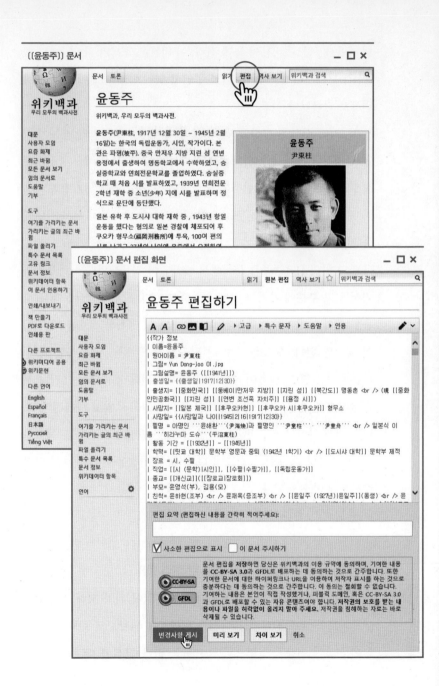

탭 가운데 '편집' 버튼이 눈에 띈다. 이 버튼은 문서의 최상단에도 있고, 각 단락마다에도 있다. 겁먹지 말고 눌러보자. 편집이 가능한 화면으로 전환된다.

자, 이제 편집을 시작할 텐데, 이 책에서는 위키문법의 작동 방식을 설명하기 위해 위지위그 방식보다는 원문 편집 방식을 중심으로 설명하려 한다. 이와 관련하여 궁금한 점이 있을 때는 위키백과 사용자 모임의 '질문방'에 질문을 올릴 수 있다. 누군가가 나서서 설명해줄 것이다.

만약 앞의 [[윤동주]] 문서에서 출생일이 잘못되었다면 마우스의 커서를 그 부분에 가져가 바로 수정하면 된다. 워드나 한글문서를 사용할 때와 마찬가지로 잘못된 내용을 지우고 정확한 정보를 다시 적어 넣으면 된다. 수정을 마친 뒤 편집창 밑에 있는 '변경사항 게시' 버튼을 누르면 그 내용이 바로 문서에 반영된다. 취소를 누르거나 저장하지 않고 창을 닫으면 편집한 내용은 반영되지 않고 사라진다. 오타 수정과 같이 소소한 변경이라면 '사소한 편집으로 표시'를 체크한 뒤 '변경사항 게시'를 눌러도 좋다. 이렇게 편집을 마치면 다시 읽기 모드로 돌아오게 된다.

위키백과에 오신 것을 환영합니다!

자, 그럼 본격적으로 위키백과인이 되기 위해 계정부터 만들어보자. 위키백과 커뮤니티는 익명성을 바탕으로 한다. 따라서 굳이 사용자 이름을 실명으로 할 이유는 없다. 그리고 비밀번호는 도용되지 않도록 주의하자. 위키백과는 계정 도용에 대해 별도의 구제책을 가지고 있지 않다. 여럿이 함께 사용하는 컴퓨터에서 위키백과에 로그인할 때는 사용을 마치고 반드시 로그아웃하고, 브라우저가 기억하고 있는 비밀번호도 삭제하자.

계정을 만드는 법은 다음과 같다. 위키백과 홈페이지의 윗부분을 보면 '계정 만들기' 메뉴가 보인다. '계정 만들기' 메뉴를 클릭하면 상세 페이지로 이동한다. 먼저 사용자 이름을 정하자. 사용자 이름은 로마자나 한글 모두 가능하다. 그냥 자신의 이름을 쓰기도 하지만, 굳이 그럴 필요는 없다. 평소에 인터넷에서 사용하던 ID를 그냥 써도 된다. 다만 몇 가지 주의사항이 있다. 우선 다른 모든 인터넷 사이트와 마찬가지로 위키백과 역시 중복되는 사용자 이름을 허락하지 않는다. 자신이 쓰려는 사용자 이름을 누군가 이미 사용하고 있다면 아쉽지만 다른 이름을 사용할 수밖에 없다. 또한 특정 단체나 회사 이름은 광고를 위해 만들었다는 의심을 살 수 있으며 경우에 따라 차단될 수도 있다. 위키백과는 하나의 계정이 한 사람의 개인에 의해 사용되는 것만을 허용한다. 하나의 계정을 여러 명이 공동으로 사용한다면 편집의 책임 소재를 묻기 어렵기 때문이다. 그 외에 사회적으로 부적절한 계정 이름도 차단 대상이 된다. 욕설이나 다른 사람에 대한 비방을 계정 이름으로 사용했다가 차단되는 일이 간혹 있다.

비밀번호는 신중하게 만들고 잘 관리해야 한다. 위키백과는 사용자들에게 비밀번호를 알려주지 않는다. 비밀번호를 분실할 경우 위키백과에서 메일로 보내주는 링크를 따라가 번호를 재설정해야 한다. 그러니 계정을 만들 때는 이메일 주소를 입력하는 것이 좋다. 한

위키백과 계정 만들기

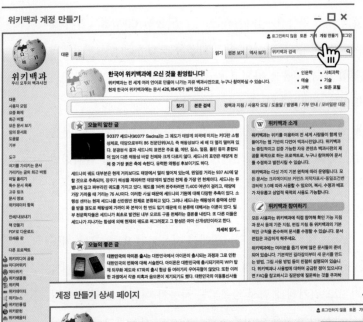

계정 만들기 상세 페이지

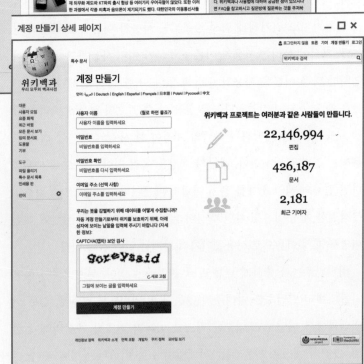

동안 위키백과는 이렇게만 해도 사용자 계정을 만들 수 있었다. 그러나 최근 봇을 이용해 자동으로 계정을 만들어 악용하는 사례가 늘어나 '캡차CAPTCHA'를 도입했다. 캡차는 찌그러진 글자나 숫자를 입력하게 해 사용자가 사람인지 기계인지를 구분해주는 도구다.

계정이 정상적으로 만들어졌다면, 당신은 이제 위키백과 사용자가 된 것이다. 위키백과에 첫발을 들인 것을 축하한다. 조금 있으면 누군가가 토론 페이지에 환영 인사를 남길 것이다. 인사를 남기는 것은 위키백과의 '환영봇'이라는 봇 계정이다. 환영봇은 새로 계정을 만든 사용자의 토론 페이지에 자동으로 환영 메시지를 남긴다. 실제 사람이 아니라 기계의 인사라 아쉽다면, 필자도 미리 환영의 인사를 드린다.

"위키백과에 오신 것을 환영합니다!"

로그인 상태라면 위키백과 페이지 맨 윗줄에 여러 가지 메뉴가 보일 것이다. 제일 왼쪽에 계정 이름이 보인다. 그 옆에 있는 종 모양의 아이콘은 '경보' 메뉴이다. 토론에서 누군가 내 계정을 호출하거나 내 토론 문서에 글을 쓴다면, 이 아이콘에 내가 아직 읽지 않은 경보의 숫자가 빨간색 원 안에 표시 된다. 아이콘을 클릭하면 이전의 경보를 볼 수 있다.

경보 메뉴 옆으로 보이는 아이콘은 '문서함'으로 내 편집에 대한 알림이다. 누군가 내가 한 편집에 감사를 표했다면 문서함에 알림이 표시될 것이다. 그 옆의 '토론' 문서는 누군가 당신에게 의견을 남기는 공간이다. 여기서 다른 사용자와 편집에 대해 의견을 나눌 수 있다. 처음에는 환영봇이 남긴 인사뿐이지만, 시간이 지나고 편집 횟수가 많아질수록 이 공간에서 많은 이야기가 오가게 된다. 시간이 흘러

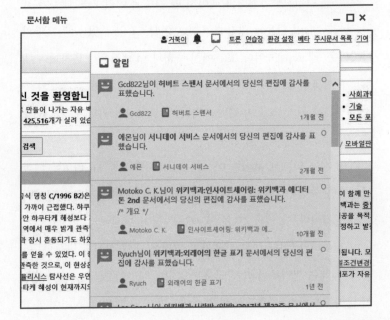

경보 메뉴

👤거북이 🔔 💬 토론 연습장 환경 설정 베타 주시문서 목록 기여 로그

🔔 경보   모두 읽은 것으로 표시

Danpung님이 **Danpung**님 자신의 사용자 토론 문서의 "백:표기"에서 나를 언급했습니다.
@거북이: 토론:듀안 올맨 페이지에도 토론:존 보냄에도 합의는...
Danpung 차이 보기 5개월 전

Gcd822님이 위키백과:사랑방 (일반)/2018년 제14주의 "지식백과에 달린 인터위키"에서 나를 언급했습니다.
@거북이:그러게요, 있는지 처음 알았어요 ㅋ--
Gcd822 차이 보기 5개월 전

Altostratus님이 당신의 토론 문서의 "위키백과에 대한 오해" 문단에 글을 남겼습니다.
위키백과토론:위키백과에 대한 오해#재토론. 이 토론을 보셨는...
Altostratus 차이 보기 5개월 전

카그라스 증후군 문서의 내 편집이 되돌려졌습니다.
PuzzletChung 카그라스 증후군 6개월 전

이강철님이 당신의 토론 문서의 "문서 이동 요청시 절차 확인"

문서함 메뉴

👤거북이 🔔 💬 토론 연습장 환경 설정 베타 주시문서 목록 기여

💬 알림

Gcd822님이 허버트 스펜서 문서에서의 당신의 편집에 감사를 표했습니다.
Gcd822 허버트 스펜서 1개월 전

에몬님이 서니데이 서비스 문서에서의 당신의 편집에 감사를 표했습니다.
에몬 서니데이 서비스 2개월 전

Motoko C. K.님이 위키백과:인사이트세어랑: 위키백과 에디터톤 **2nd** 문서에서의 당신의 편집에 감사를 표했습니다.
/* 개요 */
Motoko C. K. 인사이트세어링: 위키백과 에... 10개월 전

Ryuch님이 위키백과:외래어의 한글 표기 문서에서의 당신의 편집에 감사를 표했습니다.
Ryuch 외래어의 한글 표기 1년 전

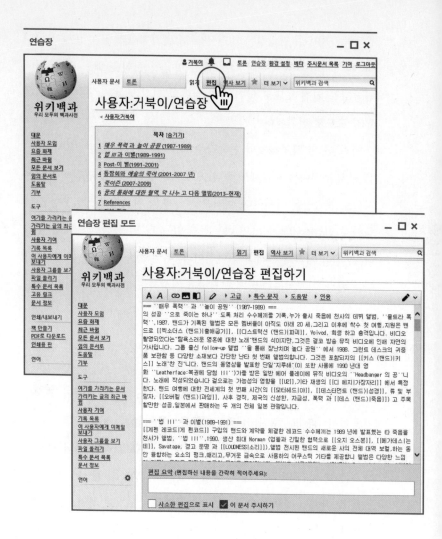

많은 토론 페이지가 쌓이면 오래된 것은 별도로 '보존 문서'로 만들어 저장할 수 있다.

토론 문서 옆으로 '연습장' 메뉴가 보인다. 연습장은 위키백과를 편집하기에 앞서 이것저것 시험 삼아 써보면서 말 그대로 편집 연습을 하는 곳이다. 연습장은 개인 문서로 위키백과의 공식 문서가 아니다. 여기서만큼은 아무런 걱정 없이 마음껏 실험을 해도 된다. 이제 연습장을 편집 모드로 열어보자. 상단의 편집 메뉴를 누르면 화면이 편집 모드로 전환된다.

다시 한 번 강조하지만 연습장은 사용자 각자의 개인 공간이니 마음 편히 무엇이든 시도해도 좋다. 오랫동안 위키백과를 편집해온 사용자들도 연습장을 애용한다. 여러분은 이제 막 위키백과에 입문한 사람들이니 연습장에 들어가면 아무것도 없는 텅 빈 공간만이 나올 것이다. 누구나 여기서 시작하기 마련이다. 이런저런 메뉴들은 차츰 알아가도 된다. 여기서는 어떻게 편집하고 저장하는지만 알아보기로 하자.

Hello, World!

1978년 브라이언 커니핸과 데니스 리치는 C언어 교재를 만들면서 "Hello, World!"라는 문구를 출력할 수 있는 프로그램을 첫 예제로 사용했다. 이후 대부분의 컴퓨터 프로그래밍 언어 교재는 이 전통에 따라(이것도 일종의 밈이다) "Hello, World!"를 출력하는 소스를 첫 예제로 선택했다. 우리도 이 전통을 따르기로 하자. 연습장에 다음과 같이 적는다.

Hello, World!

편집창 아래에 있는 버튼 가운데 '미리 보기'를 누르면, 연습장 위쪽으로 "Hello, World!"라는 결과가 출력되고 그 아래로는 여전히 편집 모드가 보일 것이다.

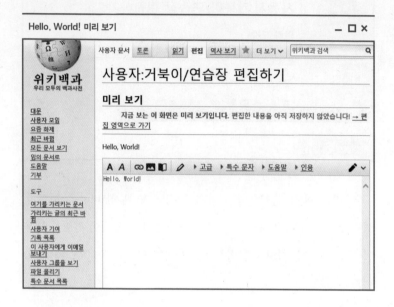

그런데 위키백과에는 이미 "Hello, World!"라는 문서가 존재한다. 내 연습장에 이 문서를 링크하는 방법을 살펴보자. 아래와 같이 입력하고 '미리 보기'를 누른다.

[[Hello, World!]]

미리 보기 화면에 글자가 파란색으로 나타날 것이다. 파란색 글자열은 위키백과에 이미 해당 문서가 존재한다는 뜻으로, 클릭하면 그 문서로 넘어간다.

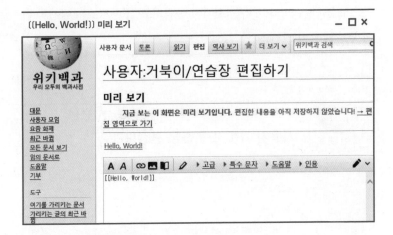

'미리 보기'를 확인했다면 이제 '변경사항 게시' 버튼을 누르자. 연습장은 다시 읽기 모드가 되고, 화면에는 방금 당신이 편집한 내용이 보일 것이다. 이것을 클릭하면 다음과 같이 [[Hello, World!]] 문서로 이동한다.

축하한다. 이제 당신은 영원히 남는 자신만의 편집 이력을 갖게 되었다. 위키백과 상단의 메뉴 가운데 '기여'는 이와 같은 모든 편집 이력이 기록되는 곳이다. 이 목록에는 편집한 날짜와 시간, 문서의 제목뿐만 아니라 증가하거나 감소한 문서의 용량까지 기록된다.

기여 기록

(최신 | 오래됨) (다음 50개 | 이전 50개) (20 | 50 | 100 | 250 | 500) 보기

- 2018년 5월 27일 (일) 11:53 (차이 | 역사) . . (+1) . . 잔글 소녀혁명 우테나 (→TV 시리즈 애니메이션)
  편집한 날짜와 시간 / 문서 제목
- 2018년 5월 27일 (일) 11:52 (차이 | 역사) . . **(-3,980)** . . 잔글 J. A. 시저
- 2018년 5월 27일 (일) 11:37 (차이 | 역사) . . (-9) . . 잔글 J. A. 시저
- 2018년 5월 27일 (일) 11:36 (차이 | 역사) . . **(+6,409)** . . **새글** J. A. 시저 ("J・A・シーザー" 문서를 번역하여 만듦) (태그: 내용 번역)
  증가한 문서의 용량
- 2018년 5월 27일 (일) 03:08 (차이 | 역사) . . **(+1,231)** . . 잔글 아르투어 슈니츨러 (→생애)
- 2018년 5월 27일 (일) 03:05 (차이 | 역사) . . (+13) . . 잔글 아르투어 슈니츨러 (→작품 목록)
- 2018년 5월 27일 (일) 03:03 (차이 | 역사) . . **(+2,804)** . . **새글** 윤무 (새 문서: 《'''윤무'''》 ({{llang|de|Reigen}})는 아르투어 슈니츨러가 1900년에 쓴 희곡이다. == 작품 소개 == 창녀와 군인, 군인과 방 청소하는 하녀,...) **(최신)**
- 2018년 5월 27일 (일) 03:00 (차이 | 역사) . . (+4) . . 잔글 아르투어 슈니츨러 (→작품 목록)

연습장은 개인의 책임 아래 두지만, 이 역시 하나의 문서여서 그 변경 기록이 저장된다. 다음의 그림처럼 '역사 보기' 탭을 누르면 그 기록을 확인할 수 있다.

이렇게 모든 편집 이력을 기록하는 '역사 보기' 기능이 위키백과의 품질을 유지하는 데 얼마나 중요한 역할을 하는지 [[진화]] 문서의 예를 통해 살펴보자. [[진화]] 문서에서 '역사 보기' 탭을 누르면 그동안의 편집 이력이 나온다. 누가 언제 어떻게 내용을 바꿨는지 모든 내역을 확인할 수 있다. 여기서 '선택한 판을 비교하기'를 누르면 구체적으로 어떤 부분이 어떻게 바뀌었는지를 비교해볼 수 있다.

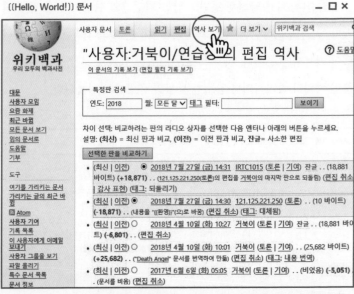

이렇게 모든 이력이 남기 때문에 누군가 근거 없는 내용을 삽입했 거나 잘못된 정보를 입력했다면, 다른 사용자가 이전 판과의 차이를 확인하고 문서를 되돌리거나 수정할 수 있다. 이는 위키백과 문서의 내용이 유지되는 기본적인 방식 가운데 하나다.

굳이 [[진화]] 문서를 예로 든 것은 유달리 훼손 시도가 많은 문서 이기 때문이다. 일부 자신의 종교적 신념과 과학적 사실을 혼동하는 사람들이 이 문서를 끊임없이 변경하지만, 그 변경 내용이 적절하지 않을 경우 위키백과 커뮤니티는 단 몇 분 만에 그것을 원상태로 되돌 려놓는다. 위키백과에는 근거 없이 문서의 내용을 함부로 변경하는 것을 금지하는 규칙이 있고, 이는 위키백과 사용자 커뮤니티가 오랜 토론을 거쳐 마련한 것이다. 앞으로 여러분이 하게 될 편집에도 이

[[진화]] 문서의 편집 역사

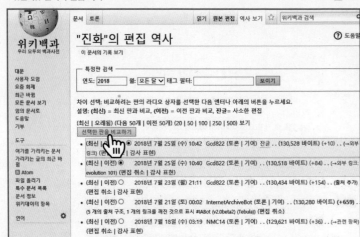

"진화"의 편집 역사

이 문서의 기록 보기

특정판 검색
연도: 2018   월: 모든 달 ✔ 태그 필터: [   ]   보이기

차이 선택: 비교하려는 판의 라디오 상자를 선택한 다음 엔터나 아래의 버튼을 누르세요.
설명: (최신) = 최신 판과 비교, (이전) = 이전 판과 비교, 잔글= 사소한 편집

(최신 | 오래됨) (다음 50개 | 이전 50개) (20 | 50 | 100 | 250 | 500) 보기

[선택한 판을 비교하기]

- (최신 | 이전) ⦿ 2018년 7월 25일 (수) 10:42 Gcd822 (토론 | 기여) 잔글 .. (130,528 바이트) (+10) .. (→외부 링크) (판 | 감사 표현)
- (최신 | 이전) ⦿ 2018년 7월 25일 (수) 10:40 Gcd822 (토론 | 기여) .. (130,518 바이트) (+84) .. (→외부 링크: evolution 101) (편집 취소 | 감사 표현)
- (최신 | 이전) ○ 2018년 7월 23일 (월) 21:11 Gcd822 (토론 | 기여) .. (130,434 바이트) (+154) .. (출처 추가) (편집 취소 | 감사 표현)
- (최신 | 이전) ○ 2018년 7월 21일 (토) 00:02 InternetArchiveBot (토론 | 기여) .. (130,280 바이트) (+659) .. (5 개의 출처 구조, 1 개의 링크를 깨진 것으로 표시 #IABot (v2.0beta2) (Tebula)) (편집 취소)
- (최신 | 이전) ○ 2018년 7월 18일 (수) 03:19 NMC14 (토론 | 기여) .. (129,621 바이트) (+36) .. (→관련 항목) (편집 취소 | 감사 표현)
- (최신 | 이전) ○ 2018년 5월 23일 (수) 07:29 Metrobot (토론 | 기여) 잔글 .. (129,585 바이트) (-10) .. (위키

[[진화]] 문서 선택한 판을 비교하기

이트) (+112) ..
-81) ..
564 바이트) (+81)

"진화"의 두 판 사이의 차이

위키백과, 우리 모두의 백과사전.

[상호 작용적으로 역사 찾아보기   ⌄]

2018년 7월 25일 (수) 10:40 판 (편집)
Gcd822 (토론 | 기여)
(→외부 링크: evolution 101)
← 이전 편집

2018년 7월 25일 (수) 10:42 기준 최신판 (편집)
(편집 취소) (감사 표현)
Gcd822 (토론 | 기여)
잔글 (→외부 링크)

394번째 줄:

*
[http://navercast.naver.com/science/biology/1089 네이버 캐스트 - 성의 진화],
[http://navercast.naver.com/science/biology/911 진화의 실험실, 병원],
[http://navercast.naver.com/science/biology/790 진화의 현장],
[http://navercast.naver.com/science/biology/621 눈먼 시계공],
[http://navercast.naver.com/science/biology/251 진화의 도박, 유전적 부동],
[http://navercast.naver.com/science/biology/131 돌연변이 맹신의 헛점],
[http://navercast.naver.com/science/biology/84 공작새의 화려한 꼬리],
[http://navercast.naver.com/science/biology/76 자연선택의 원리],
[http://navercast.naver.com/science/biology/14 진화론, 그 간결미]

394번째 줄:

*
[http://navercast.naver.com/science/biology/1089 네이버 캐스트 - 성의 진화],
[http://navercast.naver.com/science/biology/911 진화의 실험실, 병원],
[http://navercast.naver.com/science/biology/790 진화의 현장],
[http://navercast.naver.com/science/biology/621 눈먼 시계공],
[http://navercast.naver.com/science/biology/251 진화의 도박, 유전적 부동],
[http://navercast.naver.com/science/biology/131 돌연변이 맹신의 헛점],
[http://navercast.naver.com/science/biology/84 공작새의 화려한 꼬리],
[http://navercast.naver.com/science/biology/76 자연선택의 원리],
[http://navercast.naver.com/science/biology/14 진화론, 그 간결미]

규칙은 예외 없이 적용된다.

간단한 규칙과 문법

이제 연습장에 간단한 항목을 작성해 보자. 우리는 다음과 같은 내용을 작성하려고 한다.

홍길동(洪吉同, 1440년? ~ 1510년?)은 조선 연산군 때 충청도 일대를 중심으로 활약한 도적떼의 우두머리다.[1]

조선왕조실록과 몇몇 문헌에 그의 행적에 대해 간략히 적혀 있으며, 허균이 지은 소설《홍길동전》의 모델이 되는 실제 인물로 알려져 있다.[2]

각주

1. "[문학] 홍길동은 정말 일본으로 건너갔나". 동아닷컴. 2001년 5월 2일. 2006년 1월 1일에 확인함.

2. 임형택, 〈역사 속의 홍길동(洪吉同)과 소설 속의 홍길동(洪吉童)〉, 역사문제연구소,《우리 역사의 7가지 풍경》, 역사비평사, 2006.

제일 먼저 표제어 '홍길동'이 굵은 글씨로 되어 있는 것을 확인할 수 있다. 편집 모드에서 굵은 글씨를 표기하려면 다음과 같이 입력한다.

'''홍길동'''

즉 작은따옴표 3개를 낱말 앞뒤로 붙이면 굵은 글씨가 된다. 작은
따옴표의 용도는 이외에도 다음과 같은 것이 있다.

'홍길동' → '홍길동' : 일반적인 인용부호로 처리된다.
''홍길동'' → *홍길동* : 기울임꼴로 표기된다.

그다음에 보이는 것은 파란색으로 표시된 1440년으로, 앞서 설명
한 것처럼 파란색은 링크를 나타낸다. 즉 1440년을 누르면 [[1440
년]] 문서로 이동한다. 편집 모드에서 링크는 다음과 같이 표기한다.

[[1440년]]

다음으로, 두 문장 모두 맨 뒤에 각주가 달려 있다. 각주를 표기하
는 방법은 다음과 같이 문장 뒤에 '〈ref〉표시할 내용〈/ref〉'를 사용하
는 것이다.

…… 우두머리다.〈ref〉" [문학] 홍길동은 정말 일본으로 건너갔나". 동아닷컴.
2001년 5월 2일. 2006년 1월 1일에 확인함.〈/ref〉

이렇게만 해두어도 위키 문서 맨 밑에 각주 내용이 표시되지만, 별
다른 표시 없이 나열되어 보기에 불편하다. 다음과 같이 입력하여 각
주만 따로 모아 보여주는 문단을 만들 필요가 있다.

== 각주 ==

'== 각주 =='는 각주라는 이름을 갖는 문단을 만들어낸다. 위키백과에서 사용되는 문단은 단계가 있으며, 단계가 내려갈수록 앞뒤로 '='를 추가한다. 옆의 예시를 보자. 여기서 '== 생애 ==', '== 작품 =='은 대문단이고, '=== 진달래꽃 ==='은 중문단, '==== 진달래꽃 ===='은 소문단이다. 저장하면 아래 그림과 같이 표시된다. 문단마다 옆에 편집 버튼이 생긴 것을 확인할 수 있다. 위키백과는 여러 사람이 협업하는 공간이기 때문에 문서를 부분별로 따로 편집할 수 있게 되어 있다. 한 문단 안에서 둘 이상이 동시에 편집하지 않는 한 큰 문제없이 여러 명이 작업할 수 있다.

우연하게도 한 문단을 둘 이상이 동시에 편집하는 일이 생기면, 위키시스템은 다른 사람이 해당 부분을 편집하고 있다는 알림을 보내 당신에게 편집을 어떻게 하겠느냐고 묻는다. 가능하면 편집한 내용을 자신의 연습장 같은 곳에 옮겨 저장하고, 다른 사람의 편집이 완료되면 그 내용을 확인하고 보충할 부분만 덧붙이는 게 좋다. 같은 내용을 중복해서 넣을 필요는 없으니까.

{{ }}는 위키백과 내에서 쓰이는 '틀'을 뜻한다. 틀은 여러 문서에서 반복적으로 사용되는 문구를 따로 저장한 문서다. 틀은 굉장히 많은 문서에서 사용되기 때문에 초심자는 편집을 자제하는 게 안전하다. 조금 더 익숙해질 때까지는 그냥 사용하는 방법만 익히도록 하자. {{각주}}라고 입력하면 해당 위치에 출처를 밝힌 각주들을 모아서 보여준다.

[[김소월]] 문서 편집 예시 — □ ×

사용자:거북이/연습장 편집하기

'''김소월'''(金素月, [[1902년]] [[9월 7일]]([[음력 8월 6일]]) ~ [[1934년]] [[12월 24일]])은 [[일제 강점기]]의 [[시인]]이다.

== 생애 ==
[[1902년]] [[9월 7일]] [[평안북도]] [[구성시|구성군]]에서 출생하였고 [[곽산군|평안북도 곽산군]]에서 성장하였다.

== 작품 ==
=== 진달래꽃 ===
《진달래꽃》은 1925년 발간된 김소월의 시집 〈진달래꽃〉에 들어있는 서정시이다.

==== 진달래꽃 ====
《진달래꽃》은 한국인이 가장 좋아하는 시로 꼽히기도 하였다.[1] 대한민국의 록 밴드 노바소닉은 이 노래를 개사·편곡했으며, 가수 마야가 이 시를 노래로 부르기도 하였다.

[[김소월]] 문서 편집 저장 — □ ×

사용자:거북이/연습장

‹ 사용자:거북이

김소월(金素月, <u>1902년</u> <u>9월 7일</u>(음력 8월 6일) ~ <u>1934년</u> <u>12월 24일</u>)은 <u>일제 강점기</u>의 <u>시인</u>이다.

목차 [숨기기]
1 생애
2 작품
 2.1 진달래꽃
  2.1.1 진달래꽃

생애 [편집]
<u>1902년</u> <u>9월 7일</u> <u>평안북도</u> <u>구성군</u>에서 출생하였고 <u>평안북도 곽산군</u>에서 성장하였다.

작품 [편집]

진달래꽃 [편집]
《진달래꽃》은 1925년 발간된 김소월의 시집 〈진달래꽃〉에 들어있는 서정시이다.

진달래꽃 [편집]
《진달래꽃》은 한국인이 가장 좋아하는 시로 꼽히기도 하였다.[1] 대한민국의 록 밴드 노바소닉은 이 노래를 개사·편곡했으며, 가수 마야가 이 시를 노래로 부르기도 하였다.

이제 위의 내용을 바탕으로 처음 제시된 예문을 위키문법에 따라 편집하고 '미리 보기'를 통해 확인해보자.

[[홍길동]] 문서 편집 예시(연습장 작성 + 미리 보기 화면)   — □ ✕

미리 보기

지금 보는 이 화면은 미리 보기입니다. 편집한 내용을 아직 저장하지 않았습니다! → 편집 영역으로 가기

'''홍길동'''(洪吉同, 1440년? ~ 1510년?)은 조선 연산군 때 충청도 일대를 중심으로 활약한 도적떼의 우두머리다.[1] 조선왕조실록과 몇몇 문헌에 그의 행적에 대해 간략히 적혀 있으며, 허균이 지은 소설 《홍길동전》의 모델이 되는 실제 인물로 알려져 있다.[2]

각주

1. ↑ " [문학] 홍길동은 정말 일본으로 건너갔나"⬀. 동아닷컴. 2001년 5월 2일. 2006년 1월 1일에 확인함.
2. ↑ 임형택, 〈역사 속의 홍길동(洪吉同)과 소설 속의 홍길동(洪吉童)〉, 역사문제연구소, 《우리 역사의 7가지 풍경》, 역사비평사, 2006.

A A 🔗 🖼 📖 🖊 ▸고급 ▸특수 문자 ▸도움말 ▸인용   🖊 ⌄

' ' '홍길동' ' ' (洪吉同, [[1440년]]? ~ [[1510년]]?)은 조선 [[조선 연산군|연산군]] 때 [[충청도]] 일대를 중심으로 활약한 도적떼의 우두머리다.<ref> {{뉴스 인용|url=http://news.naver.com/main/read.nhn?mode=LSD&id=sec&sid1=103&oid=020&aid=0000061884|제목= [문학] 홍길동은 정말 일본으로 건너갔나 |날짜=2001-05-02|출판사=동아닷컴|확인일자=2006-01-01}} </ref>

[[조선왕조실록]]과 몇몇 문헌에 그의 행적에 대해 간략히 적혀 있으며, [[허균]]이 지은 소설 《[[홍길동전]]》의 모델이 되는 실제 인물로 알려져 있다.<ref> 임형택, 〈역사 속의 홍길동(洪吉同)과 소설 속의 홍길동(洪吉童)〉, 역사문제연구소, 《우리 역사의 7가지 풍경》, 역사비평사, 2006. </ref>

== 각주 ==
{{각주}}

처음에 제시한 예제와 같은 모양이 되었는가? 그렇다면, 당신은 이제 위키백과를 편집할 준비가 끝난 것이다. 이제 실전으로 들어가 보자. 위키백과의 편집 모토는 '과감하게'라는 것을 잊지 말자.

기존 문서의 수정

아무리 과감하게 하라지만 처음부터 새 문서를 쓰는 것은 두려움이 앞서는 일이다. 우선은 기존 문서를 수정하고 업데이트하

는 것부터 시작해보자. 수정할 수 있는 적당한 문서를 찾아보자. 위키백과에는 사용자의 손길을 기다리고 있는 수많은 토막글이 있다. 위키백과 페이지 안의 검색창에 '분류:모든 토막글 문서'라고 입력하고 엔터를 눌러보자. 한국어 위키백과에 있는 모든 토막글이 사전식으로 정렬되어 나타날 것이다. 검색어를 '분류:모든 토막글 분류'라고 바꿔 검색하면, 특정 분류별로 모아놓은 토막글을 살펴볼 수 있다.

이 목록에 있는 토막글 문서 가운데 관심 있는 것 하나를 골라보자. 기여는 아무리 사소해도 좋은 것이다. 처음부터 너무 욕심낼 필요는 없다. 앞서 설명한 것 중에서 비교적 부담 없이 시도해볼 수 있는

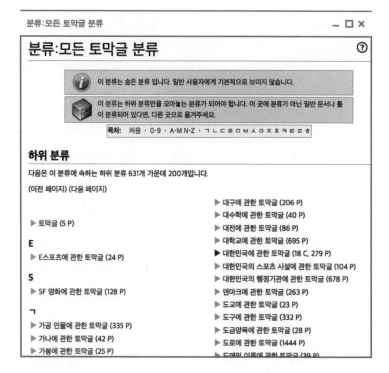

분류:모든 토막글 분류   — □ ×

분류:모든 토막글 분류   ⑦

ⓘ 이 분류는 숨은 분류 입니다. 일반 사용자에게 기본적으로 보이지 않습니다.

이 분류는 하위 분류만을 모아놓는 분류가 되어야 합니다. 이 곳에 분류가 아닌 일반 문서나 틀이 분류되어 있다면, 다른 곳으로 옮겨주세요.

목차: 처음 · 0-9 · A-M N-Z · ㄱ ㄴ ㄷ ㄹ ㅁ ㅂ ㅅ ㅇ ㅈ ㅊ ㅋ ㅌ ㅍ ㅎ

하위 분류

다음은 이 분류에 속하는 하위 분류 631개 가운데 200개입니다.

(이전 페이지) (다음 페이지)

▶ 토막글 (5 P)

E
▶ E스포츠에 관한 토막글 (24 P)

S
▶ SF 영화에 관한 토막글 (128 P)

ㄱ
▶ 가공 인물에 관한 토막글 (335 P)
▶ 가나에 관한 토막글 (42 P)
▶ 가봉에 관한 토막글 (25 P)

▶ 대구에 관한 토막글 (206 P)
▶ 대수학에 관한 토막글 (40 P)
▶ 대전에 관한 토막글 (86 P)
▶ 대학교에 관한 토막글 (695 P)
▶ 대한민국에 관한 토막글 (18 C, 279 P)
▶ 대한민국의 스포츠 시설에 관한 토막글 (104 P)
▶ 대한민국의 행정기관에 관한 토막글 (678 P)
▶ 덴마크에 관한 토막글 (263 P)
▶ 도교에 관한 토막글 (23 P)
▶ 도구에 관한 토막글 (332 P)
▶ 도금양목에 관한 토막글 (28 P)
▶ 도로에 관한 토막글 (1444 P)
▶ 도메인 이름에 관한 토막글 (39 P)

것으로 출처 넣기가 있다. 당신이 어떤 글을 쓰든 가능하면 쓰기 전에 출처를 미리 정리해두는 것이 도움이 된다. 연습장을 이용해 편집할 내용과 출처를 미리 적어두자. 토막글을 선택하고, 편집 버튼을 누르고, 연습장에 적어둔 것을 옮긴 다음 저장! 이제 당신은 당당한 위키백과 편집자가 되었다. 뭔가 실수를 했다고 해도 너무 걱정할 필요는 없다. 숙련된 사용자라도 실수는 늘 하기 마련이다. 다시 편집을 누르고 실수를 고치고 저장하면 된다.

위키백과의 문서들을 읽다가 오류나 오자 등 눈에 거슬리는 부분이 있다면 그때그때 고치는 것도 좋은 방법이다. 정색하고 '오늘은 꼭 뭔가를 그럴듯하게 편집해봐야지' 하는 건 아무래도 부담스러우니 편한 마음으로 읽다가 눈에 띄는 것부터 조금씩 고쳐나가는 게 수월할 것이다.

새 문서의 작성

이제 위키백과 편집 방식을 어느 정도 알았으니 새 문서를 만들어보자. 새 문서의 편집이라고 기존 문서의 편집과 크게 다른 것은 없다. 먼저 위키백과에 있는 다른 문서들을 살펴보자. 문서 중간중간에 빨간색 글자로 표시된 부분이 있을 것이다. 아직 위키백과에 등재되지 않은 문서가 링크되었다는 의미이다. 이제 적당한 것을 골라 눌러보자. '새 글 만들기' 편집창으로 페이지가 이동한다. 새 글을 만들기 전에 아래의 사항을 다시 한 번 생각해보자.

• 백과사전에 실릴 만한 내용인가?

무엇이 백과사전에 실릴 만한 것인가에 대한 판단은 사람마다 다를 수 있다. 그러나 지나치게 협소한 내용은 가급적 큰 개념으로 묶어서 생각해보자. 가령 옷을 생각해보자. 한복, 양복, 소방복, 수영복, 전투복……. 그러나 이렇게 내가 쉽게 떠올리는 것은 남들도 마찬가지라 이런 문서는 이미 다만들어져 있다. 더 세세한 구분을 생각하다 보면 하복, 동복 같은 것도 떠오른다. 그런데 하복이나 동복은 위키백과에 등재할 만한 내용인가? 너무 두루뭉술한 개념은 아닐까? 주로 교복이 하복과 동복으로 나뉘니 교복과 관련해 쓰면 되겠다. 이렇게 생각하고 찾아보니 교복 문서는 이미 있다.

• 내가 쓰고자 하는 내용은 충분히 신뢰할 만한 출처가 있는가?

위키백과를 편집할 때는 미리 출처를 확인하고 함께 기재하는 것이 좋다. 도서관에 가서 관련 서적을 확인해봐야 하는 내용이라면 연습장에 일단 아는 정보를 써놓고 출처를 확인한 다음 정확한 출처와 함께 편집하는 것이 안전하다. 인터넷 검색을 통해 확인된 출처도 마찬가지다.

• 내가 쓰고자 하는 내용은 중립적인가?

무심코 한 편집이 누군가에게는 편향적으로 보일 수 있다. 사람은 모두 저마다의 편향을 가지고 있기 때문에 위키백과에서 편집할 때는 자신의 글이 중립적인지 다시 한 번 살피는 것이 좋다. 종교나 정치 관련 문서를 편집할 때 특히 유의해야 한다.

새 문서를 만들 때 가장 도움이 되는 참고자료는 다른 사용자들이 작성해놓은 문서들이다. 이미지의 배치, 글의 흐름에서부터 표를 만드는 방법, 수식의 삽입 등 조금 더 까다로운 문법까지 기존의 문서들이 좋은 길라잡이가 되어줄 것이다. 위키백과의 문법과 서식을 조금 더 체계적으로 알고 싶다면 [[위키백과:길라잡이]]를 참고하면 좋다.

토론의 규칙과 방법

앞서 설명한 것처럼, 누군가 여러분의 토론 문서에 글을 남긴다면 경보 표시가 뜰 것이다. 사용자 토론에 새로 추가된 내용은 단순한 인사일 수도 있고, 당신의 편집에 대한 의견일 수도 있다. 거기에 답글을 달아보자. 다른 문서를 편집할 때와 마찬가지로 편집을 누르고 다른 사람의 의견 밑에 자신의 의견을 적는다.

토론 문서에는 일반 문서의 편집과 다른 특별한 규칙이 하나 있다. 누가 그 의견을 남겼는지 알 수 있게 사용자 이름과 작성한 시간을 드러내야 한다. 당신에게 글을 남긴 사람도 아마 그렇게 했을 것이다. 위키백과는 '역사 보기'를 통해 모든 편집 이력을 추적할 수 있지만, 그렇다고 해서 토론 문서가 업데이트될 때마다 작성자를 추적하는 것은 매우 번거로운 일이니 먼저 자신을 밝히는 것이 예의다. 위키백과에서는 글을 쓸 때마다 이름과 시간을 적는 수고를 덜 수 있는 방법을 고안해두었다. 편집 모드에서 ~~~~과 같이 물결 표시 4개를 연달아 입력하고 변경사항을 저장하면, 시스템이 알아서 누가 언제 이 글을 썼는지 자동으로 표기해준다. 이를 서명이라고 하는데 사용자 환경에서 자신만의 서명 모양을 만들 수도 있다. 위키백과 사용자 가운데는 계정명이 아닌 닉네임이 표시되게 하거나, 글자색을 바꾸는 등 독특한 서명을 사용하는 경우도 있다. 그런 개성을 드러내는 것은 각자의 취향이지만, 토론할 때 서명을 하는 것은 위키백과 커뮤니티가 약속한 규칙이다. 어떤 말이든 토론에 의견을 남겼다면 ~~~~를 잊지 말도록 하자.

위키백과의 토론은 크게 보아 세 곳에서 이루어진다. 하나는 사용자 각자의 계정에 속한 토론 문서이고, 다른 하나는 각 문서마다 달려 있는 토론장이다. 당신의 편집에 무언가 의견을 남긴 사람이 해당 문서의 토론장에 와서 의견을 남겨달라고 요청할 수도 있다. 그럴 때는 그 토론장으로 가서 의견을 남기면 된다. 의견을 남긴 뒤 변경사항을 게시하기 전에 '미리 보기'를 눌러 상태를 확인하는 습관을 들이면 실수를 줄일 수 있다. 이 두 곳 이외에 커뮤니티 모두가 참여하는 게시판에서도 토론이 이루어진다. 이런 게시판 가운데 한국어 위키백과의 사용법이나 편집 방법을 묻고 답하는 곳으로 [[위키백과:질문방]]이 있다. 질문방에 새 질문을 올릴 때는 지금까지의 편집 방식보다는 조금 더 까다로운 방법을 익혀야 한다. 질문방은 매주 업데이트되기 때문에 본문에 바로 편집을 시도하면 문서가 망가진다. 새로운 질문은 '새로 질문하기' 버튼을 눌러 작성해야 한다. '새로 질문하기' 버튼을 누르면 편집창이 열린다. 앞서 연습한 대로 질문을 작성

질문방에서 새로 질문하기 — □ ×

위키백과
우리 모두의 백과사전

프로젝트 문서   토론   읽기 원본 편집 역사 보기 위키백과 검색 Q

위키백과:질문방   🔒

환영합니다 - 길라잡이 (빠른 길라잡이) - 위키문법 요약 - FAQ - 도움말 - 질문방 - 방명록

대문
사용자 모임
요즘 화제
최근 바뀜
모든 문서 보기
임의 문서로
도움말
기부

도구
여기를 가리키는 문서
가리키는 글의 최근 바뀜
파일 올리기
특수 문서 목록
고유 링크
문서 정보
위키데이터 항목

인쇄/내보내기

ℹ️ 이용 안내

질문방은 한국어 위키백과 사용법이나 편집 방법과
관련한 질문을 나누는 곳입니다. 문서 수정 등 일반적
인 작업은 직접 하실 수 있는 경우 그렇게 하시거나
다른 게시판에 요청을 남겨 주세요.

단축:
백:질
백:질문

질문방에 새로운 질문을 작성하는 방법은 다음과 같습니다.

1. 질문하기 전에 먼저 **FAQ**에 같은 내용의 질문이 있는지
   확인해 보세요.
2. 새로운 질문을 하려면 아래에 있는 **새로운 질문 작성하
   기**를 클릭해 주세요.
3. 제목 란에 반드시 남기고자 하는 질문의 **제목**을 적어주
   시고, 아래의 편집 창에는 질문 내용을 적어 주세요. 전
   화번호 등의 개인 정보는 **쓰면 안 됩니다.**
4. 질문을 다 적은 뒤에는 커서를 문장 끝에 놓고 편집 상
   자 위의 ✏️ 모양 버튼을 누르거나 물결표시 4개
   (~~~~)로 서명을 해 주세요

위키백과 질문방
◄ 2018년 7월 ►
새로 질문하기
새로 고침 / 보존 문서

[   ]

[과거 질문 검색]

새로 질문하기 편집창   — □ ×

위키백과
우리 모두의 백과사전

프로젝트 문서   토론   읽기 원본 편집 역사 보기 위키백과 검색 Q

위키백과:질문방/2018년 7월 편집하기 (덧붙이기)

묶음 안내

대문
사용자 모임
요즘 화제
최근 바뀜
모든 문서 보기
임의 문서로
도움말
기부

도구
여기를 가리키는 문서
가리키는 글의 최근 바뀜
파일 올리기
특수 문서 목록
문서 정보

언어   ⚙️

저장을 누르기 전, 다음을 꼭 읽어주세요!

1. 질문하기 전에 먼저 **FAQ**에 같은 내용의 질문이 있는지 확인해 보세요. 또한 **위키백과
   와 관계 없는 질문이나 요청 등은 삭제**될 수 있으니 주의해 주세요.
2. '주제/제목' 칸도 빼먹지 않고 적었는지 확인합니다. 해당 칸이 보이지 않는다면, 여기
   를 클릭해 주세요.
3. 글을 다 적은 뒤에는 커서를 문장 끝에 놔둔 뒤, 편집 상자 위의 ✏️을 누르거나 물결
   표시 4개(――)로 서명을 해 주세요.

주의: 로그인 상태가 아닙니다. 이 상태로 문서를 편집하면 현재 사용 중인 **IP 주소**(정보
보기)가 모두에게 노출됩니다. 로그인을 하거나 **계정**을 만들면 IP 주소 등의 개인 정보를
노출하지 않을 수 있고, 다른 사람과의 협업도 수월해지는 등 여러 좋은 점이 많습니다.
혹시 위키백과 **편집 연습**을 하고 있다면, 저장 버튼을 누르지 말아주세요. 편집 연습을 위
해 따로 연습장이 마련되어 있습니다.

주제:

[   ]

A A 🔗∞🖼️📖 ✏️ ▸고급 ▸특수 문자 ▸도움말 ▸인용

하고 반드시 '~~~~'를 입력하여 누가 질문한 것인지 쉽게 알 수 있도록 서명을 하자.

이제 질문방에 당신의 질문이 올라왔다. 그것을 발견한 다른 편집자들 가운데 누군가 답변을 해줄 것이다. 위키백과 커뮤니티의 공동 게시판은 소셜미디어와 달리 반응이 느리다. 답변이 돌아오는 데는 며칠이 걸릴 수도 있으니 인내심을 가지고 기다려보자. 아래는 위키백과 질문방에 올라온 질문과 답변 사례이다.

• 표에서 날짜를 순서대로 표시하기

질문: 최근에 패밀리 컴퓨터 게임 목록을 표로 정리해서 깔끔하게 만들었습니다. 그런데 여기에 문제가 하나 있는데, 맨 오른쪽에 있는 '최초 발매일'을 화살표로 눌러서 배열하면 숫자를 1부터 세기 때문에 10~12월이 2~9월보다 앞에 나옵니다. 이를 고칠 방법이 없을까요? -- Emiya Mulzomdao (토론) 2018년 4월 1일 (일) 22:20 (KST)

답변: 더 좋은 방법이 있을 수도 있겠으나, {{숨은키}} 틀을 활용하시면 원하는 정렬이 가능할 것으로 생각됩니다. 사용 방법은 해당 틀의 설명 문서 및 특수 문서(특수:가리키는문서/틀:숨은키)를 확인, 참고해보시면 될 것 같습니다. -- 메이 (토론) 2018년 4월 4일 (수) 22:18 (KST)

추가 의견: 제안 감사합니다. 다만 이 목록에선 항목들 하나마다 틀을 끼워 넣으면 추후 편집이 비효율적으로 된다고 생각했기 때문에 한자리 수 앞에 '0'을 끼워 넣는 것으로 해결했습니다. 그래도 유용한 틀을 알려주셔서 감사합니다. -- Emiya Mulzomdao (토론) 2018년 4월 5일 (목) 16:28 (KST)

• 문서 제목 바꾸기

질문: 안녕하세요? 문서의 제목을 바꿀 수 있을까요? 제가 방금 동물성 기름이라는 문서를 만들고, '분류:동물성 기름'에 {{분류 설명}} 틀을 추가해 "이 분류에 대해서는 동물성 기름 문서를 참고하십시오"라는 메시지가 나오도록 해두었습니다. '분류:

식물성 기름'에도 같은 틀이 있는데, 식물성 기름을 클릭하면 식물성 유지로 넘어가요. 혹시 식물성 유지 문서의 이름을 식물성 기름으로 바꿀 방법이 있나요? 식물성 기름 목록이라는 문서도 있어서 그렇게 하면 전체적으로 더 일관적일 것 같거든요. 마유(동물성 기름) 문서도 제목을 말기름으로 바꾸면 더 좋을 것 같아요. 감사합니다. -- 단풍 (토론|기여) 2018년 4월 4일 (수) 03:18 (KST)

답변: 현재 '식물성 기름' 문서는 '식물성 유지'로 넘겨주는 '넘겨주기' 문서 입니다(위키백과:넘겨주기 참고). 필요한 경우 '식물성 유지' 문서를 '식물성 기름' 문서로 '이동'하시면 됩니다(위키백과:문서 이동 참고). 자동 인증된 사용자(위키백과:사용자 권한#자동 인증된 사용자 참고)라면 문서의 상단에 있는 '이동' 단추를 눌러 옮기실 수 있습니다. -- 메이 (토론) 2018년 4월 4일 (수) 22:29 (KST)

질문방 이외에 [[위키백과:사랑방]]처럼 여러 가지 주제를 이야기 하는 게시판도 있다. 그곳에서 진행되는 이야기들을 살펴보고 의견을 남겨보자. 위키백과에 참여하는 사용자는 많든 적든 결국은 다른 사용자와 의견을 교환하고 토론하고 때로는 논쟁하게 된다. 이것은 위키백과가 운영되는 방식 그 자체다. 주의할 점은 상대 역시 위키백과에 열정을 가지고 참여하는 또 다른 사용자라는 것을 늘 인식해야 한다는 것이다. 내 모니터 뒤에 있는 것은 자동화된 시스템도 아니고, 로봇도 아니고, 인공지능은 더더욱 아니다. 여러분과 똑같이 키보드를 두드리며 자신의 귀한 시간을 위키백과에 투여하고 있는 사람이다. 아무리 자신이 옳다고 생각해도 훈련소의 교관 같은 태도를 보인다면 다른 사람의 공감을 얻기 힘들다. 당신의 관용과 배려는 언젠가 당신에게 돌아온다. 한번 입력한 내용은 위키백과에 서버가 사라지지 않는 한 영원히 기록으로 남는다. 그러므로 위키백과 안에서의 모든 활동에는 늘 책임감을 가지고 참여해야 한다.

위키백과에는 사용자들끼리 서로를 칭찬하는 여러 가지 방법이 있다. 가장 간단한 것은 편집 칭찬이다. 누군가 문서를 크게 개선했거나 내가 필요한 부분을 편집했다면 해당 문서의 '역사 보기' 탭에서 '감사 표현' 버튼을 누를 수 있다. 그 칭찬은 해당 사용자에게 바로 알림으로 표시된다. 특별히 감사의 마음을 전하고 싶다면 편집한 사용자의 토론 문서에 글을 남겨도 된다. '토론' 버튼을 클릭하여 토론 문서로 넘어가면 그곳에 감사의 말을 남기는 것이다. 그곳에 이미 여러 토론이 존재한다면 제일 밑에 새로운 문단을 만들고 감사의 말을 남

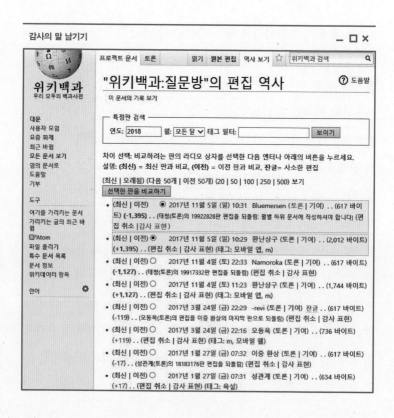

감사의 말 남기기

기면 된다.

반스타를 선물할 수도 있다. 반스타는 위키백과에서 열심히 활동하거나 꾸준히 기여한 사용자에게 주는 감사의 표시로, 누구든지 다른 사용자에게 반스타를 수여할 수 있다. [[위키백과:반스타]]에는 반스타를 증정하는 방법이 소개되어 있다. 예를 들어 역사와 관련된 훌륭한 기여에 감사 표시를 하기 위해 '역사 반스타'를 증정할 수 있다. 분야별 반스타의 소스는 [[위키백과:반스타/분야별]]에서 확인할 수 있다. 여기서는 역사 반스타의 소스를 확인해보자. 반스타를 수

여하고 싶은 사용자의 토론 문서 제일 밑에 새 문단을 만들고 앞의 예시처럼 입력하면 된다.

변경사항을 저장하면 아래와 같은 반스타가 해당 사용자의 토론 문서에 표시된다.

역사 반스타   — □ ×

 역사 반스타

나는 이러이러해서 이 반스타를 드립니다. -- 크눌프 (토론) 2018년 7월 27일 (금) 09:23 (KST)

반스타를 받은 사용자는 무척 기뻐할 것이다.

커뮤니티 공간

위키백과는 커뮤니티의 토론을 통해 운영된다. 앞서 일부 소개한 것들을 포함해서 커뮤니티의 토론 공간을 간략히 정리하면 다음과 같다.

• **사용자 토론**: 사용자 계정마다 토론 공간이 제공된다. 해당 사용자와 의견을 나누고 싶은 사용자들은 이곳에서 의견을 제시할 수 있다. 편집에 대한 의견 차이나 질문, 칭찬, 반스타 수여 같은 일들이 이곳에서 이루어진다. 위키백과에서 특정 사용자의 토론 페이지를 찾아가고 싶다면 위키백과의 검색창에 '사용자토론:계정명'을 입력하고 엔터를 누르면 된다. 예를 들어 '사용자:Jjw'의 사용자 토론 페이지는 [[사용자토론:Jjw]]이다.

• **문서 토론:** 문서마다 달려 있는 토론 공간이다. 해당 문서의 편집에 대한 의견을 나누거나 그 문서와 관련 있는 프로젝트를 소개한다. 문서의 토론 페이지는 [[토론:해당 문서명]]이다. 예를 들어 [[진화]]의 토론 페이지는 [[토론:진화]]이다.

• **질문방:** 위키백과를 사용하다 궁금한 점이 있으면 묻고 답하는 곳이다. 검색창에 '위키백과:질문방'을 입력해 찾아갈 수 있다.

• **방명록:** [[위키백과:방명록]]에서 인사를 남길 수 있다.

• **사랑방:** 위키백과에서 일어나는 여러 사안을 토론하는 곳이다. 사용자 토론과 문서 토론이 개별적 토론 공간이라면 사랑방은 전체 사용자들이 함께 참여하는 공간이다. 새해 인사나 간단한 안부에서부터 서로 의견이 다른 주제에 대한 날선 토론까지 다양한 소통이 이루어진다. 몇 년 전까지 하나의 공간으로 운영되던 사랑방은 보다 효율적인 토론을 위해 일반적인 의견을 교환하는 곳, 위키백과 커뮤니티의 정책과 지침을 토론하는 곳, 위키백과의 기술 관련 사항을 논의하는 곳 등 세 분야로 나뉘어 운영되고 있다. 사랑방은 위키백과의 검색창에 '위키백과:사랑방'을 입력하거나 위키백과 홈페이지 왼쪽 사이드 바에 있는 '사용자 모임' 메뉴를 클릭하여 참여할 수 있다.

위키백과에 있는 문서 가운데 여러 사람의 의견을 모아 해결해야 할 것들을 토론하거나 처리하는, 문서 관리를 위한 공간들이 있다. 예를 들면 다음과 같다.

• **삭제 토론과 복구 토론:** 백과사전에 어울리지 않거나 위키백과의 규칙을 위반했다고 생각되는 문서는 [[위키백과:삭제 토론]]에서 삭제 여부를 논의한다. 무엇을 남기고 어떤 것은 삭제할지는 사람마다 생각이 다르기 때문에 종종 긴 토론이 이루어진다. 모든 삭제 토론은 결과와 함께 보존된다. 위키백과의 다른 모든 규칙이나 결정과 마찬가지로 이 결과는 잠정적이다. 삭제하기로 결론 내린 문서라 할지라도 언제든 다른 사용자의 요청에 의해 [[위키백과:복구 토론]]이 열릴 수 있고, 그 결과 복구될 수도 있다.

• **봇 편집 요청:** 한국어는 생각보다 어렵다. 심지어 한국어가 모국어인 사람에게조차 그렇다. 그래서 많은 사용자들이 띄어쓰기나 표기에서 오타를 보인다. 흔히 범하는 오타를 사람이 하나하나 찾아가며 수정하는 것은 매우 번거로운 일이다. 잘못 달린 분류나 분류의 일괄 이동 같은 것도 마찬가지. 이럴 때 [[위키백과:봇 편집 요청]]에 요청사항을 적으면 봇을 실행하여 기계적으로 일괄 처리할 수 있다. 봇은 기계적으로 단순 반복 작업을 처리해주는 위키백과 내의 기능이다.

• **문서 관리 요청:** 인터넷은 이슈에 민감하다. 어느 순간 실시간 검색어 1위에 오른 키워드는 인터넷의 모든 공간을 망라하여 순식간에 전파되는 현상을 보인다. 사람들은 다른 사람들이 무엇에 관심 있는지에 관심이 있기 때문에 '실검 1위'는 더욱 많은 검색을 끌어 모은다. 위키백과 역시 여기서 자유롭지 않다. 문제는 위키백과가 누구나 편집할 수 있는 개방적 공간이기 때문에 이슈가 된 정보를 찾아온 사람들 가운데는 함부로 문서를 훼손하거나 아무런 근거 없이 자신의 주장을 써놓는 사람, 심지어 문서 내용을 모두

삭제하고 "나 여기 다녀감"이라고 써놓는 사람까지 있다는 것이다. 이럴 때 위키백과 커뮤니티는 해당 문서에 대해 보호 조치를 취할 수 있다. 실시간 이슈에 따라 몰려온 사람들은 대부분 위키백과 계정이 없거나 이제 갓 계정을 만든 사람들이기 때문에 문서 편집 권한을 제한하면 이슈에 따른 문서 훼손을 방지할 수 있다. 어떤 문서에 지속적인 훼손이 발생하면 [[위키백과: 문서 관리 요청]]에서 보호를 요청할 수 있다.

커뮤니티 활동에서 다른 사용자와 문제가 생길 수도 있다. 위키백과에는 다른 사용자의 활동에 대해 기본적으로 좋은 뜻으로 보자는 원칙이 있지만 누가 봐도 악의적인 경우가 있다. 장난으로 문서를 훼손하거나, 다른 사용자에 대해 비방을 늘어놓거나, 대다수가 동의할 수 없는 주장을 고집하는 등 도무지 이해할 수 없는 행동을 하는 사람이 있다. 이런 경우 위키백과 커뮤니티는 다양한 방법으로 사용자를 관리한다.

• **사용자 관리:** [[위키백과:사용자 관리 요청]]에서는 문제를 일으키는 사용자에 대해 관리자에게 경고를 요청하거나 해당 계정의 차단을 신청할 수 있다. 몇 차례의 토론과 경고에도 문제가 개선되지 않으면 차단 조치를 취할 수밖에 없다. 심각한 문제에 대해서는 단 1회만으로도 차단할 수 있다. 다른 사용자에 대한 인신공격과 같이 해악이 큰 문제는 비교적 빠른 시간 안에 차단 조치가 내려진다. 차단에는 1주일에서 수개월에 걸치는 단기 차단과 1년 또는 영구 차단 같은 장기 차단이 있다.

- **조정과 중재:** 관리자에 의한 차단 조치는 어찌 보면 극약 처방이다. 대체로는 분쟁이 일어난 당사자들의 주장이 모두 어느 정도 일리가 있거나, 아니면 모두 조금씩 문제가 있는 경우라 차단보다는 합의를 이끌어내는 일이 많다. 위키백과 사용자들은 토론에 적극적으로 개입하여 합의점을 도출한다. 난상 토론이 벌어질 경우 중간에 끼어들면 토론의 요지를 파악하기 쉽지 않다는 문제가 있긴 해도 위키백과 사용자들은 토론을 통한 원만한 합의를 최우선으로 여긴다. 한때 중재위원회가 만들어지기도 했지만, 당사자들의 불만을 해소하기 어렵고 조정 절차를 담당하는 중재위원의 스트레스가 너무 커 위원회를 유지할 수 없었다. 지금은 특별한 위원회 없이 사용자들의 자발적인 조정과 중재를 통해 문제를 해결하고 있다.

편집 이력의 추적

위키백과의 감시 시스템은 매우 정교하고 상호 보완적이라 여러 방향에서 문서의 변경 과정을 추적할 수 있다. 위키백과의 추적 감시 시스템을 간단히 소개하면 다음과 같다.

- **역사 보기:** 앞서 설명한 것처럼 문서마다 달려 있는 '역사 보기' 탭을 눌러 문서의 변경 이력을 살펴볼 수 있다. 구간을 선택하면 해당 구간의 차이를 살필 수 있다. 이 기능을 통해 해당 문서에서 누가 어떤 내용을 작성했는지 모두 추적할 수 있다.

- **사용자 기여:** 특정 사용자의 편집 기여를 모두 살필 수 있다. 문서의 '역

최근 바뀜

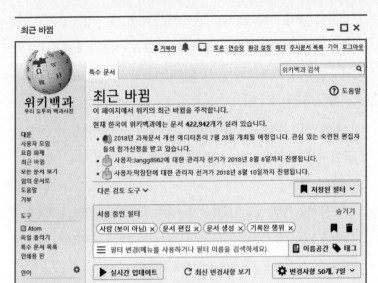

주시문서 목록

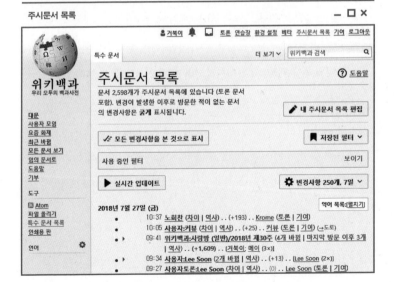

사 보기' 탭에 나와 있는 사용자 이름에는 기본적으로 사용자 토론 링크와 기여 확인 링크가 표시된다. 해당 사용자의 사용자 문서를 볼 때는 왼쪽 사이드 메뉴에서 '사용자 기여' 메뉴를 클릭하여 확인할 수도 있다.

• **최근 바뀜:** 위키백과의 왼쪽 사이드 메뉴에서 '최근 바뀜'을 클릭하면 최근의 위키백과 편집을 한눈에 살펴볼 수 있다.

• **주시 문서 목록:** 자신이 특별히 관심 있는 분야나 흥미 있는 문서는 주시 문서에 포함시킬 수 있다. 상단의 메뉴에서 주시 문서 목록을 클릭하면 자신이 주시하고 있는 문서들의 최근 상황을 살펴볼 수 있다.

• **새 문서 목록:** 위키백과 검색창에 '특수:새문서'를 입력하거나 '최근 바뀜' 페이지에서 다른 검토 도구 메뉴의 '새 문서'를 클릭하여 새로 만들어진 문서를 검토할 수 있다.

• **그 밖의 특수 기능:** 왼쪽 사이드 메뉴에 있는 특수 문서 목록을 클릭하면 다양한 특수 기능을 살펴볼 수 있다.

한국어 위키백과 토론 하이라이트

위키백과에서 벌어지는 토론은 대개 길고 지루하다. 일단 그 길이만 봐도 참여할 엄두가 나지 않는다. 하지만 그 길고 긴 토론들은 다 나름대로 의미가 있기 때문에 진행되는 것이고, 모두 일정 정도의 고통을 감수하고 시작한다. 물론 그렇다 하더라도 참여자들은 토론이 지나치게 길어지지 않도록 각별히 노력해야 하고, 중간 중간 계속 내용을 정리해줘야 한다.

그런 토론의 한가운데에 저작권 문제가 있다. 이 책에서도 이미 여러 번 언급한 것처럼 저작권은 위키백과를 이루는 핵심 개념 중 하나다. 누구나 자유롭게 가져가 사용하려면, 내용 자체에 저작권 문제가 없어야 한다. 따라서 위키백과 사용자들은 타인의 저작권을 침해하지 않으려는 노력을 꾸준히 해야 한다. 그래야 사회의 용인을 받을 수 있다. 저작권 침해에 예민하게 반응하는 사람들이 많은 것도 그 때문이다. 저작권 침해는 위키백과의 근간을 흔들 수 있다.

게다가 백과사전은 편집 저작물이고, 앞서 형성된 지식을 정리해놓은 지식으로 개인성이 드러나지 않는 건조한 글이다. 다시 말하면, 저자의 특성이 잘 드러나지 않기 때문에 다른 사람의 글을 적당히 짜깁기해서 작성하기 쉽다. 그래서 때로 편집자들은 남이 쓴 글을 옮겨다 조금만 고치면 쓸 만한 글이 되고, 또 그것을 많은 사람과 공유하면 좋은 일이 아닌가 하는 유혹에 시달리곤 한다. 위키백과가 저작권 문제에 특히나 신경 써야 하는 또 하나의 이유다.

저작권은 자연 발생하기 때문에 아주 포괄적이다. 이 책은 출간 이후 일정 시점이 지나면 저작권을 CC BY-SA로 공개하는 것을 전제로 하지만, 이런 선언과 관계없이 글이 쓰이는 순간부터 저작권이 발생한다. 관점에 따라서는 저작권의 범위가 지나치게 넓다고 볼 수도 있다. 이에 제동을 걸기 위한 여러 가지 시도가 등장했는데, 대표적인 것으로 저작권 보호 기간의 축소, 저작권 등록제, 공정 이용fair use 등을 들 수 있다. 그러나 저작권 보호 기간은 저자 사후 50년이었던 것이 70년으로 오히려 더 늘어났고, '특허'처럼 보호받고 싶은 저작물만 따로 등록하여 보호를 받고 나머지는 모두 퍼블릭 도메인으로 공유하자는 '저작권 등록제'는 아직 연구 단계라 법제화가 시도되지 않았다. '공정 이용'은 저작권 침해 의도 없이 정보의 원활한 유통을 위해 저작물을 부분적으로 활용하는 것은 인정해주자는 개념이다. 인터넷상에서 영화나 음반을 소개할 때 해당 포스터나 커버 이미지를 사용하는 것, 패러디 등 2차 창작물에 활용하는 것 등이 이에 해당된다. 저작권의 적용이 너무 과하여 오히려 해당 저작물의 유통을 방해하는 시장 실패를 막기 위한 장치로 영미법에서 나온 개념이다.

한국어 위키백과에서 한때 공정 이용이 이슈가 된 적이 있다. 영미법을 수용한 영어 위키백과에서는 음반 커버를 보여줄 수 있었는데, 한국어 위키백과는 그때까지 공정 이용을 도입하지 않아 음반을 소개하면서 커버 이미지를 보여줄 수 없었기 때문이다. 2018년 현재는 공정 이용이 도입되었다. 그 과정이 얼마나 험난했는지 그 길고도 지루한 토론의 과정을 잠시 살펴보자.

시기	토론 내용 및 결과	참조 문서
2005년 10월	투표를 실시했으나 초상권 등 저작권 침해의 잠재적 위험이 높다는 이유로 반대자가 많았다.	[[위키백과:사랑방/2005년 10월]]
2006년 1월	영어판은 영미법의 도움이 있었으나, 한국어 위키백과는 서버가 한국에 있는 이상 무작정 도입하기는 위험하다는 의견.	[[위키백과:사랑방/2006년 1월]]
2006년 8월	법의 문제가 아니고 해석의 태도가 소극적인가 적극적인가의 문제다. 투표를 실시했으나 17 대 11로 부결.	[[위키백과토론:비자유 저작물의 공정한 이용/보존1]]
2007년 8월	필요성은 인정하나 세칙이 필요하다. 한 사용자가 주로 도입을 주장했지만 그의 대화 태도에 불편함을 느낀 사람이 다수 있었다. 투표를 실시했으나 18 대 18로 부결.	[[위키백과토론:비자유 저작물의 공정한 이용/보존3]]
2007년 12월	일단 로고 이미지부터 공정 이용을 시작해보는 것은 어떨까 하는 의견이 나오기 시작.	[[위키백과토론:비자유 저작물의 공정한 이용/보존4]]
2008년 5월	공정 이용 도입에 대해서는 여전히 우려가 많았으나, 로고와 화폐 이미지부터 일단 시작해보자는 데는 거의 이견이 없었다. 법률 전문가들도 이에 대해 확답을 못 하는 것은 판례가 적기 때문이라고 판단.	[[위키백과토론:비자유 저작물의 공정한 이용/보존6]]
2009년 3월	투표로 결론을 내기 어려운 문제이지만 여론조사 결과는 56 대 37로 찬성이 우세했다. 답이 없으니 일단 시작하자는 쪽과 끝이 없어 보여도 토론을 지속해야 한다는 쪽으로 의견이 갈렸다.	[[위키백과토론:비자유 저작물의 공정한 이용/보존7]]

2009년 6월	지금도 이미지 파일들의 관리가 잘 안 되고 있는데 비자유저작물이 다수 올라올 경우 그것을 허용할 만큼 우리에게 관리 역량이 있는가라는 물음이 제기되었다.	[[위키백과토론:비자유 저작물의 공정한 이용/보존8]]
2012년 5월	이제 토론을 마무리하고, 점진적으로 도입하자.	[[위키백과토론:비자유 저작물의 공정한이용/보존10]]
2013년 6월	여전히 총의로 수렴하지 못하고 지지부진한 상태.	[[위키백과토론:비자유 저작물의 공정한 이용/보존11]]
2014년 11월	대한민국 저작권법 35조(2011.12)에 공정 이용 항목이 포함되었다는 사실이 뒤늦게 공유되었다. 이후 큰 토론 없이 도입 완료.	[[위키백과토론:비자유 저작물의 공정한 이용/보존12]]
2018년 4월	공정 이용 지침의 개정.	[[위키백과토론:비자유 저작물의 공정한 이용#총의 형성]]

무려 10년간이나 토론을 이어갔지만, 결국 공정 이용의 도입은 대한민국 저작권법에 조항이 들어간 뒤에야 이루어졌다. [[위키백과:비자유 저작물의 공정한 이용]] 지침을 살펴보면 매우 조심스럽게 사례를 나눠가며 설명하고 있어 한국어 위키백과 공동체에서 저작권 침해를 얼마나 꺼려 하는지 다시금 확인할 수 있다.

그렇다면 이 토론은 무의미한 것이었을까? 항간에서는 위키백과 같은 인터넷상의 저작물이 저작권을 침해할까 우려하지만, 오히려 위키백과 사람들이 저작권 보호를 위해 더 치열하게 고민하고 토론한다는 것을 알 수 있다. 저작권 침해에 대한 걱정이 없어야 보다 자유로운 백과사전을 만들 수 있기 때문이다. 이처럼 위키백과는 시스템적 안정성 못지않게 사상적 안정성 또한 강력하다. '우리 모두의 백과사전'을 만들기 위해 정말 많은 이들이 노력하고 있다. 공정 이용에 관한 토론은 그것을 여실히 보여주는 상징적인 사건이다.

이 토론을 다시 읽으면서 그때 그 사람들은 다 어디서 무엇을 하고 있을까 하는 생각이 들었다. 토론이 10여 년간 지속되었기 때문에 토론 주체는 계속 교체되었고, 한때 열심히 참여하던 편집자들의 상당수가 위키백과를 빠져나갔다. 위키백과의 관습에 익숙해진 우수한 편집자들이 각자의 사정으로 인해 빠져나가는 것은 안타까운 일이다. 새로운 사람들이 들어와 위키백과를 더 단단하게 만들어가는 것도 중요하지만, 이미 들어와 있는 사람들이 떠나지 않도록 지키는 일도 그에 못지않게 중요하다. 위키백과의 태생적 속성이 참여자들을 지치게 하여 떠나게 하는 건 아닌가 하는 고민이 점점 깊어지는 것도 사실이다.

그럼에도 불구하고, 위키백과는 이렇게 지난한 토론과 숙고의 과정을 통해 설계되고 유지되는 만큼 그 어떤 매체나 커뮤니티보다 견고한 시스템이다. 온라인상에 하나의 세계를 만들고자 하는 이들이라면, 위키백과 시스템은 여러모로 들여다볼 가치가 있다.

위키백과, 우리 모두의 백과사전

2018년 10월 10일 1판 1쇄

지은이 진주완 · 정철 · 류철

편집 이진 · 이창연 **디자인** 김민해
제작 박흥기 **마케팅** 이병규 · 양현범 · 이장열

인쇄 천일문화사 **제책** J&D바인텍

펴낸이 강맑실 **펴낸곳** (주)사계절출판사
등록 제406-2003-034호 **주소** (우)10881 경기도 파주시 회동길 252
전화 031)955-8588, 8558 **전송** 마케팅부 031)955-8595 편집부 031)955-8596
홈페이지 www.sakyejul.net **전자우편** skj@sakyejul.co.kr
블로그 skjmail.blog.me **페이스북** facebook.com/sakyejul
트위터 twitter.com/sakyejul

ⓒ 한국위키미디어협회

ISBN 979-11-6094-404-4 (03300)

이 도서의 국립중앙도서관 출판시도서목록(CIP)은
서지정보유통지원시스템 홈페이지(http://www.seoji.nl.go.kr)와
국가자료공동목록시스템(http://www.nl.go.kr/kolisnet)에서
이용하실 수 있습니다. (CIP제어번호: CIP2018030289)